ポイント解説！
中国税務の注目点

近藤義雄［著］

千倉書房

はじめに

　本書は、『ポイント解説！中国会計・税務』の姉妹編として、最近の中国税務トピックスの中から3つの重要なテーマを選んで、中国税務の最近動向を本格的に解説したものです。

　本書の解説は、拙著『中国個人所得税の実務詳解』『中国企業所得税の実務詳解』『中国増値税の実務詳解』（いずれも千倉書房刊）の内容と一部が重複していますが、本書では、設例で取り上げたテーマに沿って、これに関連する税務問題を集中して解説しました。

駐在員課税と PE 課税

　はじめに取り上げたテーマは、駐在員課税と PE 課税です。日本企業が中国に進出して子会社を設立すれば、必ず、その子会社に社員または役員を派遣することになります。ここでは最も一般的な中国子会社への出向者の派遣の場合と、中国子会社と日本親会社の役員を兼務する場合の、日本と中国の両方の税務にわたる問題を、設例を通して分かり易く解説しています。

　また、中国子会社への社員の派遣は、中国では時に PE 課税の問題に発展しています。設例では、個人所得税の税務問題だけではなく役務を提供する事業の場所としての企業所得税の税務問題も取り上げました。

　そこで、設例の背後にある中国の PE 課税とサービス PE 課税について、中国の最近の租税条約の解釈規定を通して、OECD モデル租税条約のコメンタリーと比較しつつ本格的な解説を試みています。ここでは、中国 PE 課税についてそのほとんどの税務解釈が網羅的に紹介されています。

中国子会社の資本再編

　次に取り上げたテーマは、中国子会社の資本再編問題です。資本再編と言っても中国の実務としては、具体的には子会社の利益剰余金の資本組入、外国投資性公司の国内再投資、撤退等による外国投資企業の持分譲渡が一般的な再編実務です。ここでは設例を用いて、これらの一般的な再編実務について留意すべき事項を紹介しました。

　また、これらの再編実務に非常に大きな影響を与えているのが中国の外貨管理制度の実務です。上述した再編実務からすれば、外貨資本金の外貨管理を紹

介すれば充分でしたが、これらの外貨資本金は外貨管理制度の資本項目収支の外国直接投資に係る一部分であり、やはり外貨管理制度の全体から理解していかないと、外国直接投資についても基本的な理解を得ることができません。

さらに、最近の外貨管理制度はかなり急激に変化しています。もっとも一般的なトピックスとしては、貨物貿易とサービス貿易について中国国外で人民元決済ができるようになり、人民元の中国国外留保が当たり前の世界になってきています。

今後は人民元の国際化に向けてさらに漸進的な改正が行われていく見込みであり、外貨管理制度については経常項目と資本項目の両者の改正の兼ね合いを見ながら、企業再編の外貨管理実務がどのようなものになるかを理解する必要があります。したがって、中国子会社の資本再編については、外貨管理制度の重要事項を理解した上で、外貨資本金の外貨管理制度を紹介することとしました。中国の外貨管理制度のうち外国投資企業に関係する主要部分を紹介していますのでかなりユニークな構成となっています。

資本再編の税務については、基本的なものとして、配当と持分譲渡の源泉課税、持分譲渡課税を取り上げました。なお、これらの内容も拙著の実務詳解シリーズで解説しているものです。

営業税の増値税改革実験

2012年7月25日に国務院の常務会議で、現在上海市で実施されている営業税の増値税転換の実験改革を、2012年8月から12月までの間に、北京市、天津市、江蘇省、浙江省、安徽省、福建省、湖北省、広東省および廈門市と深圳市の10の省、直轄市、計画単列市に拡大することを決定しました。この実験地域の拡大は2013年以降も続きます。

この常務会議の決定では、実験地域の拡大だけではなく、中国全土で事業を行っている業種については全国範囲で実施されることも発表されました。国家税務総局では全国範囲にわたる増値税専用発票のシステム開発も行っており、準備が整った段階で実施される見込みです。

このように営業税の増値税改革実験は、上海市の日本企業だけではなく多くの都市の日本企業にとっても重要な税制となりつつありますので、本書では上海市の実験改革での中央政府の税務文献だけではなく上海市国家税務局と地方税務局が発表した実務的な解説内容も具体的に紹介しました。上海市国家税務当局等から発表された実務解釈に焦点をあてて解説しています。

新たに実験が開始される 10 省市の実施細則等が続々と発表されていますが、これらの実験都市では上海市で採用された政策がそのまま適用されることが決まりました。もちろん税負担が増加する企業に対する財政補助政策等については各都市で取り扱いが異なりますが、基本的な政策は上海市と同じ政策が採用されます。本書では上海市の実施状況を紹介していますので、今後の実務の参考となれば幸いです。設例としては、現代サービス業、有形動産リース業、交通運輸業、国外取引と輸入取引の問題を取り上げました。

　本書の内容は、2012 年 9 月 9 日までに公表された中国政府と関係する地方政府の法律法規等に基づいています。本書が書店に並ぶ頃には新たな関係法規が公布されていると思いますので、新法規の内容に留意するとともに、関係法律法規が実際にどこまで実施されているか、現地の関係当局に事前に確認する必要があります。

　おわりに、本書が日本と中国の健全な経済関係の発展のお役に立つことができれば、著者としてこれ以上の喜びはありません。

　　　2012 年 9 月 9 日

　　　　　　　　　　　　　　　　　　　　　　　　　近 藤 義 雄

目 次

I　駐在員課税とPE課税

1 中国子会社への出向者 …………………………………… 2

(1) 本社給与の税務処理 …………………………………… 3
①所得税の非課税 …………………………………………… 3
②法人税の損金算入 ………………………………………… 3

(2) 中国の個人所得税課税 ………………………………… 5
①1年以上5年以下の居住者 ……………………………… 5
②高級管理職報酬を役員報酬として処理する方法 ……… 5
③高級管理職報酬を賃金給与として処理する方法 ……… 7

2 中国子会社と日本本社の役員兼任 ……………………… 10

(1) 日本の役員報酬の源泉徴収課税 ……………………… 11
(2) 中国の個人所得税課税 ………………………………… 12
①1年以上5年以下の居住者 ……………………………… 12
②高級管理職報酬を役員報酬として処理する方法 ……… 12
③高級管理職報酬を賃金給与として処理する方法 ……… 14
④日本役員報酬の二重課税問題 …………………………… 16

3 親子会社間のサービスPE課税 …………………………… 18

(1) サービスPE条項 ……………………………………… 19
①日中租税条約 ……………………………………………… 19
②使用人または被用者 ……………………………………… 20
③役務活動 …………………………………………………… 21
④同一プロジェクト ………………………………………… 22

- ⑤役務提供期間の判定 …………………………………… 22
- ⑥特許権使用料とサービスPE課税の関係 …………… 24
- ② **親子会社間のサービスPE課税** ………………………… 25
  - ①日中租税条約とOECDモデル租税条約 ……………… 25
  - ②中国の親子会社PE課税 ………………………………… 26
- ③ **サービスPE課税の判定基準** …………………………… 27
  - ①労働契約の締結と業務の指揮権 ……………………… 27
  - ②親子会社間のサービスPE課税 ………………………… 28
- ④ **立替給与の国外送金** ……………………………………… 30

解説1　中国PE …………………………………………… 31

- ① **租税条約** …………………………………………………… 31
  - ①OECDモデル租税条約 ………………………………… 31
  - ②中国租税条約解釈規定 ………………………………… 33
- ② **恒久的施設** ………………………………………………… 36
  - ①恒久的施設の定義 ……………………………………… 36
  - ②恒久的施設の例示 ……………………………………… 43
- ③ **建設PE** …………………………………………………… 44
  - ①租税条約の条項 ………………………………………… 44
  - ②恒久的施設の存続期間 ………………………………… 45
  - ③関連する監督管理活動 ………………………………… 46
  - ④同一プロジェクトの判定 ……………………………… 47
  - ⑤工事場所の移動 ………………………………………… 48
  - ⑥作業の停止 ……………………………………………… 49
- ④ **代理人PE** ………………………………………………… 50
  - ①従属代理人PE …………………………………………… 50
  - ②独立代理人 ……………………………………………… 56
- ⑤ **例外規定** …………………………………………………… 61
  - ①租税条約 ………………………………………………… 61
  - ②補助的準備的活動の特徴 ……………………………… 64
  - ③恒久的施設の例示 ……………………………………… 65

解説2　サービスPE ……………………………………… 70

① サービスPE ………………………………………… 70
　①租税条約 …………………………………………… 70
　②サービス提供 ……………………………………… 73
　③補助的準備的活動 ………………………………… 78
　④特許権使用料とサービスPE課税 ………………… 79

② 親子会社間のサービスPE …………………………… 79
　①租税条約 …………………………………………… 79
　②親子会社間のサービスPE課税 …………………… 81
　③中国国内法の規定 ………………………………… 84

Ⅱ　中国子会社と資本再編

１　利益剰余金の資本組入 ……………………………… 90

① 中国子会社の資本組入 ……………………………… 91
　①商務部門の審査批准手続 ………………………… 91
　②外貨管理部門の批准手続 ………………………… 92
　③工商行政管理局の登記手続 ……………………… 92
　④企業会計上の処理 ………………………………… 92
　⑤増資における留意事項 …………………………… 93
　⑥中国側出資者の企業所得税 ……………………… 94
　⑦外国側出資者の企業所得税 ……………………… 94

② 日本親会社の税務と会計の処理 …………………… 95
　①日本の税務処理 …………………………………… 95
　②日本の会計処理 …………………………………… 96

２　外国投資性公司の国内再投資 ……………………… 97

【２－１】利益剰余金の資本組入を伴う国内再投資 …… 97

① 外国投資性公司の資本組入 ………………………… 98
　①関係当局への申請手続 …………………………… 98

②企業会計上の処理 …………………………………………… 99
　　③増資における留意事項 ……………………………………… 99
　　④企業所得税の処理 …………………………………………… 101
② **日本親会社の税務と会計の処理** ……………………………… 102
　　①日本の税務処理 ……………………………………………… 102
　　②日本の会計処理 ……………………………………………… 102

【2-2】利益剰余金の資本組入を伴わない国内再投資 ‥ 104
① **利益剰余金の資本組入** ………………………………………… 104
② **資本組入を行わない国内再投資** ……………………………… 105

【2-3】外国投資企業の持分譲渡 ……………………………… 107
① **企業所得税の源泉徴収課税** …………………………………… 108
　　①源泉税額の計算 ……………………………………………… 108
　　②留意事項 ……………………………………………………… 109
② **日本親会社における外国税額控除** …………………………… 110

解説3　外貨管理制度 ……………………………………… 112
① **外国為替管理条例** ……………………………………………… 112
　　①中国の外国為替管理制度 …………………………………… 112
　　②外貨管理の対象 ……………………………………………… 114
　　③外貨規制 ……………………………………………………… 116
② **外貨口座と外債登記** …………………………………………… 117
　　①外国投資企業の外貨登記 …………………………………… 117
　　②経常項目外貨口座の開設 …………………………………… 120
　　③資本項目外貨口座 …………………………………………… 122
　　④外債登記管理 ………………………………………………… 125
③ **外貨口座管理** …………………………………………………… 131
　　①国内機構の国外外貨口座 …………………………………… 131
　　②国外機構の国内外貨口座 …………………………………… 132
　　③中国国内のオフショア口座 ………………………………… 134

- ④ クロスボーダー人民元口座 …………………………… 134
  - ①クロスボーダー貿易人民元決済 ………………………… 134
  - ②国外機構の人民元決済口座 ……………………………… 138
  - ③クロスボーダー人民元による外国直接投資 …………… 139
  - ④資本項目人民元による外国直接投資の外貨管理 ……… 141
- ⑤ 外国直接投資の外貨管理 …………………………… 149
  - ①外国投資者の外貨口座 …………………………………… 149
  - ②外国投資者の出資方法 …………………………………… 151
  - ③国内再投資の外貨管理 …………………………………… 152
  - ④その他の外貨資本金管理 ………………………………… 154
- ⑥ 外貨資本金の出資検証報告 ………………………… 156
  - ①公認会計士の出資検証 …………………………………… 156
  - ②出資検証報告書 …………………………………………… 158
- ⑦ 外国投資企業の増資留意事項 ……………………… 160
  - ①外貨資本金の増資手続 …………………………………… 160
  - ②外貨資本金口座の留意事項 ……………………………… 163
- ⑧ 外国投資性公司の増資問題 ………………………… 165
  - ①国内合法所得による再投資に伴う増資手続 …………… 165
  - ②増資問題の改善措置 ……………………………………… 167

解説4　資本再編税務 …………………………………… 168

- ① 配当と持分譲渡の源泉課税 ………………………… 168
  - ①非居住企業に対する源泉課税 …………………………… 168
  - ②居住企業間の配当免税 …………………………………… 170
  - ③非居住企業の機構、場所の配当免税 …………………… 171
  - ④配当の税務処理 …………………………………………… 172
  - ⑤配当の源泉徴収 …………………………………………… 173
- ② 持分譲渡課税 ………………………………………… 175
  - ①税務登記 …………………………………………………… 175
  - ②持分譲渡所得計算 ………………………………………… 176
  - ③配当の税務処理 …………………………………………… 177

Ⅲ 営業税の増値税改革実験

❶ 現代サービス業 ……………………………………… 182

【1－1】コンサルティングサービス業 ……………… 182
① 営業税の税負担の消滅 ………………………… 183
② 税込価格による価格調整 ……………………… 184

【1－2】コンサルティング企業が業務の一部を下請けする場合 …………………………………… 185
① 営業税の税負担の消滅 ………………………… 186
② 税込価格による価格調整 ……………………… 187

【1－3】コンサルティング企業に重要な外部経費がない場合 …………………………………… 188
① 営業税の税負担の消滅 ………………………… 189
② 税込価格による価格調整 ……………………… 190

❷ 有形動産リース業 …………………………………… 191

【2－1】オペレーティングリースサービス ………… 191
① 営業税の税負担の消滅 ………………………… 192
② 税込価格による価格調整 ……………………… 192

【2－2】ファイナンスリースサービス ……………… 194
① 営業税の差額課税方法 ………………………… 195
② 即課税即還付方法 ……………………………… 195
③ 税込価格による価格調整 ……………………… 196

❸ 交通運輸業 ································· 198
- ① 営業税の税負担すなわち納税資金の消滅 ········· 199
- ② 税込価格による価格調整 ··················· 200
- ③ 上海市の実験改革結果 ····················· 202

❹ 国外取引と輸出取引 ························ 204

【4−1】 中国国外の実験納税者 ················ 204
- ① 営業税の税負担の消滅 ····················· 205
- ② 税込価格による価格調整 ··················· 206

【4−2】 研究開発サービスの輸出取引 ·········· 208
- ① 免税控除還付方法の適用 ··················· 208

【4−3】 コンサルタントサービスの輸出取引 ······ 211
- ① 免税方法の適用 ··························· 211

解説5　増値税改革実験 ························ 214
- ① 実験方案と実施弁法 ························· 214
  - ①改革実験の動向 ····························· 214
  - ②適用範囲 ··································· 224
  - ③課税サービス範囲の注釈 ····················· 228
- ② 税額計算方法 ······························· 233
  - ①増値税の税額計算 ··························· 233
  - ②営業税の税額計算 ··························· 235
  - ③実施弁法の税額計算 ························· 237
- ③ 仕入税額控除 ······························· 245
  - ①仕入税額控除 ······························· 245
  - ②税額控除証憑 ······························· 247

③税額控除不能項目 …………………………………………… 249
　　④非課税項目 …………………………………………………… 251
　　⑤控除不能税額の簡便計算 …………………………………… 253
　　⑥控除税額の戻し処理 ………………………………………… 254
④ 販売額の決定 ……………………………………………………… 256
　　①販売額 ………………………………………………………… 256
　　②課税サービスの区分計算 …………………………………… 258
⑤ 輸出取引 …………………………………………………………… 264
　　①輸出取引 ……………………………………………………… 264
　　②免税控除還付方法 …………………………………………… 266
　　③免税方法 ……………………………………………………… 267
⑥ 申告納付と源泉徴収 ……………………………………………… 268
　　①納税義務の発生 ……………………………………………… 268
　　②納税場所 ……………………………………………………… 271
　　③源泉徴収義務者 ……………………………………………… 273
　　④納税期限 ……………………………………………………… 274
⑦ 実験地区と非実験地区 …………………………………………… 275
　　①実験納税者と非実験納税者 ………………………………… 275
　　②実験地区と非実験地区 ……………………………………… 279
　　③実験納税者と仕入税額控除 ………………………………… 280
⑧ 経過措置 …………………………………………………………… 282
　　①上海市の財政支持政策 ……………………………………… 282
　　②営業税の経過政策 …………………………………………… 285

I 駐在員課税とPE課税

> 中国子会社へ社員を派遣すると駐在員課税は避けて通れませんが、場合によってはPE課税の問題に発展してしまうことがあります。対応に万全を期するため、ここで中国PE課税について理解を深めてください。

1　中国子会社への出向者

[設例Ⅰ-1]

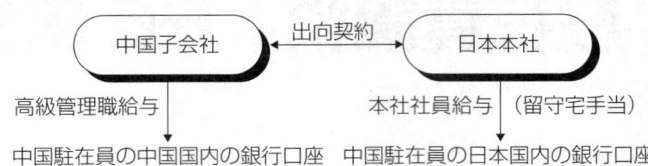

日本本社から中国子会社に派遣された駐在員は、中国子会社から高級管理職として賃金給与を支給されるとともに、出向契約に基づいて日本親会社からも留守宅手当として社員給与が支給されている。中国駐在員の駐在期間は1年以上5年以下の予定である。

Point!

（1）日本の税務処理
① 所得税法
　日本の所得税法では、中国に1年以上駐在する予定で出国した個人は日本の非居住者とされ、非居住者は日本国内源泉所得についてのみ所得税の納税義務があるため、日本国外の勤務に基因する給与所得は日本では課税されない。
② 法人税法
　日本の法人税法では、日本本社が中国子会社との給与条件の較差を補填するために出向者に支給する給与は、日本本社の負担すべき給与として損金（費用）に計上することができる。

（2）中国の税務処理
① 個人所得税法
　中国で支給されている高級管理職報酬は、役員報酬としてその全額が個人所得税の課税対象となる。中国では高級管理職報酬は賃金給与所得としての税額計算を行うため、高級管理職報酬は日本で支給される給与所得（留守宅手当）と合算した上で、中国国内勤務期間に応じた部分だけが中国国内源泉所得として課税される。

　中国居住期間が1年以上5年以下の居住者については、高級管理職報酬と日本本社給与を合算した上で個人所得税額を計算した上で、中国国外勤務期間に

応ずる部分を除外する税額計算式が適用される。日本本社給与のうち中国で課税されるのは中国国内勤務期間に対応する部分（中国国内源泉所得）だけである。
② 企業所得税法
　日本本社が出向者給与の一部を負担している場合には、恒久的施設課税（PE課税）のうちの親子会社間のサービスPE課税が行われる可能性がある。親子会社間のサービスPEとして認定された場合には、日本本社（出向元）が中国子会社（出向先）から受領する対価は、給与負担金ではなく役務提供の対価とみなされて企業所得税と営業税（営業税の増値税課税改正実験地区においては増値税）が課税される。
　親子会社間のサービスPE課税については、18ページを参照のこと。

❶ 本社給与の税務処理

① 所得税の非課税

　日本の所得税法では、日本国内に住所があるかまたは現在まで引き続いて1年以上居所がある個人が居住者とされます。**中国に1年以上駐在する個人は、住所の推定規定により、海外に継続して1年以上居住することを通常必要とする職業を有するものとして、日本国内に住所を有しないものと推定されて非居住者**となります。

　日本の所得税法では、中国の駐在員（日本の非居住者）の受ける給与については、日本において行う勤務に基因する部分だけが日本国内源泉所得に該当して日本で課税されます。

　したがって**日本の非居住者は、日本に国内源泉所得がなければ所得税の納税義務はなく、中国国内に勤務することに基因して支給される日本本社の留守宅手当は国外源泉所得として日本の所得税は課税されません**。

② 法人税の損金算入

　日本の法人税基本通達では、例えば、日本親会社が中国子会社に派遣した出向者の給与の一部を負担した場合には、それが日本親会社との雇用契約に基づ

いて出向者に対して出向前の雇用条件を保証するために、給与条件に較差がある場合に日本親会社がその較差を補填した場合には、日本親会社においてその補填額は給与等として損金に算入することができるものとされています。この海外子会社の出向者に対する留守宅手当ての損金算入は、日本親会社が支給する場合も海外子会社が支給する場合も含まれます。

> **法人税基本通達**
> 　出向元法人が出向先法人との給与条件の較差を補てんするため出向者に対して支給した給与の額（出向先法人を経て支給した金額を含む）は、その出向元法人の損金の額に算入する（法基9-2-47）。
> 　出向元法人が出向者に対して支給する次の金額は、いずれも給与条件の較差を補てんするために支給したものとする（法基9-2-47注）。
> 1) 出向先法人が経営不振等で出向者に賞与を支給することができないため出向元法人がその出向者に対して支給する賞与の額
> 2) 出向先法人が海外にあるため出向元法人が支給するいわゆる留守宅手当の額

　この留守宅手当ては海外子会社に出向した日本の非居住者に適用されます。海外出向者については、現地の給与水準、生活水準が異なるため、海外子会社では現地の給与条件に基づいて給与を支給しますが、**日本親会社との給与較差については日本親会社が補填して支給**することになります。これは出向元法人と出向者の雇用関係に基づくものであり、**出向元法人の業務遂行上必要な費用として損金の額に算入**されるものです。

　海外の出向先法人に勤務する場合には、日本に留守家族を残して出向することも多く、日本親会社の命令により二重生活が強制されることからも給与条件の較差の補填とされています。

　留守宅手当ての支給は、日本親会社（出向元法人）と使用人（出向者）の雇用条件に基づいて行われるものであり、日本親会社の使用人であればよく、海外子会社（出向先法人）で役員または使用人のいずれであっても差し支えないものとされています。

　留守宅手当は、出向元法人と海外出向者との雇用関係を基にした海外子会社における勤務に対する対価であり、海外における勤務に基因した国外源泉所得に該当します。したがって、**日本親会社において使用人に支給する留守宅手当については日本の国内源泉所得ではなく日本で源泉徴収する必要はありません。**

　日本親会社（出向元法人）の役員である場合については、出向元法人と役員

の関係については委任関係が成立するため複数の委任関係もありうるので日本親会社の役員と海外子会社の役員を兼務することが可能であり、出向元法人と使用人との雇用関係のような給与条件の較差とは異なるものがあり、使用人とは同等には取り扱われないものと解されています。

❷ 中国の個人所得税課税

① 1年以上5年以下の居住者

中国の居住者のうち、**中国国内に住所がなく1年以上5年以下居住する個人**は、中国国内源泉所得のほかに、**中国国外源泉所得については税務機関の批准を受けて、中国国内の会社、企業等が支払った部分についてのみ個人所得税を納付**することができるとされています。

賃金給与所得については、中国国内源泉所得とは、個人が実際に中国国内で勤務する期間において取得する賃金給与所得であり、中国国内の企業または個人雇用主が支払うかまたは国外の企業等が支払うかどうかに関係なく、中国国内の勤務期間中に取得する賃金給与はすべて中国国内源泉所得となります。

中国に1年以上5年以下居住する外国人は、上記の中国勤務期間に応じた国内源泉所得のほかに、中国国外源泉所得であっても中国国内の会社、企業等が支払った部分についても個人所得税が課税されます。この中国国外源泉所得で中国国内において支払われる部分とは、例えば、中国子会社の命令で日本において役務提供を行い、その中国国外勤務期間の賃金給与を中国子会社から支払われる場合等が該当します。

日本で支給される留守宅手当は、日中間の給与格差に基づく支払いであり、中国駐在員の中国国内勤務に基因する中国国内源泉所得です。

② 高級管理職報酬を役員報酬として処理する方法

中国では、原則として、中国国内企業の董事、高級管理職を担当する個人が、中国国内企業が支払う董事報酬または賃金給与を取得した場合には、その中国国内企業の董事、高給管理職務を担当した時からその職務を解除された時まで

の期間について、中国国外で職務を履行したか否かに関わらず、すべて個人所得税が課税されます。

これは、**董事と高級管理職を役員として取り扱い、中国国内企業が役員報酬を支払った場合には、原則として役員報酬としてその全額を課税する**としたものです。

ただし、中国国内に1年以上5年以下居住する個人と、中国国内企業で高級管理職を担当する個人で、その給与を中国国内の雇用主と国外の雇用主がそれぞれ支払う場合には、その国外雇用主の支払った給与のうち国外勤務日数に属する部分は課税しません。

$$納税額 = \left(\begin{array}{c}当月国内外\\賃金給与\\課税所得額\end{array} \times 適用税率 - 速算控除額\right) \times \left\{1 - \frac{当月国外支払賃金}{当月国内外支払賃金総額} \times \frac{当月国外勤務日数}{当月日数}\right\}$$

上記の計算式では、中国国外企業（日本本社）が支払う賃金給与については、その個人の中国国内居住期間に応じた部分だけが課税されています。

高級管理職報酬を役員報酬として課税する場合には、上記の国内外の企業が支給した報酬を合算して中国国外勤務期間に応じた部分を除外する税額計算のほかに、**中国国内企業が支払った高級管理職報酬の全額が課税される関係**から、高級管理職報酬のうち中国国外勤務期間に応じた部分の税額計算が必要となります。

中国の税務規定では、中国国外の勤務期間に取得した賃金給与は中国国外源泉所得に該当するものであり、中国国内企業が支払った部分についてのみ個人所得税を課税することができます。

1ヶ月に満たない期間の賃金給与所得の税額計算は次のように規定されています。

納付税額＝
$$(当月賃金給与課税所得額 \times 適用税率 - 速算控除額) \times \frac{当月実際中国滞在日数}{当月日数}$$

したがって、中国での個人所得税は、下記の1）と2）を合算した税額となります。

1）高級管理職報酬と留守宅手当の中国国内勤務日数部分

$$納税額 = \left\{ \begin{array}{l} 当月国内外 \\ 賃金給与 \\ 課税所得額 \end{array} \times 適用税率 - 速算控除額 \right\} \times \left\{ 1 - \frac{当月国外支払賃金}{当月国内外支払賃金総額} \times \frac{当月国外勤務日数}{当月日数} \right\}$$

2）高級管理職報酬の中国国外勤務日数部分

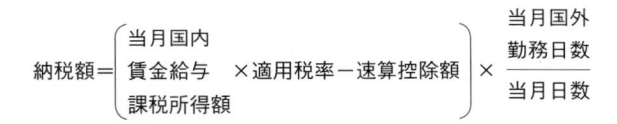

$$納税額 = \left\{ \begin{array}{l} 当月国内 \\ 賃金給与 \\ 課税所得額 \end{array} \times 適用税率 - 速算控除額 \right\} \times \frac{当月国外勤務日数}{当月日数}$$

　上記2）が加算されることにより高級管理職報酬はその全額が課税されることになります。中国の実務では、上記1）と2）の計算式ではなく、中国国内で支払われた高級管理職報酬についてはその全額が課税されて、日本の留守宅手当部分（当月国外賃金給与）についてのみ上記1）の計算式が適用されて、中国国外勤務部分が控除されることになるかもしれません。

③ 高級管理職報酬を賃金給与として処理する方法

　中国の税務規定では、中国国内に住所がない個人が中国国内企業の高級管理職務を担当する場合で、その個人が所在する国または地域と我国が締結した条約または措置の中の役員報酬条項の中で、企業の高級管理人員を含むことが明確に表記されていない場合は、その取得した報酬についてその条約または措置の中の非独立個人の役務条項等の規定により、納税義務を判定することができるとされています。

　すなわち、日中租税条約第16条では、役員に高級管理職を含むことが明記されていないため、**中国の高級管理職の報酬は、役員報酬ではなく社員給与としての役務提供に応じた納税義務の判定と課税が行われます。日中間の実務では、この方法が一般的に採用されています。**

　高級管理職報酬を賃金給与所得として取り扱う場合には、中国に1年以上5年以下居住する外国人の個人所得税は、次の税額計算式が適用されます。この税額計算式は、中国居住者としての課税であり、中国国外源泉所得部分が除外

される計算となっています。

$$納税額 = \left(\begin{array}{c}当月国内外\\賃金給与\\課税所得額\end{array} \times 適用税率 - 速算控除額\right) \times \left(1 - \frac{当月国外支払賃金}{当月国内外支払賃金総額} \times \frac{当月国外勤務日数}{当月日数}\right)$$

　この税務処理は、高級管理職報酬を役員報酬とする場合に比較して日本本社役員報酬の中国国外勤務期間に相当する部分だけ、税額が少なくなり有利となっています。

　ただし、次の場合には、高級管理職報酬を役員報酬として取り扱わなければなりません。すなわち、中国国内に住所のない個人が、中国国内企業の高級管理職を担当すると同時に董事を担当する場合、ならびに名義上は董事を担当していないが実際上は董事の権益を享受しているかまたは董事の職責を履行している場合は、その中国国内企業から取得した報酬は、董事名義で取得した報酬と高級管理職名義で取得した報酬を含めて、すべて租税条約の役員報酬条項等を適用して個人所得税の納税義務を判定します。

　すなわち、**名義的に高級管理職報酬として支給した場合であっても実質的に董事報酬である場合には、その報酬は非独立個人すなわち雇用契約による賃金給与所得として取り扱わないで、その報酬全額が役員報酬として個人所得税が課税されます。**

　中国では、高級管理職報酬は原則として賃金給与所得として取り扱われ、董事報酬は役員報酬として取り扱われますので、受け取った報酬が高級管理職報酬ではなく、実質的に董事報酬とされた場合には役務報酬所得として個人所得税が課税されます。

1) 毎回の報酬額が 4,000 元以下の場合
　　納付税額＝（毎回の税込収入額－ 800 元）× 20％

2) 毎回の報酬額が 4,000 元超 25,000 元以下の場合
　　納付税額＝（毎回の税込収入額－収入額× 20％）× 20％

3) 毎回の収入額が 25,000 元超の場合
　　納付税額＝（毎回の税込収入額－収入額× 20％）×適用税率－速算控除額

上記の適用税率と速算控除額については、(毎回の税込収入額－収入額×20％) の金額が 20,000 元以内の場合には適用税率 20％、速算控除額 0 元、20,000 元超 50,000 元以内の場合には、適用税率 30％、速算控除額 2,000 元、50,000 元超の場合には、適用税率 40％、速算控除額 7,000 元が適用されます。

2　中国子会社と日本本社の役員兼任

[設例Ⅰ－2]

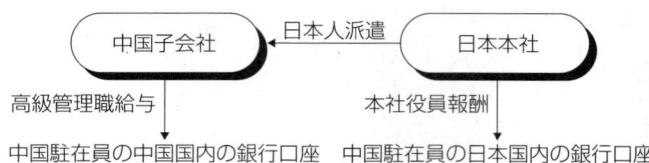

日本本社から中国子会社に派遣された駐在員は、中国子会社から高級管理職として賃金給与を支給されるとともに、日本親会社から本社役員として役員報酬も支給されている。中国駐在期間は1年以上5年以下の予定である。

Point!

（1）日本の税務処理
　日本本社が支給する役員報酬については日本で20％の所得税の源泉徴収納付を行う。

（2）中国の税務処理
　中国では、2つの税務処理が可能であり、1つは、中国の高級管理職報酬を役員報酬として処理する方法であり、もう1つは中国の高級管理職報酬を賃金給与所得として処理する方法である。

① 役員報酬として処理する場合
　中国で支給されている高級管理職報酬は、役員報酬としてその全額が個人所得税の課税対象となるが、中国では高級管理職報酬は賃金給与所得としての税額計算を行うため、高級管理職報酬は日本で支給される役員報酬と合算した上で、中国国内勤務期間に応じた部分だけが中国国内源泉所得として課税される。
　中国居住期間が1年以上5年以下の居住者については、高級管理職報酬と日本本社給与を合算した上で個人所得税額を計算した上で、中国国外勤務期間に応ずる部分を除外する税額計算公式が適用される。
　日本役員報酬のうち中国で課税されるのは中国国内勤務期間に対応する部分（中国国内源泉所得）だけである。高級管理職報酬は全額課税対象となるため上記の計算の他に、中国国外勤務期間に応じた高級管理職報酬が別途課税される。

② 賃金給与所得として処理する方法

中国で支給されている高級管理職報酬と日本で支給される役員報酬を合算して賃金給与所得として課税計算を行い、中国国外勤務期間に応じた部分を除外する税額計算公式を適用して、中国国内勤務期間に応じた部分の個人所得税額を計算する。
③ 日本役員報酬の二重課税問題
　中国では、日本本社役員報酬の中国国内勤務期間に応じた部分だけが課税され、中国国外源泉所得の課税はないため、日本で納付した所得税の源泉徴収税額は中国の個人所得税額から外国税額控除することはできない。

１ 日本の役員報酬の源泉徴収課税

　日中租税条約第16条では、中国の居住者が日本の法人から役員の資格で取得する役員報酬その他これに類する支払金に対しては、日本で租税を課することができると規定されているため、日中租税条約第16条により日本で役員報酬課税を行うことができます。

　この役員報酬条項は、中国の駐在員（居住者）が日本の役員報酬について中国で課税されるとともに、役員報酬を支払った法人の居住地国である日本の課税権も認めるものです。

　日本の所得税法では、中国の駐在員（日本の非居住者）の受ける給与については、日本において行う勤務に基因する部分だけが日本国内源泉所得に該当して日本で課税されます。

　したがって、日本国外における勤務に基因する部分は日本国外源泉所得となります。ただし、例外的に、内国法人の役員としての勤務で国外において行うものは日本国内において行う勤務として日本国内源泉とされます。これにより、所得税法170条により20％の源泉徴収課税が行われています。

　このように**日中租税条約と所得税法により、日本本社が支給する役員報酬は日本国内源泉所得として課税**されます。

❷ 中国の個人所得税課税

① 1年以上5年以下の居住者

　外国人の居住者のうち、中国国内に住所がなく1年以上5年以下居住する個人は、中国国内源泉所得のほかに、中国国外源泉所得については税務機関の批准を受けて、**中国国内の会社、企業等が支払った部分だけが個人所得税を課税**されます。

　賃金給与所得については、**中国国内源泉所得とは、個人が実際に中国国内で勤務する期間において取得する賃金給与所得**であり、中国国内の企業または個人雇用主が支払うかまたは国外の企業等が支払うかどうかに関係なく、**中国国内の勤務期間中に取得する賃金給与はすべて中国国内源泉所得**となります。

　中国に1年以上5年以下居住する外国人は、上記の中国勤務期間に応じた国内源泉所得のほかに、中国国外源泉所得であっても中国国内の会社、企業等が支払った部分についても個人所得税が課税されます。この中国国外源泉所得で中国国内において支払われる部分とは、例えば、中国子会社の命令で日本において役務提供を行い、その中国国外勤務期間の賃金給与を中国子会社から支払われる場合等が該当します。

② 高級管理職報酬を役員報酬として処理する方法

　中国では、原則として、中国国内企業の董事、高級管理職を担当する個人が、中国国内企業が支払う董事報酬または賃金給与を取得した場合には、その中国国内企業の董事、高給管理職務を担当した時からその職務を解除された時までの期間について、中国国外で職務を履行したか否かに関わらず、すべて個人所得税が課税されます。中国国内企業が支払う董事の報酬と高級管理職の賃金給与についてはその全額が個人所得税の課税対象となります。また、中国国外企業が支払う賃金給与については、その個人の中国国内居住期間に応じて個人所得税が課税されます。

　これは、**董事と高級管理職を役員として取り扱い、中国国内企業が役員報酬**

> **Point!**
> ## 高級管理職報酬の2とおりの処理
>
> ・役員報酬として処理→全額に課税
> ・賃金給与として処理→中国国外源泉所得部分は除外
> （※ただし、実質的に董事報酬→役員報酬として処理）

を支払った場合には、原則として役員報酬としてその全額を課税するものです。

　中国国内に住所がなく、1年以上5年以下居住する個人の税額計算式は、次のとおりです。

$$納税額 = \left(\begin{array}{c}当月国内外\\賃金給与\\課税所得額\end{array} \times 適用税率 - 速算控除額\right) \times \left(1 - \frac{当月国外支払賃金}{当月国内外支払賃金総額} \times \frac{当月国外勤務日数}{当月日数}\right)$$

　上記の計算式では、中国国外企業（日本本社）が支払う賃金給与については、その個人の中国国内居住期間に応じた部分だけが課税されています。

　高級管理職報酬を役員報酬として課税する場合には、上記の国内外の企業が支給した報酬を合算して中国国外勤務期間に応じた部分を除外する税額計算のほかに、中国国内企業が支払った高級管理職報酬の全額が課税される関係から、高級管理職報酬のうち中国国外勤務期間に応じた部分の税額計算が必要となります。

　中国の税務規定では、中国国外の勤務期間に取得した賃金給与は中国国外源泉所得に該当するものであり、中国国内企業が支払った部分についてのみ個人所得税を課税することができます。

　1ヶ月に満たない期間の賃金給与所得の税額計算は次のように規定されています。

$$納付税額 = (当月賃金給与課税所得額 \times 適用税率 - 速算控除額) \times \frac{当月実際中国滞在日数}{当月日数}$$

　したがって、中国での個人所得税は、下記の1）と2）を合算した税額となります。

1) 高級管理職報酬と日本役員報酬の中国国内勤務日数部分

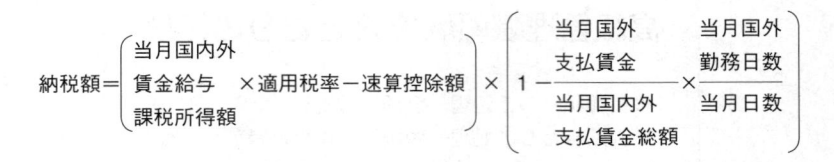

$$納税額 = \left\{ \begin{array}{c} 当月国内外 \\ 賃金給与 \\ 課税所得額 \end{array} \times 適用税率 - 速算控除額 \right\} \times \left\{ 1 - \frac{当月国外支払賃金}{当月国内外支払賃金総額} \times \frac{当月国外勤務日数}{当月日数} \right\}$$

2) 高級管理職報酬の中国国外勤務日数部分

$$納税額 = \left\{ \begin{array}{c} 当月国内外 \\ 賃金給与 \\ 課税所得額 \end{array} \times 適用税率 - 速算控除額 \right\} \times \frac{当月国外勤務日数}{当月日数}$$

上記2)が加算されることにより高級管理職報酬はその全額が課税されることになります。中国の実務では、上記1)と2)の計算式ではなく、中国国内で支払われた高級管理職報酬についてはその全額が課税されて、日本の留守宅手当部分(当月国外賃金給与)についてのみ上記1)の計算式が適用されて、中国国外勤務部分が控除されることになるかもしれません。

③ 高級管理職報酬を賃金給与として処理する方法

中国の税務規定では、中国国内に住所がない個人が中国国内企業の高級管理職務を担当する場合で、その個人が所在する国または地域と我国が締結した条約または措置の中の役員報酬条項の中で、企業の高級管理人員を含むことが明確に表記されていない場合は、その取得した報酬についてその条約または措置の中の非独立個人の役務条項等の規定により、納税義務を判定することができるとされています。

すなわち、**日中租税条約第16条では、役員に高級管理職を含むことが明記されていないため、中国の高級管理職の報酬は、役員報酬ではなく社員給与としての役務提供に応じた納税義務の判定と課税が行われます。日中間の実務では、この方法が一般的に採用されています。**

高級管理職報酬を賃金給与所得として取り扱う場合には、中国に1年以上5年以下居住する外国人の個人所得税は、次の税額計算式が適用されます。この税額計算式は、中国居住者としての課税であり、中国国外源泉所得部分が除外

される計算となっています。

$$納税額 = \begin{pmatrix} 当月国内外 \\ 賃金給与 \\ 課税所得額 \end{pmatrix} \times 適用税率 - 速算控除額 \times \left(1 - \frac{当月国外支払賃金}{当月国内外支払賃金総額} \times \frac{当月国外勤務日数}{当月日数} \right)$$

　この税務処理は、高級管理職報酬を役員報酬とする場合に比較して日本本社役員報酬の中国国外勤務期間に相当する部分だけ、税額が少なくなり有利となっています。

　ただし、次の場合には、高級管理職報酬を役員報酬として取り扱わなければいけません。すなわち、中国国内に住所のない個人が、中国国内企業の高級管理職を担当すると同時に董事を担当する場合、ならびに名義上は董事を担当していないが実際上は董事の権益を享受しているかまたは董事の職責を履行している場合は、その中国国内企業から取得した報酬は、董事名義で取得した報酬と高級管理職名義で取得した報酬を含めて、すべて租税条約の役員報酬条項等を適用して個人所得税の納税義務を判定します。

　すなわち、**名義的に高級管理職報酬として支給して場合であっても実質的に董事報酬である場合には、その報酬は非独立個人すなわち雇用契約による賃金給与所得として取り扱わないで、その報酬全額が役員報酬として個人所得税が課税されます。**

　中国では、高級管理職報酬は原則として賃金給与所得として取り扱われ、董事報酬は役員報酬として取り扱われますので、受け取った報酬が高級管理職報酬ではなく、実質的に董事報酬とされた場合には役務報酬所得として個人所得税が課税されます。

1）毎回の報酬額が4,000元以下の場合
　　納付税額＝（毎回の税込収入額－800元）×20％

2）毎回の報酬額が4,000元超25,000元以下の場合
　　納付税額＝（毎回の税込収入額－収入額×20％）×20％

3）毎回の収入額が25,000元超の場合
　　納付税額＝（毎回の税込収入額－収入額×20％）×適用税率－速算控除額

上記の適用税率と速算控除額については、(毎回の税込収入額－収入額×20％)の金額が20,000元以内の場合には適用税率20％、速算控除額0元、20,000元超50,000元以内の場合には、適用税率30％、速算控除額2,000元、50,000元超の場合には、適用税率40％、速算控除額7,000元が適用されます。

④ 日本役員報酬の二重課税問題

中国の居住者のうち、中国国内に住所がなく1年以上5年以下居住する個人は、中国国内源泉所得のほかに、中国国外源泉所得については税務機関の批准を受けて、中国国内の会社、企業等が支払った部分についてのみ個人所得税を納付します。

日本役員報酬のうち中国の個人所得税が課税されているのは、中国国内勤務期間に相当する部分であり、**中国国外勤務期間に相当する部分は非課税**とされており、**個人所得税額の計算では除外**されています。

個人所得税法は外国税額控除について、納税義務者が中国国外から取得した所得について外国税額控除を認めています。**中国国外から取得した所得とは中国国外源泉所得**であり、**役員報酬については中国国内源泉所得部分についてのみ課税**していることから**外国税額控除は認められません**。

なお、日本の所得税法においても、非永住者(日本国籍がなく5年以内の居住者)の課税所得の範囲は国内源泉所得と、国外源泉所得のうち日本国内において支払われまたは国外から送金されたものとなっており、国外源泉所得の課税については日本国内において支払われるかまたは国外から送金されたものに限られています。

前述したように中国の個人所得税法では、中国国内に住所がなく1年以上5年以下居住する個人は、中国国内源泉所得のほかに、中国国外源泉所得については税務機関の批准を受けて、中国国内の会社、企業等が支払った部分についてのみ個人所得税を納付するものとされています。中国では、国外源泉所得については中国国内において支払われたもので中国国外において納税した個人所得税に相当する所得税が外国税額となります。

したがって、**日本本社の役員報酬については中国勤務期間に応じた国内源泉所得のみが課税**されており、**国外源泉所得は課税されていないため、中国ではこれについて外国税額控除は認められていません**。

租税条約の役員報酬条項は、所得の源泉地国の課税権とともに、国外源泉所

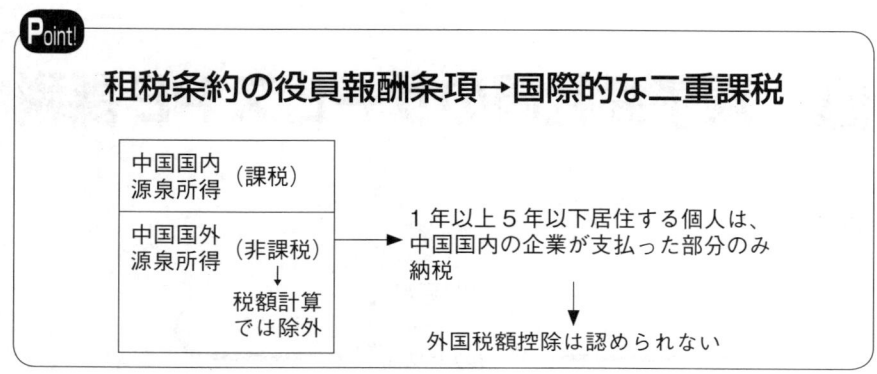

得を国内源泉所得とみなして居住地国の課税権も認める規定であり、必然的に国際的な二重課税が発生しますが、その二重課税の回避については対策措置が採用されていません。

3 親子会社間のサービス PE 課税

[設例Ⅰ-3]

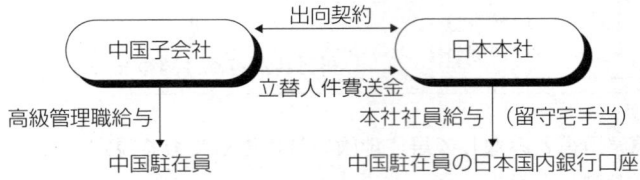

日本本社から中国子会社に派遣された駐在員は、出向契約に基づいて中国子会社の高級管理職に就任している。中国駐在員は中国子会社と労働契約を締結していない。中国子会社は日本本社が支給した留守宅手当の一部を給与負担金として日本本社に送金している。中国駐在員の駐在期間は1年以上5年以下の予定である。

Point!

(1) サービス PE 課税

出向契約による中国子会社への人員派遣は、その派遣者が日本本社の監督下にあり、その指示に従って役務提供し、管理されている場合には、日本本社の支配下にあるものとしてサービス PE が構成され、企業所得税と営業税（営業税の増値税課税改正実験地区においては増値税）が課税される。

(2) 親子会社間のサービス PE 課税

親子会社間にあっては、中国駐在員と中国子会社との間で労働契約がなく、日本本社のために業務を行い、日本本社が中国駐在員の業務について指揮権を有し、業務の責任とリスクを日本本社が負っている場合には、中国駐在員の役務提供はサービス PE を構成する。中国子会社が日本本社に送金する立替人件費等は役務提供の対価として企業所得税と営業税（営業税の増値税課税改正実験地区においては増値税）が課税される。

(3) 立替給与の国外送金

日本本社が立替支給した留守宅手当等を中国子会社が日本本社に送金する場合には、個人所得税の納付等について「対外支払の税務証明書」を主管税当局から取得して外為銀行の窓口に提出する必要がある。

① サービス PE 条項

① 日中租税条約

日中租税条約第5条第5項は、次のように規定されています。

> 一方の締約国の企業が他方の締約国内において使用人その他の職員を通じてコンサルタントの役務を提供する場合には、このような活動が単一の工事または複数の関連工事について12ヶ月の間に合計6ヶ月を超える期間行われるときに限り、その企業は他方の締約国内に「恒久的施設」を有するものとされる。

この租税条約によれば、**日本企業が中国国内においてその社員またはその他の者を通じてコンサルタントの役務を提供し、その役務提供期間が中国国内において12ヶ月の間に合計で6ヶ月を超えた場合には、サービスPE（役務提供による恒久的施設）を有するものとされ、企業所得税が課税**されることになります。

中国の企業所得税法では、**役務提供場所は機構・場所**と称して、中国国内に機構・場所を有する非居住企業は、その中国国内所得と機構・場所に帰属する中国国外所得について企業所得税が課税されます。

中国の租税条約の解釈規定によれば、上記の条項が対象とするのは、一方の締約国の企業がその被用者を他方の締約国に派遣して役務活動に従事させる行為です。一方の締約国の企業が他方の締約国内に恒久的施設を持たない場合でも、このような被用者個人を通じた役務提供行為があれば、その役務提供場所が恒久的施設とみなされることになります。

例えば、その役務活動が租税条約の恒久的施設の定義に該当しない場合、すなわち「事業を行う一定の場所」を必要としない役務提供であったとしても、また、恒久的施設として例示されている「事業の管理場所、支店、事務所、工場、作業場、天然資源採掘場所等」が全く存在しない場合であっても、さらに建設PEも存在しない場合であっても、**このサービスPE条項によって役務の提供期間が一定の基準（6ヶ月）を超えた場合には、一方の締約国の企業は他

非居住企業

非居住企業とは、中国国外の法律によって中国国内で成立した企業で、その実際管理機構(実質的な管理機構)も中国国外に所在する企業をいいます。中国の居住企業とは、中国国内の法律により成立した企業と、中国国外の法律により中国国外で成立した企業のうちその実際管理機構が中国国内に所在する企業をいいます。実際管理機構とは、その企業全体の生産経営、人事、財務、財産等の全面的な管理と支配を実質的に行っている統治機構です。

機構、場所

機構、場所とは、租税条約でいう恒久的施設(PE = Permanent Establishment)であり、事務所、営業所、工場、役務提供場所、建設・据付・組立・修理等の工事作業場所、天然資源採掘場所等の生産経営に従事する場所をいいます。例えば、日本企業が中国国内に一定期間を超える役務提供場所を有する場合には、非居住企業が中国国内に恒久的施設を有することになります。

方の締約国内に恒久的施設を構成しているとみなされます。

また、コンサルタントの役務提供については企業所得税と同時に営業税も課税され、その恒久的施設に派遣された個人については中国滞在日数に応じて個人所得税も課税されます。なお、営業税を増値税に転換する増値税課税改正実験が行われている地区においては、営業税ではなくサービス業として増値税が課税されます。

② 使用人または被用者

中国の租税条約の解釈では、使用人その他の職員とは、企業の従業員または企業が招聘するその支配下にあってその指示に従って相手国で役務を提供する個人をいいます。すなわち、**使用人がどの企業に所属するかは、どの企業の支配下にあってその指示に従って役務提供を行っているかによって判断されます。**

中国の租税条約の解釈はOECDモデル租税条約のサービスPE条項の解釈

に従っており、OECDモデル租税条約では次のように解説しています。

> 　企業が役務を提供するのは個人を通じてである。しかしながら、個人がある企業のために役務を提供するならば、その個人の作業が企業による監督、指示または管理の下にあるならば、その個人によって遂行される役務はその他の企業のためにのみ行われることとなる。すなわち、その個人はその作業を監督、指示、管理する企業に属していることになる。

　例えば、日本の親会社がその社員またはその他の個人を中国子会社に派遣して役務提供させた場合で、その社員またはその他の個人が日本の親会社の監督の下において、親会社の指示にしたがって、親会社の管理下において役務提供した場合には、その個人は親会社の支配下にあるものとして親会社が中国子会社に役務提供したものとみなされます。

　逆に、例えば、日本の親会社がその関連会社であるアウトソーシングサービス会社の従業員を通じて中国子会社に役務提供するような場合には、親会社の監督と指示と管理の下にいない個人を通じて役務提供することになるため、親会社が子会社に役務提供したことにはなりません。この場合には、関連会社が中国子会社に役務提供したことになります。

③ 役務活動

　中国の解釈規定では、恒久的施設とみなされるコンサルタントの役務について、役務活動とは**工事、技術、管理、設計、教育訓練、コンサルタント等の専門的役務活動に従事すること**をいい、例えば次のような役務活動の例示が掲げられています。

> 1) 工事作業プロジェクトの実施について技術指導、協力、コンサルタント等の役務（具体的な施行と作業の責任は負わない）を提供する。
> 2) 生産技術の使用と改革、経営管理の改善、プロジェクトの事業化分析と設計方案の選択等について役務を提供する。
> 3) 企業の経営、管理等の分野において専門的役務を提供する等。

④ 同一プロジェクト

　日中租税条約でいう「単一の工事または複数の工事」は、中国の解釈規定では、「同一プロジェクトまたは相互に関連性のあるプロジェクト」として規定されています。これは OECD モデル租税条約でいう「同一のプロジェクトまたは関連するプロジェクト」に準拠して規定されているからです。

　中国の解釈規定にある「同一のプロジェクトまたは相互に関連性のあるプロジェクト」とは、商業的に相互に関連性のあるまたは一貫性のあるプロジェクトとされており、**商業的な一体性が重視**されています。具体的に判定する時には次の要素が考慮されるべきであるとしています。

> 1) これらのプロジェクトは同一の総契約の中に含まれているかどうか。
> 2) これらのプロジェクトが異なる契約に分かれて属している場合は、これらの契約は同一者または相互に関連性のある者と締結されたかどうか。前のプロジェクトの実施が後のプロジェクトの実施の必要条件となっているか。
> 3) これらのプロジェクトの性格は同一のものかどうか。
> 4) これらのプロジェクトは同一の人員が実施しているかどうか等。

　これらの判定要素は OECD モデル租税条約のコメンタリーで規定されている判定要素をそのまま取り入れたものであり、OECD モデル租税条約では、「関連するプロジェクト」とは、ある企業によって別個のプロジェクトとして行われているが、これらのプロジェクトは商業的一体性を有するという文脈において役務が提供される事例をカバーする意図を有するものであると解説しています。

⑤ 役務提供期間の判定

　恒久的施設の有無を判定する決定的な要素として**役務提供期間**があります。日中租税条約では、コンサルタントの役務活動は 12 ヶ月の間に合計 6 ヶ月を超えて行われるときに限り、企業は恒久的施設を構成するものとみなされています。中国の解釈規定では、**役務活動がいずれかの 12 ヶ月の中で連続または累計して 183 日を超える場合に、恒久的施設**とみなされます。

3 親子会社間のサービス PE 課税　23

　日中租税条約は 1983 年に締結されたので「6ヶ月」が適用されていますが、この 6ヶ月の期間計算は月の日数が異なるので実際の日数に有利不利が発生することがあり、また、個人所得税の短期滞在者の免税規定で使用されている 183 日という日数基準とも異なることから、その後に締結される租税条約では**「6ヶ月」という月単位ではなく 183 日という日数基準の採用が一般的**となっています。ただし、日中間では日中租税条約の 6ヶ月が適用されています。
　中国の解釈規定では、この期間計算について次のように解説しています。

> 1) ある外国企業が中国国内のあるプロジェクトのために役務を提供し、その外国企業がその被用者（使用人等）を役務プロジェクトの実施のために派遣した第 1 回目の中国に到達した日から役務プロジェクトを完成して引き渡した期日までを計算期間として、関係する人員の中国における滞在日数を計算する。
> 2) 具体的に計算する時は、すべての被用者別に同一のプロジェクトのために役務活動を提供した異なる期間の中国国内における連続または累計の滞在した期間を把握して、同一の期間内の同一人員の業務については区別しないで計算する。例えば、外国企業が 10 名の従業員をあるプロジェクトのために派遣して中国国内の勤務期間が 3 日であった場合は、各人別に 3 日として合計 30 日として計算することはしない。
> 3) 同一プロジェクトが数年を経過する場合は、外国企業はある一つの「12ヶ月」の期間に被用者を派遣して中国国内で 183 日を超えて役務を提供する場合は、その他の期間内で派遣者が中国国内で 183 日を超えないで役務を提供した場合であっても、その企業は中国において恒久的施設を構成するものと判定する。恒久的施設とはその企業にとっては中国国内で全体のプロジェクトのために提供するすべての役務をいうものであり、ある一つの「12ヶ月」の期間内に提供する役務ではない。したがって、全体のプロジェクトにおいて、外国企業がその中の一つの「12ヶ月」の期間に中国国内で 183 日を超えて役務を提供する場合には、その企業は中国において恒久的施設を構成するものと認識しなければならない。

　上記のうち、1) は建設 PE の存続期間の計算と同じ解釈に立つものであり特に異なる点はありません。2) については、次のように OECD モデル租税条約の解釈と一致しています。

> 　一つの期間または複数の期間は、企業と関係しているものであり個人との関係ではない。したがって、役務を提供しこれらの期間を通して滞在するのが同一の個人かまたは複数の個人であったかは必ずしも必要なことではない。この限りに

> おいて、ある1日については、企業がその役務を遂行する際に、その国に滞在して役務を遂行する個人が少なくとも1人でもいればその日は一つの期間または複数の期間に含まれる。あきらかに、その日に企業のために役務を遂行する個人が何人であろうとも関係なく、その日は1日として計算される。

　ただし、上記の3)についてはOECDモデル租税条約のサービスPE条項に同一内容の項目は見当たりません。このほか、OECDモデル租税条約のコメンタリーでは、遂行された役務が専ら準備的または予備的なもの（例えば企業の通常の事業を遂行するために単に準備的であるにすぎないものであるがそれを期待している顧客に情報を提供すること）である場合もあり、そのような場合には、これらの役務の遂行が恒久的施設を構成しないと考えることは論理的であると述べていますが、中国の解釈規定のサービスPE条項では、これについては特に触れていません。

⑥ 特許権使用料とサービスPE課税の関係

　企業が中国の顧客に特許技術使用権を譲渡すると同時に、人員を中国国内に派遣してその技術の使用のために関連サポート、指導等の役務も提供して役務費用を受領した場合は、その役務費用を個別に受領したかまたは技術対価の中に含まれていたかに関わらず、**その役務費用はすべて特許権使用料とみなすべき**であり、租税条約の特許権使用料条項の規定が適用されます。

　ただし、その人員が提供した役務が企業の中国において設立したある固定場所を通じて行われた場合またはその他の場所を通じて行われた場合は、役務期間が協定の定める恒久的施設を構成する時間基準に達した場合は、恒久的施設を構成し、恒久的施設に帰属する部分の役務所得は事業所得として課税されます。

❷ 親子会社間のサービス PE 課税

① 日中租税条約と OECD モデル租税条約

日中租税条約の第5条(恒久的施設)の第8項(支配従属関係)では、次のように規定されています。

> 一方の締約国の居住者である法人が、他方の締約国内の居住者である法人もしくは他方の締約国内において事業(恒久的施設を通じて行われるものであるかないかを問わない)を行う法人を支配し、またはこれらに支配されているという事実のみによっては、いずれの一方の法人も他方の法人の「恒久的施設」とはされない。

OECD モデル租税条約のコメンタリーでは、この親子会社条項について次のように解説しています。

> 子会社の存在は、それ自体で、親会社の恒久的施設を構成するものではないことは一般的に認められている。これは課税の目的からして、このような子会社は独立の法的実体を構成するという原則に従うものである。子会社によって行われる取引または事業が親会社によって管理されているという事実があっても子会社は親会社の恒久的施設を構成しない。
> しかしながら、子会社が恒久的施設の定義に該当または従属代理人となることによって、子会社が事業の場所を有する国において恒久的施設を有する親会社が散見されることもある。このように子会社に属する空間または建物を親会社が処分可能な状態として支配し、かつ親会社がこれを通じて自己の事業を行う一定の場所を構成している場合には、恒久的施設の定義や建設 PE 条項にしたがって親会社の恒久的施設を構成するものとする。
> さらに、子会社が親会社の名においてある国において契約を締結する権限を有して常習的に実施しているならば、その子会社が親会社のために引き受けた活動に関連してその国において従属代理人として恒久的施設を有するものとみなされる。ただし、これらの活動が準備的または補助的なものに限定されている場合または子会社が独立代理人としてその事業を通常の方法で行う場合には恒久的施設

には該当しない。

このように OECD モデル租税条約のコメンタリーでは、通常は親子会社間では支配し従属しているという関係だけでは恒久的施設を構成することはありませんが、**子会社に親会社の支配する空間や建物があって事業を行う一定の場所がある場合、建設 PE がある場合、または子会社が従属代理人となっている場合には、その子会社が恒久的施設を構成**することを示しています。

② 中国の親子会社 PE 課税

中国の解釈規定では、次のように、子会社に事業を行う一定の場所、建設 PE、サービス（役務）PE が存在する場合と子会社が従属代理人に該当する場合には、子会社が親会社の恒久的施設を構成するものとしています。

> 親会社との間の特別な関係によって、現実の経済活動においては、親会社との間で常に比較的に複雑な人員と業務の国境を越えた取引が存在している。このような場合においては、親会社は子会社の活動において親会社が子会社の所在地国において恒久的施設を構成する場合をもたらしており、下記の諸点から把握しなければならない。
> 1) 子会社の要求に応じて、親会社が人員を子会社に派遣して子会社のために業務を行い、これらの人員は子会社に雇用されて、子会社がその業務について指揮権を有し、業務の責任とリスクは親会社とは関係はなく、子会社が引き受けている場合は、これらの人員の活動は、親会社が子会社の所在する国において恒久的施設を構成していることをもたらすものではない。このような状況においては、子会社がこれらの人員に支払った費用は、直接支払ったかまたは親会社を通して立替払いしたかに関係なく、子会社の内部人員のための分配として、支払った人件費は計上することが認められ、その支払った人件費は個人所得とすべきであり、子会社の所在する国の関係する個人所得税法の関係規定等により個人所得税を課税する。
> 2) 親会社が子会社に人員を派遣して業務を行う時は、恒久的施設の定義と建設 PE またはサービス（役務）PE の規定により、親会社が子会社の所在する国において恒久的施設を構成するかどうかを判断しなければならない。下記の基準のいずれか一つに該当するときは、これらの人員が親会社のために業務を行っていると判断することができる。
>   1 親会社が上記人員の業務に対して指揮権を有しておりかつリスクと責任を引き受けている場合

2　子会社に派遣されて業務を行う人員の数と基準を親会社が決定している場合
　3　上記人員の賃金給与を親会社が負担している場合
　4　親会社が人員を子会社に派遣して活動に従事させることにより子会社から利得を獲得している場合
　このような場合においては、親会社が子会社から関係する役務費用を受領したときは、独立企業の公平取引原則に従って、親会社の上記費用の合理性を確認した後に、子会社に対して上記費用の計上を認めなければならない。上記の活動が親会社の子会社の所在する国に恒久的施設を構成させる場合は、その子会社の所在する国は租税条約の事業利得条項により、親会社の子会社から受領した費用に対して企業所得税を課税することができる。
3）子会社が親会社の名において契約を締結する権利を有しかつ常習的に行う場合で、従属代理人の条件に該当する場合は、子会社は親会社の恒久的施設を構成する。

❸ サービス PE 課税の判定基準

① 労働契約の締結と業務の指揮権

　中国出向者が中国子会社と労働契約を締結して、中国子会社のために業務を行い、中国子会社が中国出向者の業務について指揮権を行使して業務の責任とリスクを負う場合には、その中国出向者の役務提供はサービス PE として認定されることはありません。

　しかし、**日本本社と中国子会社との間に出向契約のみが締結されているか、または出向契約も締結されることなく、中国子会社と派遣者本人との間で雇用契約が締結されていないか、または提供役務の内容、業務の指揮命令系統、業務の報告先、業務に係るリスクとコストの負担状況、派遣者給与の決定方法、派遣者の人事評価プロセス等に疑義が発生した場合には、中国子会社と派遣者との間に労働契約に基づく雇用関係が成立していないものと解釈して、サービス PE 課税が行われます。**

　中国政府の労働社会保障部が 2007 年 1 月 8 日に発布した「労働社会保障部の労働要員届出制度に関する通知」によれば、「2007 年から我国国内のすべて

の雇用単位は、法により労働関係を形成する従業員を招聘雇用した場合は、登記登録地の県級以上の労働保障行政部門で労働要員届出手続を行わなければならない」と規定しました。

中国の企業所得税法では、企業に実際に発生した収入の取得と関係する原価、費用、税金、損失、その他支出を含む合理的支出は、課税所得額から控除することが認められています。これを受けて、**企業に実際に発生した合理的賃金給与支出は、税前控除すなわち税務上で損金に算入することができます。**

企業所得税法では、賃金給与とは、企業が一納税年度毎にその企業に職務就任または雇用された従業員に支給するすべての形式の労働報酬をいい、具体的には、基本給与、賞与、手当、補助手当、年末賞与、残業手当、および従業員の職務就任または雇用と関係するその他支出が含まれます。したがって、**中国の企業は、その従業員と書面による労働契約を締結しかつ労働部門に届出を行うことにより、その合理的な賃金給与を税前控除することができます。**

中国子会社と労働契約等を締結していない場合には、高級管理職としての職務就任または従業員としての雇用関係は存在しないことになり、中国子会社の賃金給与支出とは認められないことになります。

② 親子会社間のサービス PE 課税

下記のいずれか一つの基準に該当する場合には、サービス PE として課税されます。

1 親会社が上記人員の業務に対して指揮権を有しておりかつリスクと責任を引き受けている場合
2 子会社に派遣されて業務を行う人員の数と基準を親会社が決定している場合
3 上記人員の賃金給与を親会社が負担している場合
4 親会社が人員を子会社に派遣して活動に従事させることにより子会社から利得を獲得している場合

中国子会社への出向者については、上記1の業務の指揮権のほかに考慮すべきことは、上記2の中国子会社への出向者の人数と出向基準を親会社が決定していないことと、上記3の出向者給与を親会社が負担しないことです。**特に、出向者給与の親会社の一部負担は一般的に行われていることであり、設例で示したように給与負担金の一部を親会社が負担する場合、または留守宅手当等を**

親会社が全額負担する等の場合には、上記3の条件を満たすことができないことになり、サービスPE課税が行われる可能性があります。

Point! 給与負担金の一部や留守宅手当等を親会社が負担する場合→サービスPE課税の可能性

日本本社（親会社）が中国子会社から役務費用（役務対価）を受領していると認められた場合には、独立企業間価格でその役務費用の金額の合理性を確認するものとされます。すなわち、**親会社の給与負担金額で課税されるのではなく、移転価格税制の関連当事者間の価格決定方法と同じく独立した企業間で行われる取引価格を参照して役務費用の対価の金額が決定されます**。

国家税務総局が2009年6月24日付けで発表した「非居住企業所得税関係問題解答」では、中国に派遣された外国人の給与について次のように、非居住企業が中国に派遣した外国人が中国国内で役務提供したことにより恒久的施設が構成される場合には、PE課税として企業所得税が課税されるべきであるとしています。

> （問）　国外に支払った立替の委託派遣人員の給与は、訪中して役務を提供したものと判定されるかどうか。委託派遣人員の給与は中国の税務機関に個人所得税を納付済みである。
> （答）　非居住企業が雇用人員を中国に派遣して役務を提供し、企業所得税法が定める機構場所を構成する場合は、当該機構場所が取得する所得に対して税法規定により企業所得税を納付しなければならない。同時に、雇用人員が取得する中国国内源泉の賃金給与は個人所得税法により個人所得税を納付しなければならない。租税条約を適用する場合は、条約の規定により執行する。

上記の問答によれば、例えば、外国の親会社がその社員を中国子会社に派遣してその役務提供期間が6ヶ月を超える場合には、中国国内に恒久的施設が構成されることになり、中国子会社が外国親会社の立替支給した給与相当額を外国親会社に外貨送金する場合には、その送金した金額は立替給与ではなく、外国親会社の社員が中国子会社に役務提供した報酬であり、その役務提供対価については企業所得税が課税されるべきであるとしています。

❹ 立替給与の国外送金

　国家外貨管理局と国家税務総局が 2008 年 11 月 25 日に公布した「サービス貿易等項目の対外支払税務証明書の提出に関係する問題に関する通知」では、下記のとおり、中国国内の機構と個人が中国国外に 1 件当たり 3 万米ドルを超える外貨を送金する場合には、対外支払の税務証明書を主管税務機関から取得して銀行窓口に提示することが要求されました。

> 　国内機構と個人が国外に 1 件当たりの支払いが 3 万米ドル同等価値を超える下記のサービス貿易、収益、経常移転および資本項目の外貨資金は、国家の関係規定により主管税務機関で「サービス貿易、収益、経常移転および一部資本項目の対外支払の税務証明書」（税務証明書）を申請処理する。
> 1) 国外機構または個人が国内から獲得するサービス貿易収入
> 2) 国外個人の国内における勤務報酬、国外機構または個人の国内から獲得する配当、利益分配金、利益、直接債務利息、保証料等の収益および経常移転項目収入
> 3) 国外機構または個人が国内から獲得するファイナンスリース料金、不動産の譲渡収入、株式譲渡収益

　サービス貿易には、運送、観光、通信、建設据付と役務請負、保険サービス、金融サービス、コンピュータと情報のサービス、特許権使用料とライセンス料、スポーツ文化と娯楽サービス、その他の商業サービス、政府サービス等の取引行為が含まれます。

　また、収益には、従業員報酬、投資収益等が含まれ、経常移転には、資本の移転以外による贈与、賠償、租税、一時的所得等が含まれています。

　上記の規定により、**外国人個人が中国国内で勤務して取得した報酬や従業員の報酬を中国国外に外貨送金するには、主管税務機関で対外支払の税務証明書を取得して、外為指定銀行は税務証明書とその他の有効証書を審査照合すること**が義務付けられています。

解説1　中国PE

1　租税条約

① OECDモデル租税条約

　国際的なモデル租税条約には、**国連のモデル租税条約とOECD（経済開発協力機構）のモデル租税条約**があります。国連のモデル租税条約は、先進国と発展途上国との間で租税条約の締結が円滑に促進されるように、発展途上国の課税権を保護する形で構成されています。

　一般的には、先進国は発展途上国に進出して事業や投資を行うため、事業による所得または投資による所得は発展途上国に源泉があり、発展途上国が所得の源泉地国となります。したがって**国連モデルは、発展途上国の課税権を保護するために所得の源泉地国の課税権を手厚く保護しているモデル**です。

　これに対して、**OECDモデル租税条約は、先進国間の国際的な経済発展を阻害する要因を排除することを主目的として平等互恵の原則に従っており、先進国が発展途上国に投資するのに有利なように、源泉地国（発展途上国）の課税権を制限して企業の居住地国（先進国）に課税権を与えるモデル**です。ただし、OECDモデル租税条約は最近では源泉地国の課税権を許容する方向を打ち出しており、国連モデルと比較して先進国と発展途上国の両者に共通の基盤を提供しています。

　OECDモデル租税条約は、OECD加盟国であるオーストラリア、オーストリア、ベルギー、カナダ、チリ、デンマーク、フィンランド、フランス、ドイツ、ハンガリー、アイスランド、アイルランド、イタリア、日本、韓国、ルクセンブルグ、メキシコ、オランダ、ニュージーランド、ノルウェー、ポーランド、ポルトガル、スロバキア、スロベニア、スペイン、スウェーデン、スイス、トルコ、英国、米国の30ヶ国の政府代表者で構成するOECD租税委員会で起

草されて合意されたものです。

　OECD モデル租税条約は、加盟国に対して法的な拘束力をもってはいませんが、加盟国はこのモデル租税条約に対して意見や留保条件を明示することにより、これを遵守し支持する姿勢を取っています。

　OECD 租税委員会は、モデル租税条約が非加盟国にも影響を与えていることを考慮して 1996 年から加盟国と同様に、非加盟国もモデル租税条約の交渉、適用、解釈の議論に参加することを認めました。2010 年現在で、非加盟国には、アルバニア、アルゼンチン、アルメニア、ベラルーシ、ブラジル、ブルガリア、クロアチア、コンゴ民主共和国、エストニア、ガボン、香港、インド、インドネシア、イスラエル、コートジボワール、カザフスタン、ラトビア、リトアニア、マレーシア、モロッコ、中国、フィリピン、ルーマニア、ロシア、セルビア、南アフリカ、タイ、チュニジア、ウクライナ、アラブ首長国連邦、ベトナムがある。

　このように OECD モデル租税条約は、多数の加盟国と非加盟国によって支持されており、数多くの二国間の租税条約の締結、修正およびその解釈の参考モデルとなっています。

　OECD モデル租税条約は、標準的な条約文言とコメンタリー（解釈と例示）と加盟国のコメンタリーについての意見、留保意見で構成されています。**OECD モデル租税条約の主な目的は、国際的な二重課税の司法分野において発生するもっとも共通的な問題について統一的な基礎を提供することに**あり、加盟国と非加盟国が二国間の租税条約を締結または修正する場合には、このモデル租税条約の条項とそのコメンタリーを参考とし、加盟国はその意見と留保意見を確認すべきものとされています。

　OECD モデル租税条約は、1963 年に草案が作成され 1977 年にモデル租税条約が公表されました。その後多くの改訂を経て、2010 年 7 月 22 日に「OECD モデル租税条約 2010 年版」を発表しました。現在はこの 2010 年版が最新版となっています。

　この 2010 年版では、第 7 条（事業利得）の条約文言とそのコメンタリーが全面的に改訂されました。この改訂は、租税委員会の 1933 年の報告書「恒久的施設に帰せられる所得」、1995 年の報告書「多国籍企業および税務当局のための移転価格ガイドライン」、2008 年の報告書「恒久的施設に対する利得の帰属」等に基づいて改訂されたものであり、モデル租税条約の改訂はこのように重要な報告書が発表された後に、条約の標準文言とそのコメンタリーが修正されて

いきます。なお、2010年版では、第5条（恒久的施設）のコメンタリーも修正され、これに関連する第15条（給与所得）のコメンタリー等も改訂されました。このほか第11条（利子）、第12条（使用料）、第13条（配当）の受益所有権者等のコメンタリーも修正されました。

② 中国租税条約解釈規定

1. 中国シンガポール租税条約

国家税務総局は、2010年7月26日付で「『中華人民共和国政府とシンガポール共和国政府の所得の二重課税の回避と脱税の防止に関する協定』および議定書条項解釈の印刷発行に関する通知」（以下、**中国解釈規定**という）を発表し、中国政府が締結する各国との租税条約についての解釈を明らかにしました。

この中国租税条約の解釈規定は、一義的には中国政府とシンガポール政府との間の租税条約に適用されますが、この解釈規定そのものが国家税務総局の規範文献とされており、中国政府が対外的に締結した租税条約の関係条項について、シンガポール政府との租税条約と同一の条項については、この中国解釈規定の解釈を適用するものとしています。

🅿oint! 中国解釈規定が基準

特に、重要なのは、**この中国解釈規定と国家税務総局が過去に発行した租税条約の解釈と実施に関する税務文献の内容が異なる場合には、中国解釈規定が基準となる**ことです。2010年7月26日以前の租税条約の解釈規定でこの中国解釈規定と異なる場合には、その旧解釈規定は廃止されたことになります。

国家税務総局は、1986年にはじめて租税条約の解釈規定を発表してから数多くの解釈を行ってきましたが、2006年9月に「内地と香港特別行政府の所得の二重課税と脱税防止に関する協定」を公布して、この内地香港租税協定の解釈規定については、租税条約の条項が同一である場合にはこの協定の解釈規定を適用するものとしました。

租税条約の包括的な解釈規定としては、中国解釈規定は内地香港租税協定の解釈規定に次ぐものですが、中国の対外的な租税条約の包括的な解釈規定であるという性格とOECDモデル租税条約のコメンタリーを基本的に導入したという点で、特に注目される解釈規定となっています。

この中国解釈規定は2010年7月に公布されており、時期的にはOECDモデル租税条約の2010年版を反映できるものでしたが、その一部が採用され、その他の一部は採用されていません。

例えば、OECDモデル租税条約の第5条（恒久的施設）と第15条（給与所得）のコメンタリーはかなりの部分が採用されています。また、OECDモデル租税条約の第7条（事業利得）では条項が全面多岐に見直されてコメンタリーもそのほとんどが修正されましたが、中国政府はまだこの新しい第7条の条項そのものを採用していないため、中国シンガポール租税条約でも第7条はOECDモデル租税条約の旧第7条（2008年版）と同じであり、その解釈規定も旧コメンタリー（2008年版）の内容に類似したものとなっています。

2．日中租税条約

日中租税条約は1983年9月に中国政府初の租税条約として締結されたので、日中租税条約の条項は基本的に当時のOECDモデル租税条約に基づいていましたが、OECDモデル租税条約の先進国の観点による条項であるよりは発展途上国であった中国に有利な観点で一部の条項は作成されていました。

もっとも顕著な条項は発展途上国の優遇税制を促進させるためのみなし税額控除の規定であり、数多くのみなし外国税額控除が規定されていました。このみなし税額控除の規定は、中国政府が2008年から実施した企業所得税法によりほとんど廃止されたことに伴い、現在では若干の経過規定によるものを除きその適用はほとんどなくなっています。

日中租税条約の第5条（恒久的施設）についても同様に発展途上国の観点からOECDモデル租税条約の条項として当時は規定されていなかった役務（サービス）PEの規定がありました。一般的に先進国は投資する企業の居住地国になり、投資を受け入れる発展途上国は投資によって生み出される所得の源泉地国となります。当時のOECDモデル租税条約では、発展途上国（所得の源泉地国）の課税権を制限して先進国（企業の居住地国）に課税権を配分する条項が比較的に多かったのです。

Point OECDモデル条約→恒久的施設なければ課税なし

OECDモデル租税条約は、恒久的施設なければ課税なしの原則に従って、所得の源泉が発生していてもその源泉地国に恒久的施設がなければ課税できな

いものとし、恒久的施設の定義そのものも極力制限していました。

すなわち、**恒久的施設を事業を行う一定の場所と定義し、一定の物理的場所を持たない役務（サービス）活動については、建築工事現場、建設・組立・据付工事、これらに関連する監督活動すなわち建設 PE を除いて、恒久的施設ではない**としていました。

Point! 国連モデル租税条約→源泉地国の課税に配慮

租税条約上の恒久的施設の定義と建設 PE に該当しないものは恒久的施設を構成しないものとして課税できない条項となっていました。これに対して発展途上国である源泉地国の課税を重視する**国連モデル租税条約では、一般的に国際取引では役務提供取引はかなり多額な取引金額になることも多く、無視できない重要な取引であるとして源泉地国の課税に配慮した条項**となっていました。

国連モデル租税条約では、恒久的施設の範囲に、企業がその使用人等を通じて役務提供した場合においても一定の期間を超えて役務提供が行われた場合には、役務（サービス）PE として恒久的施設が構成されるものとしていました。日中租税条約は OECD モデル租税条約を基本としながらも、このような国連モデル租税条約の条項も採用しました。

OECD モデル租税条約はこのような役務 PE 条項は排除していましたが、**物理的な恒久的施設の定義だけでは解決できない、専門性の高い人的役務事業、事業拠点を持たないクロスボーダー取引等の国際的な課税問題が数多く発生**してきたため、OECD の租税委員会は、2006 年 12 月に「役務の租税条約の取扱い」（公開討論稿　OECD モデル租税条約のコメンタリーの改訂案）を発表しました。

この公開討論稿の内容は若干の修正が加えられて、2008 年 7 月に発表された「OECD モデル租税条約 2008 年版」のコメンタリーに正式に加えられました。これによって OECD モデル租税条約 2008 年版において役務 PE 課税の条項が従来の条項に代わる代替条項として認められました。OECD 加盟国の同意を得たコメンタリーでは、次のように解説されています。

> 役務（サービス）は恒久的施設を構成しない限り課税してはならない。この意味で現行の OECD モデル租税条約の恒久的施設の定義は拡大するには及ばない。ただし、企業の居住地国にのみ課税権を認める排他的課税権は、先進国による過

> 度の制限であるとしていくつかの加盟国が反対している。役務により生ずる利得については源泉地国の課税権が保護されるべきであり、恒久的施設の定義を変更することはないが、二国間の租税条約で役務課税を認める代替条項を定めることができるようにすることが重要であると結論した。
>   ただし、代替条項の設定については、一定の要件を設定し、源泉地国以外の第三国の課税は容認しないこと、極めて短期間の役務所得は課税範囲から除外すること、役務所得は収入全額に課税するのではなく事業利得として課税すべきである等の配慮がなされている。

　OECDモデル租税条約2008年版には、このような考え方に従って代替的な役務PE条項が記述されていますが、その内容は前述した国連モデル租税条約の条項とほぼ同じものです。この結果、企業によって役務活動が監督され、指示され、または管理されている使用人等を通じて役務が提供された場合には、その役務提供が12ヶ月の間に6ヶ月を超えて行われた場合には、役務提供を行った企業はその役務提供の源泉地国で恒久的施設を有するものとみなされて課税されることになりました。

　このような役務PE課税の条項解釈が中国の租税条約の解釈規定に影響しており、中国解釈規定においても、役務PE課税と親子会社間の役務PE課税等の解釈が新たに規定されました。

　したがって、ここでは日中租税条約の恒久的施設、役務（サービス）PE、親子会社間の役務（サービス）PEについて、中国シンガポール租税条約における中国解釈規定とその解釈のベースにあるOECDモデル租税条約のコメンタリーを紹介します。中国解釈規定はOECDモデル租税条約のコメンタリーを取捨選択したものであり、その一部と中国独自の解釈によって構成されています。

❷ 恒久的施設

① 恒久的施設の定義

1．日中租税条約の定義

　日中租税条約第5条第1項は、恒久的施設（Permanent Establishment）を次

のように定義しています。

> 恒久的施設とは、事業を行う一定の場所であって企業がその事業の全部または一部を行っている場所をいう。

この定義は、OECDモデル租税条約および中国シンガポール租税条約の定義と同一の条項であり、**中国においては日中租税条約の恒久的施設の解釈は中国シンガポール租税条約の解釈規定に従うことになります。**

2．恒久的施設の特徴
1）中国解釈規定

> 恒久的施設とは1つの相対的に固定的な事業の場所をいい、通常の場合には次の3つの特徴を備えている。
> 1　事業の場所が実質的に存在すること、一定の支配可能な空間があれば事業の場所を有するものとみなすことができる
> 2　事業の場所は固定的でありかつ時間的には一定の恒久性があること
> 3　事業の場所を通じてすべてまたは一部の事業活動が行われること

2）OECDコメンタリー

上記の中国の解釈規定は、基本的にOECDモデル租税条約の下記のコメンタリーに基づいています。

> 1　事業の場所が存在すること、処分可能な状態にある一定の空間があれば事業の場所を構成する。
> 2　事業の場所が固定的でありかつ一時的ではないこと
> 3　事業の場所を通じて事業を行うこと

3．事業の場所の存在

中国の解釈規定では、恒久的施設の1つの特徴は、事業の場所が実質的に存在すること、一定の支配可能な空間があれば事業の場所を有するものとみなすことができるものとされ、**事業の場所は、実質的に存在するかまたは支配可能**

な空間があれば存在するものとみなされます。

中国の解釈規定とこれに対応する OECD モデル租税条約のコメンタリーを比較すれば**表Ⅰ-1**のとおりです。なお、中国の解釈規定は OECD モデル租税条約のコメンタリーの一部を取捨選択して構成されています。

表Ⅰ-1 事業の場所の存在

中国の租税条約の解釈規定	OECD モデル租税条約のコメンタリー
当該事業の場所が実質的に存在すること。ただし、このような場所には、規模または範囲の制限はない。例えば、機器、倉庫、売場等がある。	事業の場所の存在、すなわち建物のような施設、ある場合には、機械または付属設備の存在がある。
かつ企業の自己所有か借用かは関係がない。	建物、施設、または付属設備が所有されているか、賃借されているか、またはその他の方法によって、企業の処分可能状態に置かれているかどうかは重要ではない。
建屋、敷地、施設または設備の一部分がその他の活動に使用されているかどうかも関係がない。	「事業の場所」の用語は、企業の事業を行うために、その目的のために専門的に使用されるかどうかに関わらず、使用される建物、施設または付属設備が該当する。
一つの場所が市場の一角を占めるだけの場合もあれば、長期に借用している倉庫の一部分（課税商品を在庫するのに使用）である場合、	事業の場所は、市場の一角、税関倉庫（例えば課税品の倉庫として）で通常使用される一定の面積によって構成されるような場合もある。
または他の企業の内部である場合等もある。	または、事業の場所は他の企業の事業施設に所在するかもしれない。外国企業が他の企業によって所有されている一定の建物またはその一部を継続的に支配できる場合もその例示となるものである。
一定の支配可能な空間があれば、事業の場所を有するものとみなすことができる。	事業の場所には、企業の事業を行うために有効なまたは要求される建物がなく、単に一定の処分可能な空間が存在する場合もある。

4．固定的かつ恒久的な存在

中国の解釈規定では、事業の場所は固定的でありかつ時間的には一定の恒久性があることが要求されており、この特徴については**表Ⅰ-2**の4つの観点から説明が行われています。

表Ⅰ-2 固定的かつ恒久的な存在

中国の租税条約の解釈規定	OECDモデル条約のコメンタリー
1. 一定の事業の場所には、一方の締約国の企業が他方の締約国において事業活動に従事する登記登録を経て設立した事務所、支店機構等の一定の場所を含み、一方の締約国の企業のために役務を提供するのに使用する事務室またはその他類似の施設、例えばあるホテルにおいて長期借用する部屋も含む。	該当なし
2. ある経常的に隣接する場所の間を移動する事業活動については、事業の場所は固定しているとは見えないが、このような一定地域内の移動は当該事業活動の固有の性格であり、一般的に単一の一定の場所が存在するものとして認定することができる。	ある企業によって行われる事業活動の性格が、これらの活動が頻繁に隣接する場所に移動させられるようなものである場合には、事業の場所が単純にあるかどうかを決定することは難しい（仮に事業が二つの場所を占有する場合には、その企業はもちろん二つの恒久的施設を有するものとされる）。事業の単一の場所は、事業の性格に照らして、活動が行われている特定の場所が当該事業について商業的かつ地理的に固有なものを構成すると識別される場合に存在するものとして一般には判断される。
例えば、ある事務所が必要に基づいて一つのホテル内で異なる部屋を借用するか、または異なる棟を借用する場合は、当該ホテルは一つの事業の場所とみなすことができる。	コンサルティング企業が「オフィスホテル」の中の異なるオフィスを借りる場合にはその企業の単一の事業の場所として判断されている。この事例では、その建物は全体として地理的にホテルはそのコンサルティング企業の単一の場所を構成するものと判断されている。
また、例えば、ある商人が同一の商場または市場内の異なる場所に売場を設立した場合は、当該商場または市場も当該商人の事業の場所を構成することができる。	同じ理由で、商人がその売り場を定期的に設置する歩行者道路、アウトドアの市場または祭りの様々な場所はこれらの商人にとって単一の事業の場所を表すものである。
3. 当該事業の場所は時間的に一定程度の恒久性を有するものでなければならず、臨時のものであってはならない。	事業の場所は固定的でなければならないので、恒久的施設は事業の場所が一定程度の恒久性を有する場合、すなわち純粋に一時的な性格ではない場合にのみ存在するものとみなされうることになる。
同時に、事業活動が暫定的に間断または停滞することは、逆に、場所の時間的な恒久性に影響を与えない。	活動の一時的な中断は恒久的施設の存在の停止をもたらすものではない。
4. ある事業の場所が短期の使用目的に基づいて設立されたが、実際の存在期間は逆に臨時的な範囲を超える場合は、固定場所を構成することになり遡及的には恒久的施設を構成することとなる。	当初は、恒久的施設を構成しないような短い期間で使用されるものとして考えられた事業の場所が、実際には一時的な期間とは判断できないような期間で維持された場合には、事業の固定的な場所すなわち遡及して恒久的施設となる。

これに対して、一つの恒久的な目的のための事業の場所に特別な状況が発生した場合、例えば投資に失敗して事前に清算する場合は、実際には極めて短い期間に存在するだけであるが、同じ様にその設立から恒久的施設を構成するものと判定することとなる。	事業の場所が実務的にはきわめて短い期間存在していただけであってもその初めから恒久的施設を構成する場合もあり得ることであり、特別な場合（例えば納税者の死亡、投資の失敗）の結論として、期間の途中で清算される。

5.「通じて」の意味

　恒久的施設の概念は、一方の国の企業が他方の国においてその事業利得について租税を課されるかどうかを決定する基準として用いられています。**恒久的施設があるかどうかが課税の決定基準であり、恒久的施設がなければ課税なしという原則**です。

　次に、一方の国の企業が課税される他方の国の事業利得とは恒久的施設に帰属する事業利得であり、配当、利子、使用料等の収益は恒久的施設と実質的な関係を有する場合にのみ、恒久的施設に帰属する利得とされます。

Point! 帰属主義→恒久的施設なければ課税なし

　このように**中国の恒久的施設の解釈では、恒久的施設に帰属する利得についてのみ課税が行われるとする帰属主義を採用**しています。これに対して、一方の国の企業が他方の国に恒久的施設を有する場合には、事業利得、配当、利子、使用料等の利得が恒久的施設に帰属しないことが明らかであっても、その企業のすべての利得を課税する総合主義があり、全てを吸収する吸引力主義ともいいますが、**OECDモデル租税条約では総合主義は採用されておらず、帰属主義が採用**されています。

Point! 帰属主義について中国独自の解釈規定

　中国の解釈規定では、この帰属主義について下記のように説明していますが、図Ⅰ－3に示したように、これらの解釈規定はOECDモデル租税条約のコメンタリーには記載されておらず、中国独自の解釈規定となっています。

1) 企業が恒久的施設のない地域で直接活動する場合
　一方の企業が他方に設立した恒久的施設を通じて事業活動を行い、その全部または一部の活動を他方に延伸した場合は、その恒久的施設の外の地域において直接従事する活動は含まない。
2) 企業が異なる場所で活動する場合
1　単一の恒久的施設がある場合
　一方の企業が他方の恒久的施設を通じて他方の異なる場所で事業活動を行う場合は、その単一の恒久的施設のみが存在するかどうか、かつ異なる場所の事業活動が生じさせる利得が当該恒久的施設に帰属するかどうかを判定しなければならない。
2　複数の恒久的施設がある場合
　一方の企業が他方の異なる場所で直接に事業活動に従事する場合は、当該一方の企業は他方の異なる場所で複数の恒久的施設を構成する可能性がある。

表Ⅰ-3　事業の場所を通じて

中国の租税条約の解釈規定	OECDモデル条約のコメンタリー
一方の国の企業が他方の国に設立した恒久的施設を通じて事業活動を行い、その全部または一部の活動を他方の国において延伸した場合は、その恒久的施設の外の地域において直接従事する活動は含まない。	該当なし
一方の国の企業が他方の国の恒久的施設を通じて他方の国の異なる場所で事業活動を行う場合は、単一の恒久的施設のみが存在するかどうか、かつ異なる場所の事業活動が生じさせる利得が当該恒久的施設に帰属するかどうかを判定しなければならない。	該当なし
一方の国の企業が他方の国の異なる場所で直接に事業活動に従事する場合は、一方の国の企業は他方の国の異なる場所で複数の恒久的施設を構成している可能性がある。	該当なし
事業の用語は、実際の含意は生産経営活動を含むばかりではなく、非営利機構が従事する業務活動も含むが、当該機構のために行う準備的または補助的な活動は除かれる。ただし、これらの非営利機構の中国における恒久的施設が事業利得を獲得したかどうかは、第7条（事業利得）の規定に基づいて判断を行う必要がある。	該当なし

事業の場所を「通じて」行う活動は広義に理解する必要があり、企業がその支配可能な場所で従事する活動のすべての状況を含む。例えば、ある道路舗装企業は舗装行為の発生地を「通じて」事業活動に従事していると認識されなければならない。	「を通じて」という言葉には、特定の目的のために企業が処分可能状態においている特定の場所で事業活動が行われているすべての場合に適用できるように広範な意味が付与されている。このように例えば、道路の舗装に従事している企業はこれらの活動が行われる場所「を通じて」その事業を行っているものと判断される。
企業と中国の異なる都市の顧客が直接契約を締結して、契約が企業の中国側に設立した事業の場所で履行される場合は、その企業は当該場所を「通じて」事業活動に従事していると認識されなければならない。	該当なし
このほか、当該場所が外国側企業と中国側企業が形成した顧客関係のために実質的に貢献する場合で、契約が二つの企業の間で直接締結された場合には、当該外国側企業が当該場所を「通じて」事業活動に従事していると認識しなければならない。	該当なし

　中国の解釈規定では、「通じて」の具体的な例示をさらに2つ示していますが、これらの例示もOECDモデル租税条約では記載がないものです。

1) 外国企業と複数の都市の顧客との直接契約

> 　企業と中国の異なる都市の顧客が直接契約を締結して、契約が企業の中国側に設立した事業の場所で履行される場合は、その企業は当該場所を「通じて」事業活動に従事していると認識されなければならない。

2) 外国企業と中国企業の顧客サービス

> 　当該場所が外国側企業と中国側企業が形成した顧客関係のために実質的に貢献する場合で、契約が二つの企業の間で直接締結された場合には、当該外国側企業が当該場所を「通じて」事業活動に従事していると認識しなければならない。

　ただし、上記1)は、役務PEにおける次のOECDモデル租税条約のコメンタリーに類似した内容となっています。

> 例えば、あるコンサルタントがある国で、一つまたは複数の恒久的施設を構成する第1項（恒久的施設）の条件に該当しないで、異なる場所で長い期間にわたり役務を提供する場合に適用することができる。その企業が第1項（恒久的施設の定義）と第2項（恒久的施設の例示）の定義の範囲内で恒久的施設を有することを示すことができるならば、恒久的施設を見出すためにこの代替条項を適用する必要はない。この代替条項は他に恒久的施設が存在しない場合に簡単に恒久的施設を生み出すものであり、恒久的施設の概念の代替的定義を提供するわけではなく、第1項の恒久的施設の定義と第2項の恒久的施設の例示の範囲を制限するものではないことは明らかである。

② 恒久的施設の例示

1．日中租税条約の例示

日中租税条約第5条第2項は、恒久的施設の例示を次のように規定しています。

> 「恒久的施設」には特に次のものを含む。
> a 事業の管理の場所
> b 支店
> c 事務所
> d 工場
> e 作業場
> f 鉱山、石油または天然ガスの坑井、採石場その他天然資源を開発採取する場所

2．中国解釈規定

中国解釈規定では、次のような説明を行っています。

> 「管理の場所」とは、企業を代表して一部の管理職責を負う事務所または事務室等の場所をいい、本店とは異なり、居住法人を判定するための基準としての「実際管理機構」とも異なる。

最後の「鉱山、石油またはガスの坑井、採石場その他天然資源を開発採取する場所」とは、投資を経由して、開発採掘事業権またはこれと関係する契約上の権益を所有して、生産経営に従事する場所をいいます。上記の鉱山資源の探査または開発のための請負工事作業に至るまで、作業の持続の期間に基づいて6ヶ月を超えるかどうかで恒久的施設を構成するかどうかを判断します。

3．OECDコメンタリー

> **Point** 恒久的施設の存続期間→中国では6ヶ月が基準

恒久的施設の存続期間について、OECDコメンタリーは事業の場所が12ヶ月を超える場合に恒久的施設が構成されるとする立場をとっているのに対して、**中国政府はこれに留保意見を付して、6ヶ月を超える場合に恒久的施設を構成するものとしています。この存続期間6ヶ月の基準は、建設PE、役務PE等の存続期間全てに共通する期間基準**となっています。

❸ 建設PE

① 租税条約の条項

1．日中租税条約
日中租税条約第5条第3項は、次のように規定しています。

> 建築工事現場又は建設、組立工事若しくは据付工事若しくはこれらに関連する監督活動は、6ヶ月を超える期間存続する場合に限り、「恒久的施設」とする。

2．中国シンガポール租税条約
中国シンガポール租税条約第5条第3項第1号は、次のように規定しています。

> 建築工事現場、建設・組立または据付の工事、またはこれらに関連する監督管理活動は、工事または活動の存続期間が6ヶ月を超える場合に限り、恒久的施設とする。

3．OECDモデル租税条約

　OECDモデル租税条約第5条第3項は、次のように規定しています。

> 建築工事現場又は建設、組立工事若しくは据付工事若しくはこれらに関連する監督活動は、12ヶ月を超える期間存続する場合に限り、「恒久的施設」とする。

　上記のとおり、**OECDモデル租税条約は恒久的施設に該当する存続期間を12ヶ月超としていますが、中国政府の締結している租税条約は恒久的施設の存続期間を6ヶ月超としています。**

　OECDモデル租税条約2010年版では、恒久的施設の存続期間を12ヶ月超ではなく、6ヶ月超とする意見留保を行っている国には、加盟国としてはオーストリア（183日超）、チリ、ギリシア、韓国、ニュージーランド、ポルトガル、トルコがあり、非加盟国（地域）としては、中国、香港、アルバニア、コンゴ、リトアニアがあります。

　次に、中国の解釈規定とこれに対応するOECDモデル租税条約のコメンタリーを紹介しますが、コメンタリーは中国解釈規定に該当する部分のみを記載しているため、コメンタリーの同一項目の該当する一部分のみを記載しています。

② 恒久的施設の存続期間

1．中国解釈規定

　中国解釈規定では、6ヶ月超の計算について次のように規定しています。

> 建設工事活動については、6ヶ月超の時間基準だけで恒久的施設を構成するかどうかを判定する。この活動期間を決定する開始の時期は、当事者が署名締結した契約書によってすべての準備活動を含む契約の作業を実施した開始日であり、

その日から試運転作業を含むすべての作業が終了して引渡を行い使用に供した日までの期間により計算を行う。

　この活動期間が持続的に6ヶ月を超える場合に、その企業はその活動が所在する国において恒久的施設を構成しているとみなされる。この6ヶ月の計算については、西暦年度（1月1日から12月31日）ではなく、年度を跨って連続して計算する。

2．OECDコメンタリー

OECDモデル租税条約のコメンタリーでは次のように解説しています。

　現場は、建設が行われた国において準備的作業も含めて請負業者が作業を開始した日、例えば建設のために設計事務所を据え付けた日から存在する。一般的に、それは作業が完了するかまたは永久的に放棄されるまで存在する。

③ 関連する監督管理活動

1．中国解釈規定

中国解釈規定では、監督管理活動について次のように規定しています。

　「これらに関連する監督管理活動」とは、建設現場、建設・組立または据付工事に伴って発生する監督管理活動をいい、プロジェクトが下請けされる場合も含む。下請けする時は、下請業者が作業を行い元請業者が活動を指揮監督する責任を負う活動を含む。独立の監理企業が従事する監督管理活動も含まれる。元請業者が責任を負う監督管理活動については、その時間の計算は現場を整地してから工事する持続的な時間と同じ期間となる。独立の監理企業が監督管理活動を請け負う場合は、これを独立のプロジェクトとしてみなしてその監理の責任を負う現場と工事またはプロジェクトの持続的な時間によりその活動時間を判定する。

2．OECDコメンタリー

OECDモデル租税条約のコメンタリーでは次のように解説しています。

> 一括請負プロジェクトの実施を引き受けた企業（元請企業）が、このプロジェクトの一部を他の企業（下請企業）に下請けした場合には、その建設工事現場で作業する下請企業によって費やされた時間はその建設工事プロジェクトの元請企業によって費やされた時間として判断されなければならない。下請企業の活動が12ヶ月を超えて存続するならば下請企業自身がその現場で恒久的施設を有することになる。

④ 同一プロジェクトの判定

1．中国解釈規定

　中国解釈規定では、同一プロジェクトかまたは複数のプロジェクトかの判定について次のように規定しています。

> 中国において一つの現場または同一の工事で、連続して請け負った二つ以上の作業プロジェクトにおいては、第1プロジェクトの作業開始から最後に完成する作業プロジェクトまで、中国において工事作業を行う連続した日数を計算しなければならず、各工事作業プロジェクト別にそれぞれ計算することはしない。
> 　いわゆる一つの現場または同一の工事で、連続して請け負った二つ以上の作業プロジェクトとは、商業的関係と地理の上で同一の総体的ないくつかの契約プロジェクトをいう。企業が請け負っているまたは以前に請け負った建設現場または工事と実質的な関連のないその他の作業プロジェクトは含まない。例えば、一つの建設現場が商業的関係と地理的位置の上から不可分の総体を構成している時は、たとえいくつかの契約に分けて署名締結しても、その建設現場は依然として単一の総体であるとされる。

2．OECDコメンタリー

　OECDモデル租税条約のコメンタリーでは次のように解説しています。

> 12ヶ月のテストは、それぞれ個別の現場またはプロジェクトに適用される。現場またはプロジェクトがどのくらいの期間存在していたかを決定するには、現場またはプロジェクトに全く関係のない他の現場またはプロジェクトに関係する請負業者が以前に費やした時間は考慮すべきではない。

> 建設工事現場はそれが複数の契約に基づいている場合であっても商業的および地理的に全体としての固有性を形成しているならば、単一のユニットとしてみなすべきである。この条件によれば、注文が何人かの者（例えば住宅街）によって発注された場合であっても建設工事現場は単一のユニットを形成する。
>
> 　12ヶ月基準は新たな議論を引き起こした。時には次のように、（主に元請業者または下請業者が大陸棚で作業している場合または大陸棚で探鉱または掘削に関連する活動に従事している場合に）企業が契約を複数の部分に分割して、それぞれの契約の対象となる期間が12ヶ月未満で、それぞれの契約が異なる法人に属しているが、これらの法人は同一のグループによって所有されている場合が散見される。
>
> 　このような議論は、その状況にもよるが、規制上または法的に租税回避対策のルールの適用対象範囲内にあるという事実とは別に、この問題に関心のある国は二国間の交渉のフレームワークの中で解決を図ることができる。

⑤ 工事場所の移動

1．中国解釈規定

　中国解釈規定では、例えば、道路の補修、運河の掘削、水道管の据付、パイプラインの舗設等の活動は、その工事作業の場所が工事の進展に伴って絶えず変更され移転される場合には、その特定の場所の作業期間が連続して規定の期間に達しなかったとしても、**総体的な工事として恒久的施設を構成する期間に達しているかどうかを見る必要が**あります。一般的に言えば**同一の企業が同一の現場において請け負ったプロジェクトは商業関係で相互に関連するプロジェクトと認識する**ものとしています。

2．OECD コメンタリー

　OECD モデル租税条約のコメンタリーでは、次のように解説しています。

> 　建設または据付のプロジェクトは、その建設者の活動がプロジェクトの進行に応じて、継続的にまたは少なくとも時々、場所を移動する性格を持っているものである。
>
> 　これには、例えば、道路または運河の建設、水路の浚渫、またはパイプラインの設置の例がある。同様にオフショアのプラットフォームのように基本的な構造

の一部がある国の国内の様々な場所で組み立てられ、その国の国内の他の場所に移動して最終的に組み立てられる場合があり、これは単一のプロジェクトの場合である。

　このような事例では、ある特定の場所での作業が12ヶ月の期間に実施されなかったことは重要ではない。それぞれの特定の地点で実施された活動は単一のプロジェクトの一部であり、全体として時間基準を超えて存続するならばそのプロジェクトは恒久的施設とみなされなければならない。

⑥ 作業の停止

1．中国解釈規定

中国解釈規定では、作業の停止について次のように規定しています。

　現場、工事またはこれと関連する監督管理活動についてその連続する日数を計算した後に、例えば、設備、資材が未達または季節の気候等の理由により作業が途中で停滞した場合であっても、工事作業プロジェクトが停止して終了することなく、人員と設備物資等もすべてを撤去することがない場合には、その連続した日数を持続的に計算し、中間の作業を停滞させた日数を控除することはできない。

2．OECDコメンタリー

OECDモデル租税条約のコメンタリーでは次のように解説しています。

　現場は作業が一時的に中断した時には存在が終了したとみなされるべきではない。季節的またはその他の一時的な中断は現場の期間を決定する時には含められるべきものである。季節的な中断には悪天候による中断も含められる。
　一時的な中断は、例えば、資材の不足または労働確保の困難によって引き起こされる。このように、例えば、請負業者が5月1日に道路での作業を開始して、11月1日に悪天候の条件または資材の不足のために作業を停止したが、翌年の2月1日に作業を再開して、6月1日に道路を完成させた場合は、彼が初めて作業を開始した日（5月1日）と最終的に終了した日（翌年6月1日）との間に13ヶ月が過ぎているので、彼の建設プロジェクトは恒久的施設とみなすべきである。

④ 代理人PE

① 従属代理人PE

1．租税条約の条文
1）日中租税条約
日中租税条約第5条第6項は次のように規定しています。

> 　1及び2の規定にかかわらず、一方の締約国内において他方の締約国の企業に代わって行動する者（7の規定が適用される独立の地位を有する代理人を除く。）が次のいずれかの活動を行う場合には、当該企業は、その者が当該企業のために行うすべての活動について、当該一方の締約国内に「恒久的施設」を有するものとされる。
> (a) 当該一方の締約国内において、当該企業の名において契約を締結する権限を有し、かつ、この権限を反復して行使すること。ただし、その活動が4に掲げる活動（事業を行う一定の場所で行われたとしても、4の規定により当該一定の場所が「恒久的施設」とされない活動）のみである場合は、この限りでない。
> (b) 当該一方の締約国内において、専ら又は主として当該企業のため又は当該企業及び当該企業を支配し若しくは当該企業に支配されている他の企業のため、反復して注文を取得すること。

2）中国シンガポール租税条約
中国シンガポール租税条約第5条第5項は、次のように規定しています。

> 　第1項と第2項の規定にかかわらず、第6項の定める独立代理人を適用する場合を除いて、一方の締約国において他方の締約国の企業に代わって活動を行う者が、当該企業の名において契約を締結する権限を有し、かつこの権限を常習的に行使する場合には、その者が当該企業のために行うすべての活動について、当該一方の国内に恒久的施設を有するものとされる。その者が事業を行う一定の場所を通じて行う活動が第4項の規定に限られるならば、当該規定により、当該事業を行う一定の場所は恒久的施設とはみなされない。

Point! 代理人の活動も恒久的施設とみなされることがある

```
                                    ┌─ 常習代理人
        ┌─ 従属代理人（恒久的施設に該当）─┤
        │                           └─ 注文所得代理人
        └─ 独立代理人（恒久的施設に該当しない）
```

3）OECD モデル租税条約

OECD モデル租税条約第5条第5項は、次のように規定しています。

> 1および2の規定にかかわらず、企業に代わって行動する者（6の規定が適用される独立の地位を有する代理人を除く）が、一方の締約国内において、当該企業の名において契約を締結する権限を有し、かつ、この権限を常習的に行使する場合には、当該企業は、その者が当該企業のために行うすべての活動について、当該一方の締約国内に恒久的施設を有するものとされる。ただし、その者の活動が4に掲げる活動（事業を行う一定の場所を通じて行われたとしても、4の規定により当該一定の場所が恒久的施設とされない活動）のみである場合は、この限りでない。

2．従属代理人

日中租税条約では、代理人については恒久的施設に該当する従属代理人と恒久的施設に該当しない独立代理人が定められています。従属代理人には、常習代理人と注文取得代理人が定められています。

常習代理人とは、一方の締約国内において、その企業の名において契約を締結する権限を有し、かつ、この権限を反復して行使する者をいいます。**注文取得代理人とは、一方の締約国内において、専らまたは主としてその企業のためまたはその企業と支配従属関係にある他の企業のために、反復して注文を取得する者**をいいます。

1）中国解釈規定

中国の解釈規定は、従属代理人について下記のように解説しています。

> 　第5項は、一方の締約国の企業が代理人を通じて他方において活動を行っている場合に、代理人が当該企業の名において契約を締結する権限を有し、かつこの権限を常習的に行使する場合には、当該企業は他方の締約国において恒久的施設を構成することを規定している。
> 　一方の企業が他方において恒久的施設を構成する活動を行う代理人は、通常は「従属代理人」と呼ばれている。従属代理人は、個人でも、事務所、法人またはその他のいかなる形式の組織でもよく、企業によって正式に代表権を授与されるとは限らず、企業の被用者または部門に限らない。このほか、従属代理人は代理活動を行う国の居住者とは限らず、当該国において事業の場所を所有するとは限らない。

2）OECD コメンタリー

OECD 租税条約のコメンタリーでは従属代理人について次のように解説しています。

> 　企業のために恒久的施設を生ずる活動を行う者はいわゆる従属代理人であり、その企業の従業員であるかどうかに関係なく、第6項の取り扱う独立代理人以外の者である。このような者は個人または法人のいずれでもよく、その企業のために行動する国の居住者である必要はなく、事業の場所を有する必要もない。いずれかの従属者を有するのであれば恒久的施設がもたらされることを規定しようということは、これまでの国際経済の利害関係においてもなかったことである。このような取扱いは、その者の権限の範囲またはその活動の性質からみて、その関係する国においてある特定範囲の事業活動についてその企業に従事する者に限定されるものである。したがって、第5項は契約を締結する権限を有する者のみがこれを有する企業にとって恒久的施設をもたらしうることを基礎として展開される。このような場合には、その者は関係する国においてその企業が参加する事業活動に限定された十分な権限を有する。この文脈における「恒久的施設」の用語の使用には、もちろん、その者が個別の案件においてのみではなく、この権限を常習的に使用することが前提条件とされている。

3．契約締結権限
1）中国解釈規定

中国解釈規定では、契約締結権限について次のように解説しています。

> 「当該企業の名において契約を締結する」ことについては広義の理解を行うべきであり、企業の名において契約を締結しない場合であっても、その締結した契約が企業にとって拘束力を有する場合も含む。「締結」とは、契約の署名行為そのものをいうだけではなく、代理人が権限を有して被代理企業を代表して契約の交渉に参加し、契約条文を協議決定すること等も含む。
>
> 「契約」とは、被代理企業の事業活動自体と関係する取引契約をいう。代理人が締結する権限を有する契約が企業の内部事務にのみ関係する場合、例えば、企業の名において従業員を招聘雇用することにより代理人が企業の業務に協力する等の場合は、これによってのみ代理人が企業の恒久的施設を構成するものと認定することはできない。

2）OECDコメンタリー

OECD租税条約のコメンタリーでは契約締結権限について次のように解説しています。

> 「当該企業の名において契約を締結する権限」の用句は、文字通りその企業の名において契約を締結する代理人にこの条項を適用することに限定するものではない。この条項はこれらの契約が実際にはその企業の名ではない場合においてもその企業を拘束する契約を締結する代理人に対して等しく適用される。
>
> 取引の中で企業が積極的に関わらないことは代理人に対して権限の付与が行われていることを示している。例えば、通常は外国企業が取引を承認するが、物品の引渡しが行われる倉庫に直接、注文書を送ることを代理人が主張して最終的には決定しないまでも注文書を受領する場合には、その代理人は契約を締結する実際の権限を有しているものと判断される。
>
> 契約を締結する権限には、その企業にふさわしい事業を構成するための運営に関連した契約が含まれている。例えば、その者がその企業のために従業員を採用する権限を持ってその企業のためにその者の活動を支援する場合、またはその者が内部の運営についてのみ、その企業の名において、同様の契約を締結することが認められている場合は、従属代理人とは関係がない。
>
> さらに、その権限は他の国において常習的に行われるものでなければならない。どのような場合がこれに該当するかどうかは、その状況の商業的な実態に基づいて決定されるべきである。
>
> 企業を拘束するやり方で契約のすべての要素と詳細について交渉する権限が付与されている者は、その契約がその企業の所在する国において他の者によって署名された場合またはその第一人者が代表権を正式に与えられていない場合であっても、「当該国」においてこの権限を実行する者ということができる。

> しかし、ある国において企業と顧客との間の交渉に出席または参加さえしたという事実だけでは、その者がその企業の名において契約を締結する権限を当該国において実施したと結論付けるには、それ自体では十分ではない。ある者がこのような交渉に出席または参加さえしたという事実が、その企業を代表してその者によって実施された正確な機能を決定する要因となりうるものである。
>
> 第4項の恩恵によって、当該条項に掲げられている目的のためにのみ事業を行う一定の場所を有する場合には恒久的施設を構成しないものとみなされるが、このような目的に制限された活動を行う者もまた恒久的施設を生み出すことはない。

4．常習的

1）中国解釈規定

中国解釈規定では、「常習」について次のように解説しています。

> 「常習」の用語については正確な統一した基準はなく、契約の性格、企業取引の性格および代理人の関係する活動の頻度等を組み合わせて総合的に判断する必要がある。いくつかの場合においては、企業取引の性格がその取引の数量を大きくはしないが、契約が締結した関係業務は逆に大量の時間を費やすことがある。例えば、航空機、巨大な船舶またはその他の高価な商品の販売がある。代理人がこのような企業のために一国の国内で取引業者を捜し求めて、売却交渉に参加する等の場合には、当該者は企業が一つの売却契約を締結するのを代表するだけであっても、当該代理人が「常習」基準を満たしており、企業の従属代理人を構成するものとしなければならない。

2）OECD コメンタリー

OECD 租税条約のコメンタリーでは「常習的」について次のように解説しています。

> 代理人が「常習的に」契約を締結する権限を行使するという要求は第5条の基本原則を反映するものであり、一方の締約国において企業が有する存在は、その企業が恒久的施設を有するものとみなされるならば、このような課税される存在は当該国においては単に一時的なもの以上のものでなければならない。その代理人が契約権限を「常習的に行使している」と結論するのに必要な活動の範囲と頻度は、契約の性格と委任者の事業にかかっている。正確な頻度テストを設定することは可能ではない。それにもかかわらず、第6項（独立代理人）で検討される

要素と同じ種類のものがその決定を行うのに適している。

5．その他
1）中国解釈規定
中国解釈規定では、このほか従属代理人について次のように解説しています。

> いわゆる権限の「行使」は形式より実質を重視する原則によって理解されなければならない。代理人が当該他方の締約国において契約の細目について談判する等の契約締結と関係する各種の活動を行い、かつ企業に対して拘束力を有し、当該契約が最終的にはその他人によって企業が所在する国またはその他の国において締結される場合も、当該代理人が当該他方の締約国において契約締結の権限を行使したものとされなければならない。
> 代理人が他方の締約国において本条第4項の準備的または補助的な範囲に限って活動する場合は、企業の従属代理人（または恒久的施設）を構成しない。
> 一方の企業が従属代理人を通じて他方において恒久的施設を構成しているかどうかを判断するときは、本条第3項の時間に関係する要求の制限を受けない。

2）OECDコメンタリー
OECD租税条約のコメンタリーではこのほかに従属代理人について次のように解説しています。

> 第5項（従属代理人）で設定された要求に該当する場合は、その企業の恒久的施設はその者が企業のために行動する範囲に応じて存在するものであり、このような者がその企業の名において契約を締結する権限を実行する範囲に応じてのみ存在するものではない。
> 第5項においては、特定の条件を満たす者のみが恒久的施設を生み出す。その他のすべての者は除外される。しかしながら、第5項はある企業がある国において恒久的施設を有するかどうかの代替的なテストを定めているだけであることを記憶しておかねばならない。その企業が（第4項の補助的準備的活動の規定により）第1項（恒久的施設の定義）と第2項（恒久的施設の例示）の定義が取り扱う恒久的施設を有することが示されうるならば、責任を有する者が第5項（従属代理人）の対象範囲内にあるものであることを示す必要はない。

② 独立代理人

1．租税条約の条項
1）日中租税条約
日中租税条約第5条第7項では、次のように規定しています。

> 一方の締約国の企業は、通常の方法でその業務を行う仲立人、問屋その他の独立の地位を有する代理人を通じて他方の締約国内で事業を行っているという理由のみでは、当該他方の締約国内に「恒久的施設」を有するものとはされない。

2）中国シンガポール租税条約
中国シンガポール租税条約第5条第6項は、次のように規定しています。

> 一方の締約国の企業が自らの業務を常習的に営む仲立人、問屋またはその他の独立代理人を通じて他方の締約国において事業を行っている場合は、当該他方の締約国に恒久的施設を有するものとされない。ただし、この代理人の活動の全部またはほとんど全部が当該企業を代表するものであり、かつ当該代理人と当該企業との間の商業関係と財務関係の条件が独立企業間の関係の条件と異なる場合は、本項でいう独立代理人とはされない。

3）OECDモデル租税条約
OECDモデル租税条約第5条第6項は、次のように規定しています。

> 企業は、通常の方法でその業務を行う仲立人、問屋その他の独立の地位を有する代理人を通じて一方の締約国内において事業を行っているという理由のみでは、当該一方の締約国内に恒久的施設を有するものとされない。

2．独立代理人
1）中国解釈規定
中国解釈規定では、独立代理人について次のように解説しています。

> すべての代理人が代理人としての活動を行った場合に、これによって企業を代理する恒久的施設を構成するわけではなく、第6項の定める独立代理人がその例外である。第6項は、一方の締約国の企業が代理人を通じて他方の締約国において事業を行う時は、当該代理人が代理業務に専門的に従事する場合は、これによってその代理する企業が他方の締約国において恒久的施設を構成するとみなすべきではない。このように代理業務に専門的に従事する代理人は一般的には独立代理人と呼ばれており、これはある一つの企業のために業務を代理するだけではなく、その他の企業のためにも代理役務を提供するものである。仲立人、中間業者等の問屋等は独立代理人に属する。
> この規定があるにもかかわらず、独立代理人条項が乱用されること（例えば、いくつかの企業は自身の代理人を独立代理人と自称して恒久的施設を構成することを回避している）を防止するために、協定の実施においては代理人の身分または地位について独立しているかの判定を行う必要がある。代理人の活動の全部またはほとんど全部が被代理企業を代表している場合で、当該代理人と企業の間で商業上および財務上の密接かつ従属的な関係がある場合は、当該代理人は本項でいう独立代理人と認定してはならない。

2) OECDコメンタリー

OECD租税条約のコメンタリーでは独立代理人について次のように解説しています。

> 一方の締約国の企業が仲立人、問屋またはその他の独立の地位を有する代理人を通じて事業を行う場合は、その代理人がその事業を通常の方法で行うならば、これらの取引については他方の締約国において租税を課されることはない。別企業であるこのような代理人は外国企業の恒久的施設を構成することはできないという理由に立脚しているが、第6項（独立代理人）はこれを明確にして強調するためにこの条項に挿入されたものである。

3．独立代理人の要件

1) 中国解釈規定

中国解釈規定では、独立代理人の要件について次のように解説しています。

1　代理人が法律的および経済的に独立していること
　代理人が法律上および経済上において被代理企業から独立していること。独立性を判定するときは、下記の諸要素を考慮することができる。
　1－代理人の商業活動の自由度。代理人が被代理企業の具体的な指示と全面的な支配の下にあり企業のために商業活動を行う場合は自ら業務を決定する方式ではなく、当該代理人は一般的に独立の地位を有しない。
　2－代理人の商業活動のリスクは誰が引き受けているか。被代理企業が引き受けて代理人が引き受けていない場合は、代理人は一般的に独立の地位を有するものとみなされない。
　3－代理人が代表する企業の数。相当長い経営期間または時間内において、代理人が全部またはほとんど全部をある企業のために活動を行う場合は、代理人は独立代理人ではない可能性がある。
　4－被代理企業の代理人に対する専門知識の依頼の程度。一般的にいえることは、独立代理人は商業活動に独立して従事する専門的な知識または技術を有しており、依頼企業の協力を必要としない。これに対して、被代理企業は通常は代理人の専門的な知識または技術を借りて自己の取引または自己の製品の販売促進を展開すること等である。
2　自己の事業を通常の方法で行うこと
　独立代理人が企業を代表して活動を行うときは、一般的に通常の方法で自己の業務活動を行っているのであり、その他の経済的に被代理企業に属する活動に従事しているわけではない。例えば、ある販売代理人は自己の名においてある企業の貨物または商品を販売するが、この行為は販売代理人の通常の事業業務である。販売代理人が上述の活動に従事すると同時に、常習的に企業のために契約を締結する権限を有する代理人としての活動も行う場合は、これらの活動のために自己の貿易または事業の通常の方法の他に、代理人は被代理企業の従属代理人としてみなされ企業の恒久的施設を構成するものとされる。

2）OECD コメンタリー

　OECD 租税条約のコメンタリーでは独立代理人の要件について次のように解説しています。

　第6項（独立代理人）の範囲に入る者は、次の理由によってのみ行動するため、企業の恒久的施設を構成することはない。
a) 条項　代理人が法律的および経済的の両方で企業から独立していること、および

b)条項　代理人が企業のために行動する場合には自己の事業を通常の方法で行うこと

　ある者が代表する企業から独立しているかどうかは、この者が企業に対して持っている義務の範囲によって決定される。その者が企業のために行う商業的活動がその企業による詳細な説明または包括的な管理によるものである場合には、このような者はその企業から独立しているとみなすことはできない。もう一つの重要な基準は、企業家リスクをその者が負っているのかまたはその者が代表するその企業が負っているのかということである。

　法律的な従属性のテストに関連して、親会社が株主としてその能力の範囲内で子会社に対して行う支配は、その従属性または子会社でなければ親会社に対する代理人としての能力を考慮する際に関連するものではないことに留意しなければならない。これは第5条の第7項（親子会社間の支配従属関係）におけるルールに通じるものである。しかし、子会社は非関連会社に適用されるのと同一のテストを適用してその親会社の従属代理人であるかどうかを判断する。

　代理人が独立しているかどうかを判断する時には次のことを考慮に入れなければならない。

　独立代理人は、典型的には彼の作業の結果について委任者に対して責任を負うが、作業を行うやり方に関連して重要な支配を受けることはない。代理人は作業の実施について委任者からの詳細な指示には従わない。委任者が代理人の手腕と知識に依存している事実が独立性の指標である。

　代理人によって行われる事業の規模に対する制限は明らかに代理人の権限の範囲に影響を与える。しかしながら、このような制限は従属性に関連するものではなく、従属性は契約によって付与された権限の範囲内において委任者のために事業を実施する際に代理人が自由に行動する範囲を考慮して決定されるものである。

　代理人が契約の下に行った事業に関連して委任者に基本的な情報を提供することは契約の運営上特徴的なことである。このことはこれ自体で代理人が従属的かどうかを判断する十分な基準ではない、ただしその事業を行う方法について委任者からの承認を求める過程の中で情報が提供される場合を除く。

　独立の地位を決定する際に判断とされるもう一つの要素は、代理人が代表する委任者の数である。代理人の行動が、その事業の全ての期間または長期間にわたって一つの企業のためにのみ、行動の全てまたはほとんど全てが行われる場合には、独立の地位はあまりないように思われる。しかしながら、この事実はそれ自体では決定的ではない。代理人の行動が彼の企業家としての手腕と知識の活用を通してリスクを負い報酬を受けるという自律的な事業行動を形成しているかどうかを決定するには、すべての事実と状況を考慮に入れなければならない。代理人が複数の委任者のために彼の事業の通常の方法で行動し、委任者のいずれもが代理人によって運営される事業の条件について有利ではない場合でも、委任者が自分たちのために事業を行う方法において代理人の行動を一致協力して支配する行

動に出るならば、法的な従属性が存在するかもしれない。

　自分自身の事業を通常の方法で行っている場合であっても、自分自身の事業を運営する行動というよりはむしろ経済的には企業に代わってその企業の分野に属する行動を実施しているならば、その者は自分自身の事業を通常の方法で行っているとは言えない。

　例えば、問屋が自己の名においてその企業の物品または商品を販売するだけではなく、当該企業との関係で、契約を締結する権限を有する恒久的な代理人として常習的に行動する場合には、彼はしたがって自分自身の商売または事業の通常の方法（すなわち問屋の事業）以外で行動しているので、この特別な活動によって恒久的施設としてみなされる。ただし彼の活動が第5項の最後で述べた準備的または補助的なものに限定される場合を除く。

　特定の活動が代理人の通常の方法による事業の範囲内かまたは範囲外かを決定する際には、その事業活動が当該代理人によるその他の事業活動ではなく、仲立人、問屋、またはその他の独立代理人としてその代理人の取引の範囲内で習慣的に行われているものであることを検討しなければならない。通常はその代理人の商売の習慣的な活動と比較するが、一定の場合にはその代理人の活動が一般取引と関連している場合には他の補完的なテストが同時的または代替的に利用される。

　「恒久的施設」の用語の定義により、ある国の保険会社は、第1項の定義の対象範囲内で事業を行う一定の場所を有するか、または第5項（従属代理人）の定義の対象範囲内である者を通して事業を行っている場合には、その保険事業について他の国において租税を課されることもあるかもしれない。外国保険会社の代理人は時に上記の要求のいずれにも該当しないので、このような事業から生ずる利得について当該国において租税を課されることなく、大規模な事業を行うことがあり得る。この可能性を排除するため、OECD加盟国では次の規定を含める多様な条約が締結された。この規定では、ある国の保険会社はその他の国において、第5項によって恒久的施設を構成する代理人とは別に、そこで設立された代理人を通じて当該他の国において保険料を回収するか、またはこのような代理人を通じて当該分野においてリスクを保険に掛けるならば、当該他の国において恒久的施設を有するとみなされることが定められている。

　このような線に沿った規定を条約に含めるべきかどうかの決定は、関係する締約国における有効な事実関係と法的な状況に依存している。したがって、このような規定は常に予定されるものではない。この事実によって、この線に沿った規定をモデル条約に挿入することは推奨されていない。

⑤ 例外規定

① 租税条約

1．租税条約の条項

1）日中租税条約

日中租税条約の第5条第4項は、次のように規定しています。

> 「恒久的施設」の用語には、次のことは含まれないものとする。
> (a) 企業に属する物品または商品の保管、展示または引渡しのためにのみ施設を使用すること。
> (b) 企業に属する物品または商品の在庫を保管、展示または引渡しのためにのみ保有すること。
> (c) 企業に属する物品または商品の在庫を他の企業による加工のためにのみ保有すること。
> (d) 企業のために、物品もしくは商品を購入しまたは情報を収集することのみを目的として、事業を行う一定の場所を保有すること。
> (e) 企業のために、その他の準備的または補助的な性格の活動を行うことのみを目的として、事業を行う一定の場所を保有すること。

2）中国シンガポール租税条約

中国シンガポール租税条約第5条第4項は、次のように規定しています。

> 本条の上記規定にかかわらず、「恒久的施設」には次のことは含まれないものとする。
> (1) 企業に属する物品または商品の保管、展示または引き渡しのためにのみ施設を使用すること。
> (2) 企業に属する物品または商品の在庫を保管、展示または引き渡しのためにのみ保有すること。
> (3) 企業に属する物品または商品の在庫を他の企業による加工のためにのみ保有すること。

> (4) 企業のために、物品もしくは商品を購入しまたは情報を収集することのみを目的として、事業を行う一定の場所を保有すること。
> (5) 企業のために、その他の準備的または補助的な性格の活動を行うことのみを目的として、事業を行う一定の場所を保有すること。
> (6) 第1号から第5号までに掲げる活動を組み合わせた活動を行うことのみを目的として、事業を行う一定の場所を保有すること。ただし、当該一定の事業を行う一定の場所の活動をこのように組み合わせた全部の活動が準備的または補助的な性格に属する場合に限る。

3） OECD モデル租税条約

OECD モデル租税条約第5条第4項は、次のように規定しています。

> 本条の前項までの規定にかかわらず、「恒久的施設」の用語には、次のことは含まれないものとされる。
> a) 企業に属する物品または商品の保管、展示または引渡しのためにのみ施設を使用すること。
> b) 企業に属する物品または商品の在庫を保管、展示または引渡しのためにのみ保有すること。
> c) 企業に属する物品または商品の在庫を他の企業による加工のためにのみ保有すること。
> d) 企業のために、物品もしくは商品を購入しまたは情報を収集することのみを目的として、事業を行う一定の場所を保有すること。
> e) 企業のために、その他の準備的または補助的な性格の活動を行うことのみを目的として、事業を行う一定の場所を保有すること。
> f) a）からe）までに掲げる活動を組み合わせた活動を行うことのみを目的として、事業を行う一定の場所を保有すること。ただし、この組み合わせた活動を行う事業の一定の場所の全体の活動は準備的または補助的な性格のものに限る。

2．中国解釈規定

中国解釈規定では、次のように解説しています。

第4項は、第1項の恒久的施設の定義の範囲についての例外規定を作成したものであり、すなわち一方の締約国の企業が他方の締約国において保管、展示、購入と情報収集等の活動のみを目的として準備的または補助的な一定の場所を設立した場合は、恒久的施設として認定されない。

3．OECDコメンタリー

　OECDモデル租税条約のコメンタリーでは、準備的補助的な活動については恒久的施設を構成しないものとして次のように解説しています。

　（a）条項は、企業自身の物品または商品の保管、展示または引渡しのために使用する施設を企業が取得した場合にのみ関係する。
　（b）条項は、商品そのものの在庫に関係し、その在庫が、保管、展示または引渡の目的で維持されるものならば恒久的施設として取り扱われるべきではないことを規定している。
　（c）条項は、ある企業に属する物品または商品の在庫が前者の企業のために、またはその計算で後者の企業によって加工される場合を取り扱っている。
　（d）条項の情報の収集について言及しているのは親会社の数多くの出先の一つとして行動する以上の目的を持たない新聞社の支局の事例を含めるためのものであり、このような支局を例外とするのは単純な購入の概念を拡大するものではない。
　（e）条項は、企業がその企業にとって準備的または補助的な性格を有する活動のみを行う事業を行う一定の場所は恒久的施設とはみなされないことを定めている。この条項の用語法では、例外の包括的なリストを作成することは必要のないものとされる。
　さらに、この条項は第1項の恒久的施設の一般的な定義に対する一般的な例外を定めており、この例外規定は、恒久的施設を構成するものを決定する選択基準を提供している。この例外規定は恒久的施設の定義を相当程度制限しており、事業を行う一定の場所を通じて事業を行っている場合であっても恒久的施設として取り扱うべきではないとするかなり広範な事業組織の形態も除外している。
　準備的または補助的な性格を有する事業の場所は企業の生産性によく貢献していることは認識されていても、事業の場所が行っているサービスと実際の利得の実現とは直接の関係性がないので、問題となる事業を行う一定の場所に利得を配分することは難しい。
　この例として、単なる広告のため、または情報提供のため、または学術的調査

のため、または特許権もしくはノウハウを提供する契約のための事業を行う一定の場所があげられるが、これらの活動は準備的または補助的な性格を有するものでなければならない。

② 補助的準備的活動の特徴

1．中国解釈規定
「準備的または補助的」な活動に従事する場所は通常は次の特徴を有しています。

　一つは、当該場所は独立して事業活動に従事するものではなく、かつその活動も企業の総体的な活動の基本的または重要な構成部分を構成するものではない。二つは、当該場所は第4項に列挙した活動を行う時に、当該企業のためにのみ役務を提供しその他の企業のために役務を提供しないものである。三つには、その職責は事務的役務に限定されており、かつ直接の営利機能を果たすものではない。

　この中国解釈規定によれば、**1 準備的補助的な活動が企業の総体的な活動の基本的部分または重要な構成部分を構成する場合、2 他の企業のために役務を提供する場合、3 直接の営利機能を果たす場合には、恒久的施設を構成する**としています。このような解釈はOECDモデル租税条約のコメンタリーでも採用されているものです。

2．OECDコメンタリー
　OECDモデル租税条約のコメンタリーでは補助的準備的な活動に類似していても企業全体としての本質的で重要な部分を構成する活動である場合には、次のように恒久的施設を構成するとしています。

　時には、準備的または補助的な性格を有する活動とそうではない活動を区別することが困難となることもある。その決定的な基準は、事業を行う一定の場所が企業全体としての活動の本質的で重要な部分を構成しているかどうかである。
　それぞれの個別の事例では、それ自身のメリットについて検証が行われなけれ

ばならない。どのような事例でも、事業を行う一定の場所の一般的な目的が企業総体としての一般的な目的と一致する場合には、準備的または補助的な活動を実施することはない。

例えば、特許権とノウハウを提供することが企業の目的である場合で、このような活動をする企業の事業を行う一定の場所は e) の恩恵を受けることができない。

企業、もしくは企業の一部または利害関係者のグループの一部であっても、これらを管理する機能を持つ事業を行う一定の場所は、準備的または補助的なレベルを超えるような管理活動によって、準備的または補助的な活動を行っているとはみなされない。

国中に、子会社、恒久的施設、代理人またはライセンシーを有して、いわゆる「管理事務所」を設立している国際的な支店網を有する企業のその事務所は関係する地域の範囲内に設置されているその企業のすべての事業部門を監督し調整する機能を持っており、その管理事務所は第2項（恒久的施設の例示）の定義の中の事務所とみなされるので、通常は恒久的施設が存在するものとみなされることになる。

大手の国際商社が地域的な管理事務所にすべての管理機能を委任した場合には、その商社の本店の機能は一般的な監督（いわゆる他地域中心企業）に限定され、地域的な管理事務所は第2項（恒久的施設の例示）の a) 条項の定義における「管理の場所」としてみなされなければならない。企業を管理する機能は、たとえそれが商社の運営の一定の分野を対象とする場合であっても、その企業の事業運営の本質的な部分を構成するがゆえに、第4項の e) の定義における準備的または補助的な性格を有するものとみなされることはない。

③ 恒久的施設の例示

1．中国解釈規定

中国解釈規定では、準備的補助的活動が恒久的施設に該当する例示を4つの基準で解説しています。

ある場合においては、いくつかの機構・場所は形式的にはこの例外規定に該当するが、その業務の実質から見れば恒久的施設として認定すべきものがあり、例えば、次のような場合がある。

1) 本社の基本的業務と完全に一致する業務活動
　ある企業の主要業務は、顧客のために購入役務を提供して役務費用を受領するものであり、この企業は中国に事務所を設立して、このために中国において購入活動を行っている。このような場合においては、中国の事務所の購入活動は例外規定でいう「企業のために専ら物品または商品を購入する」範囲に属するものと見えるが、その事務所の業務の性格は企業本部の業務の性格と完全に同一であり、その事務所の活動は準備的または補助的ではない。

2) 本社業務の基本的部分と重要な構成部分
　ある企業は、中国国内において一定の場所を設立して、その企業が中国の顧客に販売した機械設備を補修しメインテナンスするかまたは中国の顧客のために部品を専ら提供している。このような場合には、その従事している活動は企業本部が顧客のために役務を提供している基本的部分と重要な構成部分であり、したがってその一定の場所の活動は準備的または補助的ではない。

3) 他社に対する役務活動
　ある企業は、中国国内において宣伝活動に従事する事務所を設立し、事務所は企業の業務宣伝を行うだけではなく、同時にその他の企業のために業務宣伝も行っている。このような場合には、その事務所の活動は準備的または補助的ではない。

4) 営利活動との兼務
　ある一定の場所が例外規定の定める恒久的施設を構成しない活動に従事するとともに、恒久的施設を構成する活動にも従事している場合は、これは恒久的施設を構成するものとみなさなければならず、同時にこの二つの事業活動の所得を合算して課税しなければならない。例えば、企業が物品を引き渡しする倉庫を使用するとともに商品販売を兼営する場合は、恒久的施設として判定しかつ課税しなければならない。

2．OECD コメンタリー

　OECD モデル租税条約のコメンタリーでは、準備的補助的活動が恒久的施設に該当する例示を次のように掲げています。本社の基本的業務と完全に一致する企業総体としての同一目的の活動については、前述した解説のとおりです。

1) 本社機能の本質的かつ重要な構成部分
　企業が顧客に供給した機械のスペアーパーツを顧客に引き渡すために、さらに

は、これらの機械をメインテナンスまたは修理するために事業を行う一定の場所を保有する場合は、それが第4項a）条項でいう純粋な引渡を超えて行われるならば、恒久的施設が構成されることもありうる。これらのアフターセールス組織は顧客と相対で企業のサービスの本質的かつ重要な部分を実施するため、その活動は補助的なものではない。e）は事業を行う一定の場所が準備的または補助的なものに限定されている場合にのみ適用する。これは、例えば、事業を行う一定の場所が情報を提供するだけではなく計画等を作成し、特に個別の顧客の目的を開拓する場合には準備的または補助的な事例に該当しない。調査部門が生産と関係するような事例も準備的または補助的な事例ではない。

2）他社に対する役務活動と準備的補助的活動

さらにe）は、事業を行う一定の場所が企業のために行わなければならないことを明らかにしている。事業を行う一定の場所が、その企業だけではなく他の企業、例えば、その一定の場所を所有している法人の属するグループの他の法人にも直接に役務を提供している場合は、e）の対象範囲内には入らない。

他には、ある国の領域を跨るケーブルまたはパイプラインのような施設の例がある。このような施設の所有者または運営者の他の企業の使用によって生ずる所得は第6条の第2項により不動産が構成される場合には第6条でカバーされることとは別に、第4項をこれらに適用するかどうかという問題が生ずる。

これらの施設が他の企業に属する財産を輸送するために使用されている場合は、その施設を使用する企業に属する物品または商品の引き渡しに限定されているa）条項は、これらの施設の所有者または運営者について言えば適用されない。e）も、ケーブルまたはパイプラインがその企業のためにのみ使用されているわけではなく、その使用もその企業の事業の性格から準備的または補助的ではないので、その企業について言えば適用されることはない。

しかし状況が異なる場合がある、すなわち企業が自己の財産を輸送する目的のためにのみ国の領域を跨るケーブルまたはパイプラインを所有し運営する場合でこのような輸送が当該企業の事業に単純に付随するものであり、その事業に石油の精錬がある企業の場合には他の国に配置されている精錬所に自社の石油を配送するためにのみ一つの国の領域を跨るケーブルまたはパイプラインを運営する場合がある。このような場合にはa）条項が適用される。

追加的な質問は、ケーブルまたはパイプラインはケーブルまたはパイプラインの運営者の顧客にとって恒久的施設を構成するかどうかであるが、例えば、データ、電力または財産が一つの場所からその他の場所に移送または輸送される企業がある。このような場合には、その企業はケーブルまたはパイプラインの運営者によって提供される移送または輸送のサービスを獲得しているだけであり、ケーブルまたはパイプラインを処分可能な状態で持っているわけではない。その結果として、ケーブルまたはパイプラインは当該企業の恒久的施設と判断されること

はない。

3) 補助的準備的活動の組合せ

　第4項は、準備的または補助的な性格を有する活動に従事する事業を行う一定の場所についての第1項の一般定義に対する例外として設定されている。したがって第4項のf)により、ある事業を行う一定の場所が第4項のa)条項からe)でいう活動のいずれかを組み合わせている事実は、恒久的施設が存在しているということを意味しない。このような事業を行う一定の場所の組み合わせの活動が単に準備的または補助的である場合には恒久的施設は存在しないものとみなされる。このような組み合わせは厳格に見るのではなく特別な状況に応じて判断されるべきである。

　「準備的または補助的な性格」の基準は、e)の基準の同一性（上述の24と25）とおなじように解釈されるべきものである。a)条項からe)でいう代替条項のいくつかの組み合わせを認めたい国は、このような組み合わせが準備的または補助的な性格の基準に該当するかどうかを無視して、f)でいう性格についての但書の条文を削除することによってこれを行うことができる。

4) 基本的機能と補完的機能の分離

　企業が、a)条項からe)の定義の取り扱う事業のいくつかを行う一定の場所を保有する場合で、これらの事業がそれぞれ場所的かつ組織的に分離している場合には、f)の組合基準は重要性を持たない。このような場合には事業のそれぞれの場所は、恒久的施設が存在するかどうかを決定するには個別的にかつ独立してみなければならないからである。ただし、ある場所で物品を受領して保管し、他の場所を通してそれらの物品を引き渡すという補完的な機能を一つの国においてそれぞれの事業の場所が行っている場合には、事業の場所は組織的に分離されるものではない。企業は、それぞれの事業の場所が準備的または補助的な活動にのみ従事していると主張するために、結合して運営している事業をいくつかの小さな運営体に細分化することはできない。

5) 他社に対する役務活動

　第4項でいう事業を行う一定の場所は、事業を行う一定の場所の活動が恒久的施設ではないと推定するだけの必要条件である機能に限定されている限り恒久的施設を構成するとみなされることはない。このことは、事業を確立して運営するために必要な契約がその事業の場所に責任を有する当事者によって締結される場合においても当てはまる。このような契約を締結する権限を与えられた第4項の定義内の事業の場所の従業員は第5項の定義内の代理人とみなされることはない。

　調査研究所もこれに当たる事例であり、研究所の管理者は研究所を維持するのに必要な契約を締結する権限が与えられており、研究所の機能の枠内でこの権限を実施する。しかしながら、第4項に掲げられた機能のいずれかを実施する事業

を行う一定の場所が、自らが属する企業のためだけではなく他の企業のためにもこれらの機能を実施する場合には恒久的施設が存在することになる。

例えば、ある企業によって維持されている広告代理人が他の企業のための広告にも従事する場合は、維持している企業の恒久的施設としてみなされる。

6）補助的準備的活動における商品販売

第4項により事業を行う一定の場所が恒久的施設とはみなされない場合にも、この例外規定は企業の活動を停止した時に事業の場所に設置された事業用財産の一部を構成する動産の処分についても同様に適用される。

例えば、商品の展示はa）条項とb）条項により恒久的施設から除外されており、交易会や展示会の終了時の商品販売はこの例外規定の対象となっている。もちろん、例外規定は交易会や展示会で実際に展示されていなかった商品の販売については適用されない。

7）営利活動との兼務

例外規定（第4項）に掲げられている活動とその他の活動の両方のために使用されている事業を行う一定の場所は、単一の恒久的施設としてみなされ、両方のタイプの活動が課税対象とみなされる。例えば、商品の引き渡しのために保有される店舗が販売にも従事する場合がこれに当たる。

解説2　サービス PE

① サービス PE

① 租税条約

1．租税条約の条項
1）日中租税条約

日中租税条約第5条第5項は、次のようにサービス PE を規定しています。

> 一方の締約国の企業が他方の締約国内において使用人その他の職員（独立代理人を除く）を通じてコンサルタントの役務を提供する場合には、このような活動が単一の工事または複数の関連工事について12ヶ月の間に合計6ヶ月を超える期間行われるときに限り、当該企業は当該他方の締約国内に「恒久的施設」を有するものとされる。

2）中国シンガポール租税条約

中国シンガポール租税条約第5条第3項第2号は、次のようにサービス PE を規定しています。

> 企業が被用者またはその雇用したその他人員を通じて一方の締約国において提供する役務活動には、コンサルタントの役務活動を含むが、当該性格の活動が（同一プロジェクトまたは相互に関連性のあるプロジェクトのために）いずれかの12ヶ月において連続または累計して6ヶ月超える場合に限り、恒久的施設とする。

2．中国解釈規定

中国解釈規定では、サービス PE について次のように解説しています。

> **Point!**
>
> ## サービス PE 課税 → 次の点に注意
>
> ・役務を提供する個人は？
> ・役務活動の内容は？
> ・商業的な一体性は？（同一または相互に関連性のあるプロジェクト）
> ・役務提供期間は？→ 6ヶ月超

> この規定が対象とするのは、一方の締約国の企業がその被用者を他方の締約国に派遣して役務活動に従事する行為である。当該行為が本条第1項（恒久的施設）と第2項（恒久的施設の例示）の規定により恒久的施設を構成しない場合であっても、本規定により、活動の持続期間が規定の基準に達した場合は恒久的施設を構成する。
> 　すなわち、一方の締約国の企業が他方の締約国内に恒久的施設を持たない場合でも、このような被用者個人を通じた役務提供行為があれば、その役務提供場所が恒久的施設とみなされることになる。
> 　例え、その役務活動が租税条約の恒久的施設の定義に該当しない場合、すなわち事業を行う一定の場所を必要としない役務提供であったとしても、また、恒久的施設の例示である事業の管理場所、支店、事務所、工場、作業場、天然資源採掘場所等が全く存在しない場合であっても、さらに建設 PE も存在しない場合であっても、この役務 PE 条項によって役務の提供期間が一定の基準（日中租税条約であれば6ヶ月）を超えた場合には、恒久的施設が構成される。

3．OECD コメンタリー

　OECD モデル租税条約のコメンタリーは、このようなサービス PE 課税について次のように述べています。

> 恒久的施設の定義や恒久的施設の例示の規定は、事業利得は企業の居住地国で課税されるべきであり、利得の源泉地国での課税は排除されるべきであるとする排他的居住地国課税の原則に従っているが、役務提供から生ずる利得についてはその源泉地国の課税権を守るべきであるとする議論がある。
> 　役務が遂行される国は、これらの役務が恒久的施設（の定義や例示）に帰属しない場合であっても課税する権利がある。多くの国の国内法は、恒久的施設がな

> い場合であってもこれらの国で遂行される役務について課税権を与えている。ただし、実務的には極めて短期間に遂行される役務がいつも課税されるわけではない。

　このような考え方にしたがって、OECD租税委員会は、一方の締約国の領域内において他方の締約国の企業によって遂行される役務から生ずる利得は、当該締約国によって課税されることを規定することができるものとしました。コメンタリーでは、法人の提供する役務について次のように代替的な条項を規定しました。なお、日中租税条約と中国シンガポール租税条約は役務PE条項については国連モデル条約の条項に従っているので、OECDモデル租税条約の下記の代替条項とは異なったものとなっています。なお、代替条項には個人（a項）と法人（b項）があり、ここでは法人に適用される代替条項を紹介します。

> 代替条項（b項）
> 　いずれかの12ヶ月の期間において累計で183日を超えて一つの期間または複数の期間に役務を遂行し、かつ当該他方の締約国において滞在して当該役務を遂行する一人または複数の個人を通じてこれらの役務が同一のプロジェクトまたは関連するプロジェクトとして遂行される場合には、これらの役務を遂行する時に当該他方の締約国において行われる活動は、当該他方の締約国にある企業の恒久的施設を通じて行われるものとみなす、ただし、これらの役務が事業を行う一定の場所を通じて遂行されたとしても、当該事業を行う一定の場所を恒久的施設とはしない第4項（恒久的施設の例外規定）で言及するものに限られる場合を除く。

　上記の代替条項を簡潔に表現するならば、次のような内容となります。
　一方の国の企業がその個人を通じて他方の国において同一または関連プロジェクトとして役務を提供する場合で、**いずれかの12ヶ月の期間に累計で183日を超えて行う場合**には、**その役務提供は企業の恒久的施設を通じておこなわれたものとみなします**。ただし、その事業の場所が補助的準備的行為である場合には恒久的施設とはしません。
　このように役務PE課税については、役務を提供する個人、役務活動、同一または関連プロジェクト、183日基準の問題があり、次に、これらについての中国解釈規定を紹介します。

② サービス提供

1．役務を提供する個人
1）中国解釈規定
中国シンガポール租税条約では、役務提供を行う個人は「被用者またはその雇用したその他人員」とされており、「被用者またはその雇用したその他人員」とは、**その企業の従業員、またはその企業が招聘するその支配下にあってその指示に従って締約相手国で役務を提供する個人**をいいます。

2）OECD コメンタリー
OECD モデル租税条約のコメンタリーは上述した代替条項に従って、役務提供する個人について次のように解説しています。

> 代替条項は、その役務が時々、二国間の条約に見られるような用語すなわち「企業によって雇用された従業員または他の個人を通じて」提供されなければならないとは規定していない。それは単に役務は企業によって遂行されなければならないとのみ規定している。
>
> 企業の事業は、主に事業主またはその企業との関係を有する被用者である者によって行われる。この者には従業員とその企業から指図を受ける他の者（例えば独立代理人）を含む。第三者との関係においては、このような者の権限は関係しない。
>
> ある企業のためにある個人によって遂行される役務は、その個人を通じてもう一つの企業によって遂行されたものと考えるべきではない。ただし、他の企業が個人によって遂行される役務の方法を、監督し、指示し、管理する場合には、その役務は他の企業によって遂行されたと考えられる。

上記のコメンタリーによれば、例えば、日本の親会社がその社員またはその他の個人を中国の子会社に派遣して役務提供させた場合で、その社員またはその他の個人が日本の親会社の監督の下において、親会社の指示にしたがって、親会社の管理下において役務提供した場合には、その個人の役務は親会社が子会社に提供したものと考えられます。

逆に、例えば、日本の親会社がその関連会社であるアウトソーシングサービス会社の従業員を通じて中国子会社に役務提供するような場合には、親会社の監督と指示と管理の下にいない個人を通じて役務提供することになるため、親

会社が子会社に役務提供したことにはなりません。この場合には、関連会社が子会社に役務提供したことになります。

2．役務活動
1）中国解釈規定
中国解釈規定によれば、役務活動とは**工事、技術、管理、設計、教育訓練、コンサルタント等の専門的役務活動に従事すること**をいい、例えば次のような役務活動の例示が掲げられています。

> 1　工事作業プロジェクトの実施について技術指導、協力、コンサルタント等の役務（具体的な施行と作業の責任は負わない）を提供すること
> 2　生産技術の使用と改革、経営管理の改善、プロジェクトの事業化分析と設計方案の選択等について役務を提供すること
> 3　企業の経営、管理等の分野において専門的役務を提供すること等

2）OECDコメンタリー
役務活動の内容については特にコメントはありません。

3．同一または関連プロジェクト
1）中国解釈規定
日中租税条約でいう「単一の工事または複数の工事」は、OECDモデル租税条約でいう「同一のプロジェクトまたは関連するプロジェクト」と同じであり、中国の解釈規定では、**「同一プロジェクトまたは相互に関連性のあるプロジェクト」として規定**されています。

> この同一または相互に関連性のあるプロジェクトとは、商業的に相互に関連性のあるまたは一貫性のあるプロジェクトとされ商業的な一体性が重視され、具体的に判定する時には次の要素を考慮すべきであるとされている。
> 1　これらのプロジェクトは同一の総契約の中に含まれているかどうか
> 2　これらのプロジェクトが異なる契約に分かれている場合は、これらの契約は同一の者または相互に関連性のある者と締結されたかどうか、前のプロジェクトの実施が後のプロジェクトの実施の必要条件となっているかどうか
> 3　これらのプロジェクトの性格は同一のものかどうか

④ これらのプロジェクトは同一の人員が実施しているかどうか等

これらの判定要素はOECDモデル租税条約のコメンタリーで規定されている下記の判定要素をそのまま取り入れたものです。

2）OECDコメンタリー

OECDモデル租税条約のコメンタリーでは次のように規定されています。

> 「企業は同一のプロジェクトのためにこれらの役務を遂行する」とは、役務を提供する企業の側から解釈されなければならない。このように企業は単一の顧客に役務を提供する二つの異なるプロジェクト（例えば、税務のアドバイスの提供と税金と関係のない分野での訓練を提供する）を有するかもしれない。これらはその顧客の単一のプロジェクトに関連するので、役務が同一のプロジェクトのために遂行されているとは考えられない。
> 「関連するプロジェクト」とは、ある企業によって別個のプロジェクトとして行われているが、これらのプロジェクトは商業的一体性を有するという文脈において役務が提供される事例をカバーすることを意図している。プロジェクトが関連するかどうかを決定するのは、各事例のその事実と状況によるものであり、一般的に目的適合性のある要素には次のものがある。
> ーそのプロジェクトが単一の主契約によって取り扱われているかどうか
> ーそのプロジェクトが異なる契約によって取り扱われている場合は、これらの異なる契約は同一の者または関連する者によって締結されているかどうか、および追加契約の締結が当初の契約を締結した時に合理的に予定されていたかどうか
> ー異なるプロジェクトに含まれている作業の性格が同一であるかどうか
> ー異なるプロジェクトにおいて役務を提供する個人が同一の者かどうか

4．役務提供期間の判定

恒久的施設の有無を判定する決定的な要素として役務提供期間があります。日中租税条約では、役務活動が12ヶ月の間に合計6ヶ月を超える期間行われるときに限り、企業は恒久的施設を有するものとみなされています。中国解釈規定では、役務活動がいずれかの12ヶ月の中で連続または累計して183日を超える場合に、恒久的施設とみなされます。

なお、日中租税条約は1983年に締結されたので「6ヶ月」が適用されていま

すが、この6ヶ月の期間計算は月の日数が異なるので実際の日数に有利不利が発生することがあり、また、個人所得税の短期滞在者の免税規定で使用されている183日という日数基準とも異なることから、その後に締結される租税条約では「6ヶ月」という月単位ではなく183日という日数基準の採用が一般的となっています。

1）中国解釈規定

中国解釈規定では、この期間計算について次のように解説しています。

> 1　ある外国企業が中国国内のあるプロジェクトのために役務を提供し、その外国企業がその被用者を役務プロジェクトの実施のために派遣した第1回目の中国に到達した日から役務プロジェクトを完成して引き渡した期日までを計算期間として、関係する人員の中国における滞在日数を計算する。
> 2　具体的に計算する時は、すべての被用者別に同一のプロジェクトのために役務活動を提供した異なる期間の中国国内における連続または累計の滞在した期間を把握して、同一の期間内の同一人員の業務については区別しないで計算しなければならない。例えば、外国企業が10名の従業員をあるプロジェクトのために派遣して中国国内の勤務期間が3日であった場合は、各人別に3日として合計30日として計算することはしない。
> 3　同一プロジェクトが数年を経過する場合は、外国企業はある一つの「12ヶ月」の期間に被用者を派遣して中国国内で183日を超えて役務を提供する場合は、その他の期間内で派遣者が中国国内で183日を超えないで役務を提供した場合であっても、その企業は中国において恒久的施設を構成するものと判定しなければならない。恒久的施設とはその企業にとっては中国国内で全体のプロジェクトのために提供するすべての役務をいうものであり、ある一つの「12ヶ月」の期間内に提供する役務ではない。したがって、全体のプロジェクトにおいて、外国企業がその中の一つの「12ヶ月」の期間に中国国内で183日を超えて役務を提供する場合には、その企業は中国において恒久的施設を構成するものと認識しなければならない。

上記のうち、1は建設PEの存続期間の計算と同じ解釈に立つものであり特に異なる点はありません。2については、下記のようにOECDモデル租税条約の解釈と一致しています。ただし、上記の3についてはOECDモデル租税条約の役務PE条項に同一内容の項目はありません。

2）OECDコメンタリー

OECDモデル租税条約のコメンタリーでは、役務PEの代替条項について次

のように解説しています。

> 　代替条項は、ある特定のプロジェクト（または関連するプロジェクトとして）に関連して一方の締約国において役務を遂行するある企業で、実質的な期間において一人または複数の個人を通じてこれらの役務を遂行する企業の場合に関係するものである。代替条項で言及している期間または複数の期間は企業と関係しているものであり個人との関係ではない。
> 　したがって、役務を提供しこれらの期間を通して滞在するのが同一の個人かまたは複数の個人であったかは必ずしも必要なことではない。この限りにおいて、ある1日については、企業がその役務を遂行する際に、その国に滞在して役務を遂行する個人が少なくとも1人でもいればその日は代替条項でいう期間または複数の期間に含まれる。あきらかに、その日に企業のために役務を遂行する個人が何人であろうとも関係なく、その日は1日として計算される。

3）OECDコメンタリーの例示

OECDモデル租税条約のコメンタリーでは役務PEの代替条項について次のような例示を掲げています。

> 　次の例示は、代替条項がR国とS国との間の条約に含まれていることを前提とした法人間の適用を説明するものである。
>
> 例1　R国の居住法人であるXは、法人Yが開発権を所有するS国における様々な場所において地政学上の調査を行うことを法人Yと同意した。2000年5月15日から2001年5月14日までの間、これらの調査はXの従業員とXがその作業を下請した個人事業主達（ただしその作業はXの指示、監督または支配の下で行われた）により185営業日にわたり行われた。b）条項がこの状況に適用されるので、これらの役務はS国における恒久的施設を通じて遂行されたものとみなされる。
>
> 例2　T国の居住者であるYは、トレイニングサービスを提供するR国の居住法人であるWY法人の2人の株主と社員達のうちの株主の1人である。2000年6月10日から2001年6月9日までの間、YはS国においてWY法人がS国の居住者である法人と当該法人の従業員をトレイニングする契約を締結してその契約によってS国において役務を提供する。これら

> の役務はS国において185日を超えて遂行された。YのS国における滞在の期間で、これらの役務から生ずる収入はWY法人の積極的事業活動から生ずる総収入の40％に達した。a)条項はこの状況に適用されず、b)条項が適用されるので、これらの役務はS国におけるWY法人の恒久的施設を通じて遂行されたものとみなされる。
>
> 例3　R国の居住者であるZ法人は、その顧客に電話で提供するテクニカルサービスを、S国の居住者であるO法人にアウトソーシングした。O法人はZ法人に対するのと同じように多くの法人のためにコールセンターを運営している。2000年1月1日から2000年12月31日までの間、O法人の従業員はZ法人の様々な顧客にテクニカルサービスを提供した。O法人の従業員はZ法人の監督、指示または管理下にないので、代替条項の目的からして、Z法人はこれらの従業員を通じてS国において役務を提供しているとは考えられない。加えて、O法人の従業員がZ法人の様々な顧客に提供した役務は似たようなものであるが、これらはZ法人が関連関係のない顧客と締結したそれぞれ別個の契約の下で提供されたものである。したがって、これらの役務は同一または関連するプロジェクトのために提供されたものとは考えられない。

③ 補助的準備的活動

　OECDモデル租税条約のコメンタリーでは、下記のように、遂行された役務が専ら補助的または準備的なもの（例えば企業の通常の事業を遂行するために単に準備的であるにすぎないものであるがそれを期待している顧客に情報を提供すること）である場合もあり、そのような場合には、これらの役務の遂行が恒久的施設を構成しないと考えることは論理的であると述べていますが、中国解釈規定の役務PE条項では、これらについてはまったく触れていません。

　この代替条項は、遂行される役務が第5条第4項（例外規定－補助的準備的活動）に限定される場合には適用されません。第4項では、事業が一定の場所を通して遂行される場合でも、当該条項の規定では、事業の一定の場所は恒久的施設に該当しないとするものです。

　この代替条項は企業による役務の遂行に関するものであり、企業自体に提供される役務を対象とするものではないので、第4項の規定のほとんどは適用されません。しかしながら、遂行された役務が専ら補助的または準備的なもの（例

えば企業の通常の事業を遂行するために単に準備的であるにすぎないが期待している顧客に対して情報を提供すること)である場合もあり、そのような場合には、これらの役務の遂行が恒久的施設を構成しないと考えることは論理的です。

④ 特許権使用料とサービス PE 課税

中国解釈規定では、特許権使用料と役務 PE 課税の関係について次のように規定しています。OECD モデル租税条約の第 5 条(恒久的施設)のコメンタリーでは、これに類するものはありません。

> 企業が中国の顧客に特許技術使用権を譲渡すると同時に、人員を中国国内に派遣して当該技術の使用のために関連サポート、指導等の役務も提供して役務費用を受領した場合は、その役務費用を個別に受領したかまたは技術対価の中に含まれていたかに関わらず、当該役務費用はすべて特許権使用料とみなすべきであり、協定第 12 条の特許権使用料条項の規定を適用する。
>
> ただし、上記人員の提供した役務が当該企業の中国において設立したある固定場所を通じて行われた場合またはその他の場所を通じて行われた場合は、役務期間が協定の定める恒久的施設を構成する時間基準に達した場合は、本規定により恒久的施設を構成し、恒久的施設に帰属する部分の役務所得は協定第 7 条(事業利得)の規定を実施しなければならない。

❷ 親子会社間のサービス PE

① 租税条約

1．租税条約の条項
1) 日中租税条約

日中租税条約の第 5 条(恒久的施設)の第 8 項(支配従属関係)は、次のように規定しています。

一方の締約国の居住者である法人が、他方の締約国内の居住者である法人もしくは他方の締約国内において事業（恒久的施設を通じて行われるものであるかないかを問わない）を行う法人を支配し、またはこれらに支配されているという事実のみによっては、いずれの一方の法人も他方の法人の「恒久的施設」とはされない。

2）中国シンガポール租税条約

中国シンガポール租税条約第5条第7項（支配従属関係）は、次のように規定しています。

　一方の締約国の居住法人が、他方の締約国の居住法人もしくは当該他方の締約国内において事業（恒久的施設を通じて行うものであるかどうかを問わない）を行う法人を支配し、またはこれらに支配されているという事実のみによっては、いずれの一方の法人も他方の法人の恒久的施設を構成しているとはされない。

2．親子会社（支配従属会社）

OECDモデル租税条約のコメンタリーでは、この親子会社条項について次のように解説しています。

　子会社の存在は、それ自体で、親会社の恒久的施設を構成するものではないことは一般的に認められている。これは課税の目的からして、このような子会社は独立の法的実体を構成するという原則に従うものである。子会社によって行われる取引または事業が親会社によって管理されているという事実があっても子会社は親会社の恒久的施設を構成しない。
　しかしながら、子会社が恒久的施設の定義に該当しまたは従属代理人となることによって、子会社が事業の場所を有する国において恒久的施設を有する親会社が散見されることもある。このように子会社に属する空間または建物を親会社が処分可能な状態として支配し、かつ親会社がこれを通じて自己の事業を行う一定の場所を構成している場合には、恒久的施設の定義や建設PE条項にしたがって親会社の恒久的施設を構成するものとする。
　さらに、子会社が親会社の名においてある国において契約を締結する権限を有して常習的に実施しているならば、その子会社が親会社のために引き受けた活動

に関連してその国において従属代理人として恒久的施設を有するものとみなされる。ただし、これらの活動が準備的または補助的なものに限定されている場合または子会社が独立代理人としてその事業を通常の方法で行う場合には恒久的施設には該当しない。

　このように OECD モデル租税条約のコメンタリーでは、通常は親子会社間では支配し従属しているという関係だけでは恒久的施設を構成することはありませんが、子会社に親会社の支配する空間や建物があって事業を行う一定の場所がある場合、建設 PE がある場合、または子会社が従属代理人となっている場合には、その子会社が恒久的施設を構成することを示しています。

② 親子会社間のサービス PE 課税

1．サービス PE の判定
　1）中国解釈規定
　中国の解釈規定では、次のように、親子会社間の支配従属関係だけでは子会社は恒久的施設には該当しないとしながらも、恒久的施設が存在する場合、建設 PE がある場合、従属代理人である場合以外に、役務 PE 課税に該当する場合も恒久的施設として課税することを規定しています。

　親会社が投資設立した子会社を通じて、子会社の持分等を所有して形成した支配または被支配関係は、子会社が親会社の恒久的施設を構成していることにならない。租税の観点から見れば、子会社自身が一つの独立した法人実態であり、これに業務上で親会社の管理を受けさせていることのみによって、親会社の恒久的施設とみなすことはできない。
　ただし、親会社との間の特別な関係によって、現実の経済活動においては、親会社との間で常に比較的に複雑な人員と業務の国境を越えた取引が存在している。このような場合においては、親会社は子会社の活動において親会社が子会社の所在地国において恒久的施設を構成する場合をもたらしており、下記の諸点から把握しなければならない。

1　子会社の要求に応じて、親会社が人員を子会社に派遣して子会社のために業務を行い、これらの人員は子会社に雇用されて、子会社がその業務について指揮権を有し、業務の責任とリスクは親会社とは関係はなく、子会社が引き

受けている場合は、これらの人員の活動は、親会社が子会社の所在する国において恒久的施設を構成していることをもたらすものではない。このような状況においては、子会社がこれらの人員に支払った費用は、直接支払ったかまたは親会社を通して立替払いしたかに関係なく、子会社の内部人員のための分配として、支払った人件費は計上することが認められ、その支払った人件費は個人所得とすべきであり、子会社の所在する国の関係する個人所得税法の関係規定等により個人所得税を課税する。

2 親会社が子会社に人員を派遣して業務を行う時は、恒久的施設の定義と建設PEまたは役務PEの規定により、親会社が子会社の所在する国において恒久的施設を構成するかどうかを判断しなければならない。下記の基準のいずれか一つに該当するときは、これらの人員が親会社のために業務を行っていると判断することができる。
   1 －親会社が上記人員の業務に対して指揮権を有しておりかつリスクと責任を引き受けている場合
   2 －子会社に派遣されて業務を行う人員の数と基準を親会社が決定している場合
   3 －上記人員の賃金給与を親会社が負担している場合
   4 －親会社が人員を子会社に派遣して活動に従事させることにより子会社から利得を獲得している場合

このような場合においては、親会社が子会社から関係する役務費用を受領したときは、独立企業の公平取引原則に従って、親会社の上記費用の合理性を確認した後に、子会社に対して上記費用の計上を認めなければならない。上記の活動が親会社の子会社の所在する国に恒久的施設を構成させる場合は、その子会社の所在する国は租税条約の事業利得条項により、親会社の子会社から受領した費用に対して企業所得税を課税することができる。

3 子会社が親会社の名において契約を締結する権利を有しかつ常習的に行う場合で、従属代理人の条件に該当する場合は、子会社は親会社の恒久的施設を構成する。

2）OECDコメンタリー

個人によって提供された役務が、雇用関係により提供される役務かまたはサービスのための契約において提供される役務のいずれかの判断基準については、OECDモデル租税条約のコメンタリーでは次のように解説しています。

個人によって提供される役務の性質と、彼の正式な雇用者および役務が提供される企業によって行われる事業活動を比較することによって、正式な契約関係とは異なる雇用関係に焦点が当てられる場合は、次の追加的な要素が、これが本当にそれに該当するかどうかを決定するのに適切なものとなる。
―その作業が遂行されるべき方法について個人に指示を与える権限を持っている者
―作業が遂行される場所を管理してその責任を持っている者
―個人の報酬が、役務が提供された企業に対して正式な雇用者から直接請求されていること
―個人が処分可能な作業のために必要な道具と資材を用意する者
―作業を行う個人の人数と資格を決定する者
―作業を行う個人を選抜する権利と当該目的のために当該個人と締結する契約の取り決めを終了させる権利を有する者
―当該個人の作業についての賞罰規定を科する権利を有する者
―当該個人の休日と作業日程を決定する者

3）中国解釈規定とコメンタリーの比較

表Ⅰ-4　雇用役務とサービス役務の判断基準

	中国解釈規定	OECD コメンタリー
リスクと責任	親会社が人員の業務に対して指揮権を有しておりかつリスクと責任を引き受けていること。	その作業が遂行されるべき方法について個人に指示を与える権限を持っていること。
場所の管理責任		作業が遂行される場所を管理してその責任を持っていること。
管理権限		作業を行う個人を選抜する権利と当該目的のために当該個人と締結する契約の取り決めを終了させる権利を有すること。
		当該個人の作業についての賞罰規定を科する権利を有すること。
		当該個人の休日と作業日程を決定すること。
道具と資材		個人が処分可能な作業のために必要な道具と資材を用意すること。
人員の数と基準	子会社に派遣されて業務を行う人員の数と基準を親会社が決定している。	作業を行う個人の人数と資格を決定すること。

財務負担	人員の賃金給与を親会社が負担している。	個人の報酬が、役務が提供された企業に対して正式な雇用者から直接請求されていること
事業利得の有無	親会社が人員を子会社に派遣して活動に従事させることにより子会社から利得を獲得していること	

③ 中国国内法の規定

1．中国出向者の本国給与送金

　国家税務総局が2009年6月24日付けで発表した「非居住企業所得税関係問題解答」では、中国に派遣された外国人の給与について次のように、非居住企業が中国に派遣した外国人が中国国内で役務提供したことにより恒久的施設が構成される場合には、PE課税として企業所得税が課税されるべきであるとしています。

> （問）　国外に支払った立替の委託派遣人員の給与は、訪中して役務を提供したものと判定されるかどうか。委託派遣人員の給与は中国の税務機関に個人所得税を納付済みである。
> （答）　非居住企業が雇用人員を中国に派遣して役務を提供し、企業所得税法が定める機構場所を構成する場合は、当該機構場所が取得する所得に対して税法規定により企業所得税を納付しなければならない。同時に、雇用人員が取得する中国国内源泉の賃金給与は個人所得税法により個人所得税を納付しなければならない。租税条約を適用する場合は、条約の規定により執行する。

　上記の問答によれば、例えば、外国親会社がその社員を中国子会社に派遣してその**派遣期間が6ヶ月を超える場合には、中国国内に恒久的施設が構成される**ことになり、中国子会社が外国親会社の立替支給した給与相当額を外国親会社に外貨送金する場合には、その送金した金額は立替給与ではなく、外国親会社の社員が中国子会社に役務提供した報酬であり、**その役務提供対価については企業所得税が課税されるべきであり、派遣者についても個人所得税が課税されるべきである**と結論しています。

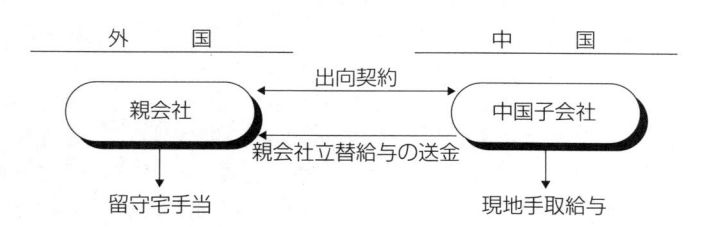

図Ⅰ－1　中国出向者の立替給与の国外送金

```
      外    国              中    国
                  出向契約
     ┌─────┐ ←────→ ┌─────┐
     │ 親会社 │          │中国子会社│
     └─────┘ 親会社立替給与の送金 └─────┘
        ↓                       ↓
     留守宅手当              現地手取給与
```

　図Ⅰ－1のように外国親会社と中国子会社との間の出向契約に基づいて、外国親会社が立替支給した留守宅手当等の給与相当額を、中国子会社が送金する取引が、**図Ⅰ－2**のように、外国親会社と中国子会社との間の役務提供契約による役務提供対価の送金として解釈されています。

図Ⅰ－2　役務提供契約による対価の送金

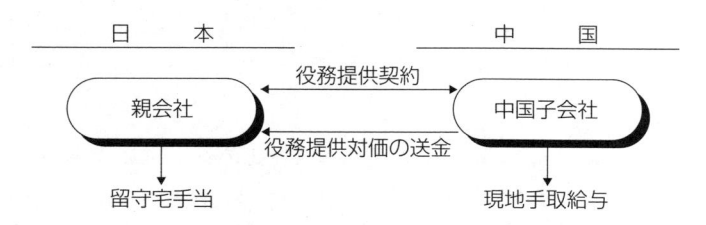

```
      日    本              中    国
                  役務提供契約
     ┌─────┐ ←────→ ┌─────┐
     │ 親会社 │          │中国子会社│
     └─────┘ 役務提供対価の送金 └─────┘
        ↓                       ↓
     留守宅手当              現地手取給与
```

　このような解釈が行われる余地は、外国親会社と中国子会社との間に出向契約のみが締結されているか、または出向契約も締結されることなく、中国子会社と派遣者本人との間で雇用契約が締結されていないか、または提供役務の内容、業務の指揮命令系統、業務の報告先、業務に係るリスクとコストの負担状況、派遣者給与の決定方法、派遣者の人事評価プロセス等に疑義が発生した場合には、中国子会社と派遣者との間に労働契約に基づく雇用関係が成立しないものと解釈して、役務提供契約による恒久的施設が存在するものとして企業所得税と営業税の課税が行われています。

2．国家税務総局の税務調査

　役務PE課税について、初めて税務調査の指示が発遣されたのは次の国家税務総局の国際税務司の文書によるものです。参考に、その全文を紹介します。

2009年7月2日　国家税務総局国際税務司
「国外機構が派遣人員を通じて国内企業のために役務を提供する企業所得税課税の状況調査に関する書簡」

　最近、一部の省市税務局が日常の税収管理において発見したことは、少数の国外機構が国内企業のために管理または技術のサービスを提供して、取得した所得について所得税の申告納税義務を規定にしたがって履行していないことである。非居住企業の所得税収入の流失を防止するために、我司は最近、これについて第1次の特定項目調査を展開することに決定した。具体的な要求は下記のとおりである。

1) 調査対象

　調査対象は主として、下記の業務モデルを通して我国の所得を取得した非居住企業である。国外機構が我国国内企業と駐在員派遣協議書またはその他の関係する協議書を締結して、派遣人員が我国国内企業でトップマネジメント（高層指導者）、技術人員およびその他の職位を担任し、我国国内企業が国外機構に派遣費用またはその他の関係費用を支払っている。

　調査対象は製造業とサービス業を主とするが、自動車製造企業についても逐一調査を展開しなければならない。

2) 調査方法
1　租税管理書類と国内企業の対外支払情報を調査査閲し、国内企業に上記の対外支払項目が存在するかどうか、税務総局令19号令の規定にしたがって登記届出と申告納税義務を履行しているかどうかを確認する。
2　納税義務を履行していない場合は、国内企業と国外機構の関係者と面談を約束して、税務総局19号令を宣伝し、これに関係する協議書または契約書の正式な写し（中国語以外の文字である場合には中国語文の添付を要求することができる）の提出を要求し、派遣者の姓名、パスポート番号、入出国の期間、職務就任部門、従事した業務と生活条件を把握し、国内企業が国外機構に実際に支払った状況を把握する。

3). 問題の処理

　調査において非居住企業が所得税の納税義務を履行していないことを発見した場合は、企業所得税法とその実施条例および「非居住者の工事作業請負と役務提供の租税管理暫定弁法」の規定にしたがって、すみやかに税額を追徴し、滞納金を加算して罰金の処理を行わなければならない。企業所得税を課税する時は、非居住企業が正確な原価費用、帳簿と証憑等を提出できない場合は、税務機関は推定利益率の方法を採用して課税することができる。

3．労働契約等の成立

　中国政府の労働社会保障部が2007年1月8日に発布した「労働社会保障部の労働要員届出制度に関する通知」によれば、「2007年から我国国内のすべての雇用単位は、法により労働関係を形成する従業員を招聘雇用した場合は、登記登録地の県級以上の労働保障行政部門で労働要員届出手続を行わなければならない」と規定しました。

　中国の企業所得税法では、企業に実際に発生した収入の取得と関係する原価、費用、税金、損失、その他支出を含む合理的支出は、課税所得額から控除することが認められています。これを受けて、**企業に実際に発生した合理的賃金給与支出は、税前控除すなわち税務上で損金に算入することができます。**

　企業所得税法では、賃金給与とは、企業が一納税年度毎にその企業に職務就任または雇用された従業員に支給するすべての形式の労働報酬をいい、具体的には、基本給与、賞与、手当、補助手当、年末賞与、残業手当、および従業員の職務就任または雇用と関係するその他支出が含まれます。したがって、**中国の企業は、その従業員と書面による労働契約を締結しかつ労働部門に届出を行うことにより、その合理的な賃金給与を税前控除することができます。**

　中国子会社と労働契約等を締結していない場合には、高級管理職としての職務就任または従業員としての雇用関係は存在しないことになり、中国子会社の賃金給与支出とは認められないことになります。

4．対外支払の税務証明書

　国家外貨管理局と国家税務総局が2008年11月25日に公布した「サービス貿易等項目の対外支払税務証明書の提出に関係する問題に関する通知」では、下記のとおり、中国国内の機構と個人が中国国外に1件当たり3万米ドルを超える外貨を送金する場合には、対外支払の税務証明書を主管税務機関から取得して銀行窓口に提示することが要求されました。

　国内機構と個人が国外に1件当たりの支払いが3万米ドル同等価値を超える下記のサービス貿易、収益、経常移転および資本項目の外貨資金は、国家の関係規定により主管税務機関で「サービス貿易、収益、経常移転および一部資本項目の対外支払の税務証明書」（税務証明書）を申請処理する。
　1　国外機構または個人が国内から獲得するサービス貿易収入
　2　国外個人の国内における勤務報酬、国外機構または個人の国内から獲得する

> 　配当、利益分配金、利益、直接債務利息、保証料等の収益および経常移転項目収入
> 3　国外機構または個人が国内から獲得するファイナンスリース料金、不動産の譲渡収入、株式譲渡収益
> 　サービス貿易には、運送、観光、通信、建設据付と役務請負、保険サービス、金融サービス、コンピュータと情報のサービス、特許権使用料とライセンス料、スポーツ文化と娯楽サービス、その他の商業サービス、政府サービス等の取引行為が含まれる。
> 　また、収益には、従業員報酬、投資収益等が含まれ、経常移転には、資本の移転以外による贈与、賠償、租税、一時的所得等が含まれている。

　上記の規定により、外国人個人が中国国内で勤務して取得した報酬や従業員の報酬を中国国外に外貨送金するには、主管税務機関で対外支払の税務証明書を取得して、外為指定銀行は税務証明書とその他の有効証書を審査照合することが義務付けられています。

II 中国子会社と資本再編

ここでは中国子会社の資本再編に関わる実務について具体的に解説しますが、その前提として外貨管理制度への理解を深めておく必要があります。人民元の国際化に向けて漸進的な改正が進められている現在、中国ビジネスの今後を考える上でも必要な知識です。

1 利益剰余金の資本組入

[設例Ⅱ－1]

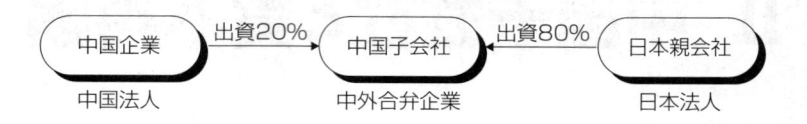

```
中国企業 ──出資20%──→ 中国子会社 ←──出資80%── 日本親会社
中国法人              中外合弁企業              日本法人
```

中国子会社は2011年度決算の董事会で利益剰余金600を登録資本金に組み入れる決議を行った。

【仮設条件】
1　中国子会社の資本構成と未処分利益の発生年度は次のとおりである。

中国子会社の資本構成		未処分利益の構成	
登録資本金	1,000	2007年帰属利益	100
資本剰余金	5	2008年帰属利益	80
利益剰余金		2009年帰属利益	50
準備基金	345	2010年帰属利益	100
企業発展基金	200	2011年帰属利益	120
未処分利益	450	未処分利益合計	450
所有者持分合計	2,000		

2　日本親会社は2001年に出資割合80%で中国企業と合弁子会社を設立した。
3　資本剰余金は外貨資本金の為替レートによる外貨資本金換算差額である。
4　資本組入額は、準備基金50、企業発展基金200、未処分利益350の合計600とした。
5　未処分利益は古い年度の帰属利益から組み入れるものとして、2011年度の帰属利益のうち100は繰越未処分利益として留保する。なお、2011年帰属利益120は利益分配前の金額である。
6　準備基金と企業発展基金は、各決算期の董事会において積立の要否と積立率を決定しており、2012年3月開催の董事会では積立を行わないものとした。

Point!

(1) 中国子会社の資本組入処理
① 企業会計の処理
　中国子会社の董事会決議日において、準備基金、企業発展基金、未処分利益

の資本組入予定額は未払配当金に振替えられる。

中国子会社は商務部門に登録資本金の変更等の審査批准を申請して批准証書を取得し、次に、外貨管理局で外貨資本金の審査批准を受けてその批准書を取得して工商行政管理局で登録資本金等の登記を行う。さらに、公認会計士による出資検証報告書を取得した後に、工商行政管理局で登録資本金の最終登記を完了した時に、未払配当金を登録資本金に振替える会計処理を行う。

② 企業所得税の処理

利益剰余金の資本組入額600のうち外国側出資割合80％に相当する部分480は外国側に対する配当金の資本組入として処理する。外国側配当金480のうち2007年度以前の未処分利益の配当について企業所得税は免税となり、2008年度以後の未処分利益については10％の税率で企業所得税が源泉徴収される。

利益剰余金の資本組入額600のうち中国側出資割合20％に相当する部分120は中国の居住企業間の配当として源泉課税は行われず、中国企業では配当所得は免税として処理される。

（2）日本親会社の税務と会計の処理

日本親会社では、中国子会社の利益剰余金の資本組入については特に会計処理は行わない。

中国子会社によって源泉徴収された配当金の源泉税については、日本親会社は費用処理することになるが、税務上は源泉税は損金に算入することはできず、外国税額控除も行うことができない。

❶ 中国子会社の資本組入

① 商務部門の審査批准手続

外国投資企業の外貨資本金の増資手続は、まず企業が董事会で利益分配と増資の決議を行うことから始まります。企業は、企業の設立変更の審査と批准を行う商務部門に、**外国投資企業変更申請書と董事会の議事録、変更後の定款と合弁契約書の修正案、董事会の構成員名簿と派遣書等を提出**して、審査を受けて変更申請の**審査批准回答書と批准証書を取得**します。

② 外貨管理部門の批准手続

　外国投資企業の増資には、**準備基金等の資本組入、未処分利益の資本組入、債務の資本金転換**があります。いずれにせよ、外貨資本金の増資であるならば外貨管理局の審査と批准を受けなければいけません。

　外国投資企業が準備基金または企業発展基金を増資するに当たっては、外貨管理局の人民元利益による国内投資の手続を行う必要があります。**利益の国内投資とは、外国投資企業の外国側出資者が外貨または人民元の利益を獲得して、その利益で中国国内において再投資すること**をいいます。外国投資企業はその利益が合法的な利益であることを証明する納税証明書等を外貨管理局に提出して、外貨資本金としての審査批准を受けなければいけません。

　外貨管理局には、**申請書、外貨登記ICカード、董事会の利益分配決議書、利益の再投資による増資の確認書、直近の資本金出資検証報告書、財務諸表の監査報告書、外貨収支状況表の審査報告書、納税証明書、商務部門の批准回答書等を提出**します。

　外貨管理局は、提出書類等に誤謬がないことを審査確認した後に、**「資本項目外貨取引審査批准証」**を発行します。

③ 工商行政管理局の登記手続

　公認会計士は外貨管理局に外国側出資状況の照会を行い、外国投資企業の外貨登記番号が明記された証明回答状を入手して、資本金の出資検証報告書を外国投資企業に発行します。

　外国投資企業は、登記変更申請書、商務部門の回答批准証書、董事会の議事録、修正案と修正後の企業の定款と合弁契約書、公認会計士の発行した資本金の出資検証報告書、営業許可証等を提出して、登録資本金と董事の変更手続を行います。

④ 企業会計上の処理

　董事会が準備基金、企業発展基金、未処分利益を用いて資本金を増資した時は、これらの関係科目から一旦、未払配当金科目に振替えます。工商行政管理

局において増資手続が完了した時に、未払配当金から払込資本金に振替えます。

⑤ 増資における留意事項

1．外貨資本金換算差額

　外国投資企業の外国側出資者が出資してその引き受けた登録資本金を超える部分は企業の資本剰余金に計上します。**外貨資本金換算差額は、外貨資本金を払い込んだ当日の外貨建預金または外貨建資産と登録資本金との為替レートの差額**です。企業会計制度では外貨資本金換算差額が明細科目として表示されていますが、企業会計準則では資本剰余金科目とされます。

　外国投資企業の資本剰余金に計上されている科目は一般的にこの外貨資本金換算差額であり、外貨管理規定では、払込んだ外貨の金額が外貨管理局が査定した企業の資本金口座の最高限度額を超える時は、その超過部分の資金が外貨資本金口座の1％を超えず、かつ絶対額で3万米ドル相当の人民元金額を超えない場合には、外貨管理局はその実際払込金額に基づいて出資検証確認証明と外資外貨登記を行うことができるものとされています。

　すなわち、**資本剰余金は外貨管理局に申請した登録資本金の1％または3万米ドル相当以下であれば計上することができ、その超過額は資本剰余金に計上しなければならない**ものとされています。

　外貨管理規定では、外国投資企業がその資本剰余金を企業の資本金に振替えて増資した場合で、為替レートの変動またはその他の類似の原因により実際の出資額が登録資本金より大きい場合には、その超過額は資本剰余金としなければいけません。外貨資本金換算差額（資本剰余金）は増資により登録資本金に振替えることはできないものとされています。したがって、**設例Ⅱ－1の資本剰余金5は増資に用いることはできません**。

2．基金の資本組入の規制

　外貨管理規定によれば、外国投資企業の準備基金と企業発展基金は、企業の税引後利益から積み立てたものであり商務部門の審査批准を受けて増資に振替えることができます。ただし、外貨管理の関係規定では次のような規制が行われています。

　中外合弁企業がその準備基金と企業発展基金を増資する場合には、増資後の準備基金と企業発展基金の総額は登録資本金の25％を下回ってはならないも

のとされています。

設例Ⅱ－1では、増資直前の登録資本金は1,000であるから準備基金は少なくとも25％の250を残す必要があり、300－250＝50のみを資本金に組み入れることとしたものです。

なお、外貨資本金は外国側出資者にのみ関係することであり、外貨資本金の変更に関する商務部門、外貨管理部門、工商行政管理部門への申請はすべて外国側の増資に関係するものであり、中国側出資者の増資部分に関してはこれらの申請と審査批准は必要とされていません。

⑥ 中国側出資者の企業所得税

企業所得税法では、**中国の居住企業間の配当所得については免税**とされているので、準備基金50、企業発展基金200および未処分利益350の資本組入金額合計600のうち600×中国側出資割合20％＝120については、企業所得税は免税となります。

⑦ 外国側出資者の企業所得税

企業所得税法では、配当収入は投資先企業の董事会または株主総会で利益分配または資本金組入の決議を行った日に、配当収入が実現したものとして取り扱います。また、投資先企業が払込剰余金で構成された資本剰余金を資本金に振替えた場合には、配当収入を認識することはなく、出資者企業もその投資価額を修正することはしません。

このように企業所得税法では、**資本剰余金を資本金に振替えて増資した場合には収入を認識することなく、利益剰余金を資本金に振替えて増資した場合に、配当収入としてその利益分配または増資決議を行った董事会の決議日に配当収入を認識しなければいけません**。資本組入金額合計600のうち600×外国側出資割合80％＝480が配当収入として認識されます。

ただし、企業所得税法は2008年1月1日に改正されており、改正前は外国投資企業の外国側出資者の取得する配当については免税とされており、改正後の2008年1月1日以後は、非居住企業が取得する中国国内源泉所得は10％の税率により企業所得税が源泉課税されています。

このような改正の経過措置として、2007年度までに獲得した未処分利益を

2008年1月1日以後に配当した場合には、配当の源泉税は免税が継続して適用されることとなりました。これに対して、2008年度以後に獲得した利益の配当については10％の源泉税が課税されています。

したがって、2007年度に帰属する未処分利益100についてはこの経過措置により企業所得税は免税となります。2008年度以降に帰属する未処分利益350－100＝250と準備基金50と企業発展基金200の合計500のうち500×外国側出資割合80％＝400が源泉課税される配当収入となります。

外国側出資者は中国の非居住者として10％の源泉税が課税されるので、400×10％＝40の企業所得税が中国子会社によって源泉徴収納付されます。中国子会社は代理徴収代理納付した40を日本親会社に請求して回収します。

2 日本親会社の税務と会計の処理

① 日本の税務処理

日本では、平成13年の税制改正で、法人の株主等が一定の事由により金銭その他の資産の交付を受けた場合において、その金銭の額および金銭以外の資産の価額の合計額が、その法人の株式または出資に対応する部分の金額を超える時に、その超える部分の金額を配当とみなすことになりました（所得税法25条）。

このように金銭その他の資産の交付を受けた場合で、一定の事由に該当する場合にのみ配当とみなすことから、金銭等の交付を受けない剰余金の資本組入れは配当とはみなされません。

また、一定の事由とは、非適格の合併または分割型分割、減資または解散による残余財産の分配、法人による自己株式または出資の取得、出資の消却、法人の組織変更等であり、剰余金の資本組入は一定の事由にも該当していません。

したがって、**日本の所得税法と法人税法では、みなし配当は存在しないこと**になり、**中国で納付した源泉税も直接外国税額控除することはできず、源泉税は損金処理**することもできません。

② 日本の会計処理

　日本の会社法では、純資産の部における資本金と法定準備金（資本準備金と利益準備金）とその他剰余金の間の金額の変動は、株主総会の決議があればいつでも変動可能です。株主持分の観点から見れば、資本金と法定準備金とその他資本剰余金とその他利益剰余金は基本的には相違はありません。

　例えば、有償による減資を行うには、資本金と資本準備金をその他資本剰余金に振り替えた後に、その他資本剰余金を金銭等により配当することができます。逆に、無償による増資は、例えば、剰余金を資本金に組み入れることによって行われます。

　日本では、平成21年4月1日に会社計算規則が改正施行されて、それまで資本準備金とその他資本剰余金の資本組入しか実行できませんでしたが、利益準備金とその他利益剰余金の資本組入も可能となりました。

　これらの無償による増資は株主持分の変動を伴うものではないため、株主である投資企業では会計処理は行う必要はありません。

2 外国投資性公司の国内再投資

【2−1】利益剰余金の資本組入を伴う国内再投資

[設例Ⅱ−2−1]

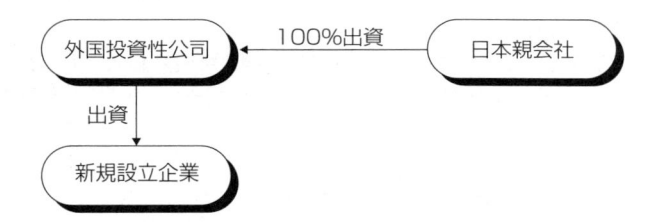

```
外国投資性公司 ←100%出資─ 日本親会社
   │出資
   ↓
 新規設立企業
```

> 外国投資性公司は、日本親会社の100%出資の外資企業（独資企業）であり、2011年度決算の董事会で利益剰余金600を登録資本金に組み入れて、同額を出資して新規に外国投資企業を設立した。
>
> 【仮設条件】
> 1　外国投資性公司の資本構成と未処分利益の発生年度は次のとおりである。
>
> | 中国子会社の資本構成 | | 未処分利益の構成 | |
> |---|---|---|---|
> | 登録資本金 | 1,000 | 2007年帰属利益 | 100 |
> | 資本剰余金 | 5 | 2008年帰属利益 | 130 |
> | 利益剰余金 | | 2009年帰属利益 | 100 |
> | 　準備基金 | 445 | 2010年帰属利益 | 100 |
> | 　未処分利益 | 550 | 2011年帰属利益 | 120 |
> | 所有者持分合計 | 2,000 | 未処分利益合計 | 550 |
>
> 2　資本剰余金は当初の外貨資本金の払込時の為替レートによる外貨資本金換算差額である。
> 3　資本組入額は、準備基金200と未処分利益400の合計600とした。
> 4　未処分利益は古い年度の帰属利益から組み入れるものとして、2010年帰属利益と2011年度帰属利益の一部は繰越未処分利益として留保する。なお、2011年帰属利益120は利益分配前の金額である。

> **Point!**
>
> ### （1）外国投資性公司の資本組入処理
> ① 企業会計の処理
>   外国投資性公司の董事会決議日において、未処分利益の資本組入予定額は未払配当金に振替えられる。外資企業は登録資本金の50％に至るまで配当の10％を準備基金として積み立てなければならない。
>   外国投資性公司は商務部門に登録資本金の変更等の審査批准を申請して批准証書を取得し、次に、外貨管理局で外貨資本金の審査批准を受けてその批准書を取得して工商行政管理局で登録資本金等の登記を行う。さらに、公認会計士による出資検証報告書を取得した後に、工商行政管理局で登録資本金の最終登記を完了した時に、未払配当金を登録資本金に振替える会計処理を行う。
> ② 企業所得税の処理
>   準備基金と未処分利益の資本組入額600は配当金の資本組入として処理する。未処分利益のうち2007年度以前の未処分利益の配当について企業所得税は免税となり、2008年度以後の未処分利益については10％の税率で企業所得税が源泉徴収される。
>
> ### （2）日本親会社の税務と会計の処理
>   日本親会社では、外国投資性公司の利益剰余金の資本組入については特に会計処理は行わない。
>   外国投資性公司によって源泉徴収された配当金の源泉税については、日本親会社は費用処理することになるが、税務上は源泉税は損金に算入することはできず、外国税額控除も行うことができない。

❶ 外国投資性公司の資本組入

① 関係当局への申請手続

　商務部門、外貨管理局、工商行政管理局に対する外貨資本金の増資手続は、利益剰余金の資本組入についての解説（90ページ）の手続と同一です。

② 企業会計上の処理

　董事会が準備基金、未処分利益を用いて資本金を増資した時は、これらの関係科目から一旦、未払配当金科目に振替えます。工商行政管理局において増資手続が完了した時に、未払配当金から払込資本金に振替えます。

③ 増資における留意事項

1．外貨資本金換算差額

　外国投資企業の外国側出資者が出資してその引き受けた登録資本金を超える部分は企業の資本剰余金に計上します。**外貨資本金換算差額は、外貨資本金を払い込んだ当日の外貨建預金または外貨建資産と登録資本金との為替レートの差額**です。企業会計制度では外貨資本金換算差額が明細科目として表示されていますが、企業会計準則では資本剰余金科目とされます。

　外国投資企業の資本剰余金に計上されている科目は一般的にこの外貨資本金換算差額であり、外貨管理規定では、払込んだ外貨の金額が外貨管理局が査定した企業の資本金口座の最高限度額を超える時は、その超過部分の資金が外貨資本金口座の1％を超えず、かつ絶対額で3万米ドル相当の人民元金額を超えない場合には、外貨管理局はその実際払込金額に基づいて出資検証確認証明と外資外貨登記を行うことができるものとされています。

　すなわち、**資本剰余金は外貨管理局に申請した登録資本金の1％または3万米ドル相当以下であれば計上することができ、その超過額は資本剰余金に計上しなければならない**ものとされています。

　外貨管理規定では、外国投資企業がその資本剰余金を企業の資本金に振替えて増資した場合で、為替レートの変動またはその他の類似の原因により実際の出資額が登録資本金より大きい場合には、その超過額は資本剰余金としなければいけません。**外貨資本金換算差額（資本剰余金）は増資により登録資本金に振替えることはできない**ものとされています。したがって、**設例Ⅱ－2－1**の資本剰余金5は増資に用いることはできません。

2．準備基金の資本組入の規制

　外貨管理規定によれば、外国投資企業の準備基金と企業発展基金は、企業の

税引後利益から積み立てたものであり商務部門の審査批准を受けて増資に振替えることができます。ただし、外貨管理の関係規定では次のような規制が行われています。

外資企業法実施細則第58条では、外資企業は企業所得税を納税した後の税引後利益で、準備基金と従業員奨励福利基金を積み立てなければいけません。準備基金の積立比率は税引後利益の10％を下回ってはいけません。その累計の積立金額が登録資本金の50％に達した時は積み立てないことができます。従業員奨励福利基金の積立比率は外資企業が自ら決定すると規定されています。

外貨管理規定では、この実施細則の規定を受けて、外国独資企業はその準備基金を振替えて増資する場合には、その増資後の残高の準備基金の総額はその登録資本金の25％を下回ることができないとしました。

したがって、増資後の準備基金残高は、増資直前の登録資本金1,000の25％に相当する250を下回ることができません。また、準備基金の積立比率は税引後利益の10％を下回ることができないとあり、2011年の税引後利益は120であり、準備基金の要積立金額は120×10％＝12となります。増資後の準備基金の残高は、前期繰越残高445＋当期利益処分12＝457となるため、累積積立金額1,000×50％＝500の範囲内にあり、457－250＝207が取り崩し可能金額となるため、準備基金の資本組入金額を200としました。

以上を要約すれば、2011年度の利益分配は次のようになります。

前期繰越未処分利益		430
当期税引後利益	120	
準備基金積立額	12	108
分配可能金額		538
準備基金取崩額		200
合計金額		738
資本金組入金額		600
差引繰越未処分利益		138

準備基金残高は次のようになります。

前期繰越残高	445
積立金額	12
取崩金額	200

翌期繰越残高　　　　　　　　　　257

④ 企業所得税の処理

　企業所得税法では、配当収入は投資先企業の董事会または株主総会で利益分配または資本金組入の決議を行った日に、配当収入が実現したものとして取り扱います。また、投資先企業が払込剰余金で構成された資本剰余金を資本金に振替えた場合には、配当収入を認識することはなく、出資者企業もその投資価額を修正することはしません。

　このように企業所得税法では、**資本剰余金を資本金に振替えて増資した場合には収入を認識することなく、利益剰余金を資本金に振替えて増資した場合に、配当収入としてその利益分配または増資決議を行った董事会の決議日に配当収入を認識しなければいけません。**資本組入金額合計600は配当収入として認識されます。

　ただし、企業所得税法は2008年1月1日に改正されており、改正前は外国投資企業の外国側出資者の取得する配当については免税とされており、改正後の2008年1月1日以後は、非居住企業が取得する中国国内源泉所得は10％の税率により企業所得税が源泉課税されています。

　このような改正の経過措置として、2007年度までに獲得した未処分利益を2008年1月1日以後に配当した場合には、配当の源泉税は免税が継続して適用されることとなりました。これに対して、2008年度以後に獲得した利益の配当については10％の源泉税が課税されています。

　したがって、2007年度に帰属する未処分利益100についてはこの経過措置により企業所得税は免税となります。2008年度以降に帰属する未処分利益400－100＝300と準備基金200の合計500が源泉課税される配当収入となります。

　外国側出資者は中国の非居住者として10％の源泉税が課税されるので、500×10％＝50の企業所得税が中国子会社によって源泉徴収納付されます。中国子会社は代理徴収代理納付した50を日本親会社に請求して回収します。

❷ 日本親会社の税務と会計の処理

① 日本の税務処理

　日本では、平成13年の税制改正で、法人の株主等が一定の事由により金銭その他の資産の交付を受けた場合において、その金銭の額および金銭以外の資産の価額の合計額が、その法人の株式または出資に対応する部分の金額を超える時に、その超える部分の金額を配当とみなすことになりました（所得税法25条）。

　このように金銭その他の資産の交付を受けた場合で、一定の事由に該当する場合にのみ配当とみなすことから、金銭等の交付を受けない剰余金の資本組入れは配当とはみなされません。

　また、一定の事由とは、非適格の合併または分割型分割、減資または解散による残余財産の分配、法人による自己株式または出資の取得、出資の消却、法人の組織変更等であり、剰余金の資本組入は一定の事由にも該当していません。

　したがって、**日本の所得税法と法人税法では、みなし配当は存在しない**ことになり、**中国で納付した源泉税も直接外国税額控除することはできず、源泉税は損金処理することもできません。**

② 日本の会計処理

　日本の会社法では、純資産の部における資本金と法定準備金（資本準備金と利益準備金）とその他剰余金の間の金額の変動は、株主総会の決議があればいつでも変動可能です。株主持分の観点から見れば、資本金と法定準備金とその他資本剰余金とその他利益剰余金は基本的には相違はありません。

　例えば、有償による減資を行うには、資本金と資本準備金をその他資本剰余金に振り替えた後に、その他資本剰余金を金銭等により配当することができます。逆に、無償による増資は、例えば、剰余金を資本金に組み入れることによって行われます。

　日本では、平成21年4月1日に会社計算規則が改正施行されて、それまで

は資本準備金とその他資本剰余金の資本組入しか実行できませんでしたが、利益準備金とその他利益剰余金の資本組入も可能となりました。

　これらの無償による増資は株主持分の変動を伴うものではないため、株主である投資企業では会計処理は行う必要はありません。

【2-2】利益剰余金の資本組入を伴わない国内再投資

[設例Ⅱ-2-2]

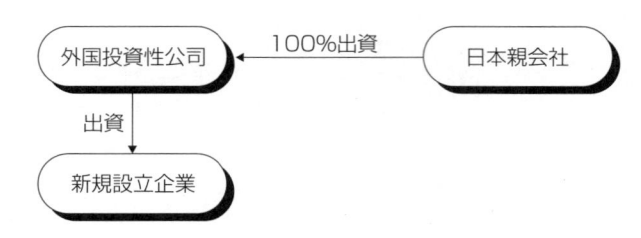

```
外国投資性公司 ←──100%出資── 日本親会社
     │
    出資
     ↓
  新規設立企業
```

> 外国投資性公司は、日本親会社の100%出資の外資企業（独資企業）であり、2011年度決算の董事会で利益剰余金600を原資として新規に外国投資企業を設立した。

Point!

（1）外国投資性公司の処理
① 企業会計の処理
　外国投資性公司は、外貨管理局に国内合法所得による国内再投資の申請を行い、外貨管理局から再投資批准証書を取得することにより、国内再投資を行うことができる。
② 企業所得税の処理
　利益剰余金の資本組入が必要ないため、配当の源泉課税の問題は発生しない。
（2）日本親会社の税務と会計の処理
　日本親会社においては、税務と会計の処理は発生しない。

1 利益剰余金の資本組入

　2011年3月29日付で、国家外貨管理局の資本項目管理司は「外国投資性公司の再投資の出資検査照会証明書に係る関連問題の操作ガイドラインに関する通知」を公布して、下記のとおり、外国投資性公司が中国国内で取得した合法

所得で国内企業に再投資する時には、その再投資額に見合う利益剰余金を必ず登録資本金に振替えなければならないものと規定しました。

> 「商務部の外国投資により設立する投資性公司に関する補充規定」の関連規定に基づいて、外国投資性公司は国内合法所得（人民元利益、減資、清算、撤退、持分転換、先行投資回収またはその他の国内所得等）で国内企業に再投資する時は、事前に外国投資性公司所在地の外貨局は、国外投資者が人民元利益等の国内合法所得でその公司の登録資本金を増加する資本項目の外貨業務審査批准証書（再投資批准書）を発行する。
> 外国投資性公司は国内合法所得を登録資本金に組み入れた後に、関係する法規により国内企業に再投資する。

上記の通知により、外国投資性公司は利益剰余金の資本組入を行った後にはじめて国内再投資を行うことができるものとされましたが、この通知が公布された後に外国側の要請もあって、次のように必ずしも利益剰余金の資本組入を行わなくとも、国内合法所得を国内再投資することができるように改善されました。

❷ 資本組入を行わない国内再投資

2011年12月8日付で、商務部と国家外貨管理局は「外国投資性公司に係る管理措置の更なる改善に関する通知」を公布して、下記のとおり、国内合法所得を国内再投資する場合には、利益剰余金の資本組入を行う場合の他に、資本組入を行わないで直接に国内再投資を行うことができるように改正を行いました。

> 外国投資性公司は、その中国国内において獲得した人民元利益、先行投資回収、清算、持分譲渡、減資の人民元合法所得を、所在地の外貨局の審査批准を受けて、直接国内投資に使用することができる。外国投資者がその上記の合法所得を投資性公司の登録資本金に出資（または増資）した後に国内投資に展開することもできる。外国投資性公司が国内投資の照合批准手続を行う時は、外貨管理部門に下記の資料を提出する。

1　書面による申請書
2　外国投資企業外貨登記ICカード 3　商務主管部門の外国投資性公司の国内投資に関する批准文書
4　人民元資金源泉証明資料は、外国投資企業の外国投資者が所得利益、先行投資回収、清算、持分譲渡、減資の所得を国内において再投資（増資）する取引を行う場合に提出する文書を参照する。
5　直近一期間の出資検証報告書と財務監査報告書、外貨収支状況表の審査照合報告書
　上記資料は所在地の外貨局が会計士事務所の業務連絡書簡と出資検証照会状申請書、「外国投資者出資状況照会書簡」、外国投資性公司所在地の外貨局が発行した上記国内投資照合批准文書の写し等の資料を根拠として、投資された企業のために相応の出資検証照会手続を行い、かつ照合批准文書の原本上に出資検証済みの金額と時期を注記する。

　このように**外貨管理局で所要の申請を行って外貨管理局から国内再投資批准証書を取得すれば、利益剰余金の資本組入を行うことなく国内再投資を行うことができる**ようになりました。

【2−3】外国投資企業の持分譲渡

[設例Ⅱ−2−3]

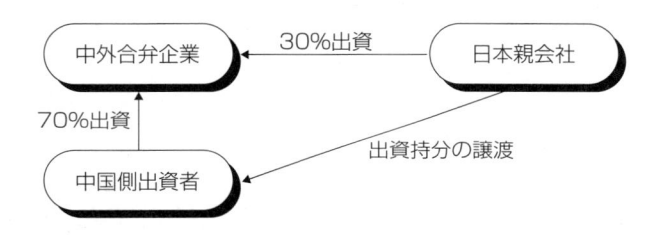

```
中外合弁企業 ←── 30%出資 ── 日本親会社
    ↑                            │
    │ 70%出資                     │
    │                            │
中国側出資者 ←──── 出資持分の譲渡 ──┘
```

中外合弁企業の出資持分の30%を保有する日本親会社は、合弁事業から撤退するため出資持分を中国側出資者に譲渡することに決定した。

【仮設条件】
1　合弁企業の設立は2005年8月で設立時の登録資本金10,000,000米ドル
2　企業設立時から持分譲渡時まで日本親会社の出資割合は30%で変化なし
3　2012年7月に中国側出資者に持分30%を全部譲渡した。
4　持分譲渡時の合弁企業の所有者持分は次のとおりであった。
　　登録資本金　　　　81,000,000元
　　準備基金　　　　　 2,800,000
　　企業発展基金　　　 1,400,000
　　未処分利益　　　　 8,000,000
　　所有者持分合計　　93,200,000元
5　為替レートは次のとおりであった。
　　2005年8月　資本金払込時　1米ドル＝8.1元　1元＝14円
　　2012年7月　持分譲渡時　　1米ドル＝6.1元　1元＝12円
6　譲渡価格は、公認資産評価師事務所の企業評価鑑定報告書の評価金額に基づいて次のように決定された。
　　企業価値評価金額　　100,000,000元
　　日本親会社譲渡対価　 30,000,000元（100,000,000元×30%）
　　ドル建ての譲渡対価　 30,000,000元÷6.1元≒5,000,000米ドル

Point!

（1）企業所得税の源泉徴収課税

日本親会社は、持分譲渡価格から譲渡原価金額を差し引いた財産譲渡所得について10%の源泉税率で企業所得税が課税される。

（2）日本親会社の税務処理

中国で納付した源泉税は、日本の法人税から外国税額控除される。

❶ 企業所得税の源泉徴収課税

① 源泉税額の計算

　非居住企業（日本親会社）が中国居住企業（中外合弁企業）の持分を譲渡して持分譲渡所得を取得した場合には、その持分譲渡所得に対して10％の税率で企業所得税が源泉徴収課税されます。

　持分譲渡契約の譲渡人が非居住企業で、譲受人が中国居住企業である場合には、その持分譲受人が譲渡対価の支払者となるので源泉徴収義務者となります。源泉徴収義務者である持分譲受人は持分譲渡契約の締結日から30日以内に企業所在地の税務局で税務登記を行います。

　持分譲渡所得は持分譲渡価額から持分原価金額を控除した差額であり、**持分譲渡価額とは持分譲渡人が譲渡した持分について受け取る金額**です。**持分原価金額とは持分譲渡人が中国居住企業に投資して資本参加した時に、中国居住企業に実際に払い込んだ出資金額、または出資持分を購入した時に出資持分の旧譲渡人に実際に支払った持分譲渡金額**をいいます。

　設例Ⅱ－2－3では、持分譲渡価格とは5,000,000米ドルであり、持分原価金額とは資本金の出資時の10,000,000米ドル×30％＝3,000,000米ドルです。持分譲渡所得を計算する時は、非居住企業が中国居住企業（持分譲渡の対象企業）に出資した時または旧投資者からその持分を購入した時の通貨で持分譲渡価額と持分原価金額を計算します。ここでは日本親会社が企業設立時に使用した米ドルで譲渡所得金額を計算します。

　　　　持分譲渡所得　5,000,000米ドル－3,000,000米ドル＝2,000,000米ドル

　次に、源泉税額を計算する時の為替レートは、持分譲渡契約等に明記された譲渡対価の支払日前に源泉徴収が行われるため、**その源泉徴収した当日の為替レート仲値で人民元に換算して課税所得額を計算**します。

　　　　持分譲渡所得金額　2,000,000米ドル×6.1元＝12,200,000元

　最後に、企業所得税の源泉税率10％を乗じて源泉税額を計算します。

源泉税額　12,200,000 元 × 10％ ＝ 1,220,000 元
　　源泉税の米ドル建金額　1,220,000 元 ÷ 6.1 元 ＝ 200,000 米ドル

したがって、日本に送金される金額は次のとおりとなります。

　　日本送金金額　5,000,000 米ドル － 200,000 米ドル
　　　　　　　　＝ 4,800,000 米ドル

② 留意事項

1．未処分利益等

　企業所得税が改正施行された 2008 年 1 月 1 日前すなわち 2007 年 12 月 31 日までは、旧税法の規定により、外国投資企業の配当は免税であったため、持分譲渡所得の計算においても準備基金、企業発展基金および未処分利益に相当する譲渡収益については、持分譲渡計算から除外するものとされていました。

　2008 年 1 月 1 日以降は、外国投資企業の非居住者に対する配当は 10％の源泉徴収課税となり、非居住企業の持分譲渡課税についても同じく 10％の源泉課税となったため、持分譲渡所得の計算において未処分利益等の控除計算は消滅することとなりました。**現在においては、未処分利益等に相当する金額を持分譲渡所得から控除することはできません。**

　このような税法改正の経過措置として、2007 年 12 月 31 までに発生した未処分利益については 2008 年 1 月 1 日以降に配当した場合には免税措置が採用されています。したがって、2007 年 12 月 31 日までに発生した未処分利益については持分譲渡前に配当を免税で行って、その後に持分譲渡することもあります。

2．譲渡関連費用

　企業所得税法では、非居住企業については、上述したように持分譲渡所得の計算にあたって関連費用の控除は考慮されていません。中国居住企業が持分譲渡所得を計算する場合には所得別の計算は行わないため、譲渡関連費用が発生した場合には、その費用は損金に計上することができます。持分譲渡関係では財産権移転証書として印紙税が譲渡対価金額の 0.05％課税されます。

3. 譲渡対価

中国国内では一般的に持分譲渡価額は、譲渡対象企業の純資産簿価で決定することがあり、また、契約交渉の結果として純資産簿価に1.2、1.5等の一定の係数を乗じて譲渡対価の金額を決定することもあります。

しかし、**最近の税務**では、**公正価値に基づく譲渡価額の決定が要求**されており、公認資産評価師の資格を有する者が所属する会計事務所、評価事務所、評価諮詢有限会社等による第三者の企業価値評価鑑定報告書が譲渡価格決定の根拠として必要となっています。

特に、持分譲渡取引が移転価格税制でいう関連者との間の譲渡取引である場合には、下記のとおり、税務当局が譲渡価格を修正するものとされています。

> 非居住企業がその関連者に中国居住企業持分を譲渡し、その譲渡価格が独立取引の原則に該当しないで課税所得額を減少させる場合は、税務機関は合理的方法により修正を行う権限を有する。

❷ 日本親会社における外国税額控除

日本の法人税法では、合弁企業設立時の出資金額は 3,000,000 米ドル × 8.1 元 × 14 円 = 340,200,000 円として計算されて投資勘定に計上されていました。譲渡対価は 5,000,000 米ドル × 6.1 元 × 12 円 = 366,000,000 円となります。概算で、366,000,000 円 − 340,200,000 円 = 25,800,000 円の譲渡益が計上されます。

これに対して中国の譲渡所得計算では、初回の投資に使用された通貨によって譲渡益を計算するため、この円換算額を求めると次のような結果となります。

譲渡益 2,000,000 米ドル × 6.1 元 × 12 円 = 146,400,000 円

Point! 課税所得計算→中国と日本とで相違

このように**中国の課税所得計算と税額計算は、初回投資時に使用した外国通貨で譲渡所得計算そのものを行い、その計算の結果により得られた外国通貨の譲渡所得金額に外貨送金時の為替レートを乗じて人民元建ての課税所得金額を**

算定し、これに源泉税率を乗じて人民元建ての源泉税額を計算します。

これに対して、**日本の課税所得計算では、外国通貨の投資金額に投資時の為替レートを乗じて円換算額の投資金額を決定します。譲渡対価を受領する時は、送金時の為替レートを乗じて円換算額を決定します。**

このように中国と日本の課税所得額は投資時と回収時の為替レートの適用方法が相違することにより課税所得の円換算額に大きな相違が生ずるため、次のように日本の円換算額の課税所得が減少して外国税額控除の枠が制限されることもあります。

　　中国源泉税の円換算額　200,000米ドル×6.1元×12円＝14,640,000円
　　日本の実効税率による税額　25,800,000円×実効税率40％＝10,320,000円

解説3 外貨管理制度

① 外国為替管理条例

① 中国の外国為替管理制度

中国の外貨管理制度は、対外開放政策のもと1980年12月18日に初めての外国為替管理暫定条例が公布されて実質的に出発しました。この当時の外貨管理政策の基本は、完全な個別認可による直接管理制度であり、その目的は外貨の獲得にありました。その後の10数年にわたる経済発展を経て、1994年に市場経済化に対応するための外貨管理体制の改革が行われました。

Point! 外為指定銀行による間接管理制度の確立

1994年の外貨管理体制の重要な改正の1つは、**外為指定銀行による間接管理制度の確立**です。それまで中国企業に限定的に認められていた外貨の留保制度が取り消され、中国企業は保有する外貨をすべて外為指定銀行に売却しなければならなくなりました。その代わりに、外貨の経常支出項目であれば一定の条件を満たすことにより、外為指定銀行で人民元を外貨に交換することができるという銀行による外貨決済・売買制度を実施したことにありました。

この制度変更は、**旧来の外貨管理制度における直接管理手段である完全認可制から、条件付きで外貨への兌換を認めた外為指定銀行による間接管理制度に移行**したものとされています。

Point! 為替相場の統一

もう一つの重要な改正点は**為替相場の統一**でした。中国には1993年まで二

重為替相場制度が存在していました。国家外貨管理局が公表為替レートを制定していましたが、これとは別に外国投資企業と中国企業には相対取引で外貨を交換できる外貨調節センターがあり、外貨調節センターでは公表レートとは異なる実勢為替相場が形成されていました。1994年の外貨体制改革では、外貨調節センターの利用者を外国投資企業に限定して中国企業は銀行の外貨決済制度に移行させられました。

従来の外貨調節センターとは別に、**外為指定銀行間の外貨売買を調節する全国規模の外為取引市場が確立**されました。この外貨の需給を反映する銀行間外為市場の相場を基にして人民銀行が市場為替レートを決定するシステムを確立して、統一的に管理された変動為替相場制度が採用されました。

このほか、1994年の改正には、**中国国内における外貨決済の禁止、二重通貨であった外国人用の外貨兌換券の廃止**が打ち出されたほか、新たに確立された制度として**外貨の受取および支払における外貨照合確認制度、資本項目（資本金、借入金、社債等）における外貨口座制度**があり、外債登記管理制度が整備充実されました。

1996年1月に、国務院は外国為替管理暫定条例の大幅な見直しを行って暫定条例を廃止し、現在に至る外国為替管理条例を新たに制定しました。1996年に制定された外国為替管理条例によって、**経常項目の貿易取引について人民元から外貨の兌換に制限を設けない一部自由化を果たしました。**

その直後の1996年12月に外国為替管理条例の第1次改正を行って、貿易取引以外の経常項目についても外貨兌換への制限を撤廃して1997年1月から経常項目の自由化を達成しました。中国は国際通貨基金（IMF）が定めている第8条の条件、すなわち経常項目の国際的な支払いと移転に関して制限を設けないという条件を満たして、**IMF8条国として人民元の経常項目の兌換可能性を実現**しました。

現行の外国為替管理条例は、この1996年の条例を基本的に継続しており、1997年には経常項目の基本的な自由化の条件を満たしました。ただし、資本項目についてはそのまま制限を維持しており、その後のアジア経済危機において中国のみが外貨の資本移動を制限していたため、金融危機を招いたアジア諸国のような深刻な経済的打撃は受けませんでした。

Point! 徐々に人民元決済自由化の方向へ

　外国為替管理条例は、その後2008年8月に国務院常務会議により第2次改正を行って現在に至っています。外貨管理規定の最近の主な改正事項としては、2009年7月に試行された**クロスボーダー貿易取引の人民元決済が2011年1月から中国全土で認められるようになった**ことがあげられます。

　これに付随して、2010年9月には、中国国外の企業等が中国国内の銀行で人民元決済口座を持つことができるようになり、2011年10月には国外の企業等がこれらの国外人民元決済口座を使用して中国国内に外国直接投資を行えるようになりました。さらに2012年8月からは、この国外の人民元決済に伴って、従来行われていた**企業の輸出外貨の回収照合手続が廃止**されることとなりました。

② 外貨管理の対象

１．外国為替の範囲

　外国為替（外貨）とは、外国通貨で表示された国際決済として使用可能な支払手段と資産をいい、次のものが該当します。

> 1　紙幣と硬貨を含む外国通貨
> 2　手形小切手、銀行預金証書、銀行カードを含む外国通貨による支払証憑または支払手段
> 3　債券と株式を含む外国通貨による有価証券
> 4　SDR（IMFが金と米ドルの不足に備えて創出した国際準備資産であり、通貨でも請求権でもないが、交換可能通貨と自由に交換できる特別引出権）
> 5　その他の外国為替資産

２．条例の適用範囲

　国内機構、国内個人の外貨の収入と支出または外貨経営活動、および国外機構、国外個人の国内における外貨の収入と支出または外貨経営活動に、条例が適用されます。

　国内機構とは、中国国内の国家機関、企業、事業単位、社会団体、軍部隊等

> **Point!**
>
> ## 外国為替管理条例の対象は？
>
> 国内機構（外国投資企業も含む）　　　　　　　　　　　
> 国内個人（連続して満1年以上居住の外国人も含む）　　→ 適用範囲
>
> 国外機構　　→　中国国内における外貨の収入と支出
> 国外個人　　　　または外貨経営活動が適用範囲

をいい、外国投資企業も含まれます。国内個人とは、中国公民と中国国内に連続して満1年以上居住する外国人をいいます。

すなわち、**国内機構と国内個人については、中国の国内と国外にわたる外貨の収入と支出または外貨経営活動が管理条例の適用範囲**になり、**国外機構と国外個人については、中国国内における外貨の収入と支出または外貨経営活動がその適用範囲**になります。

なお、外国為替管理では居住者の概念があり、居住者には居住自然人と居住法人があります。**居住自然人**とは中国国内に連続して一年以上居留する自然人であり、外国および香港、マカオ、台湾地域の自然人で国内に居留する留学生、医者、外国の中国駐在大使館・領事館、国際組織の中国駐在事務機構の外国籍業務人員及びその家族のほか、中国の短期出国人員（国外居留期間が1年未満）、国外留学者、医者および中国の外国駐在大使館・領事館、国際組織に常駐している業務者とその家族も含みます。

居住法人とは、国内で法律により設立された企業法人、機関法人、事業単位法人、社会団体法人と部隊を含み、中国国内で登記されたが法人資格をまだ取得していない組織も居住法人とみなされ、国外法人の中国駐在機構も居住法人とみなされます。

3．IMF8条国

外貨管理条例では、**中国政府は経常的な国際取引の支払いと移転に対して制限を加えないことが明記**されています。これは、中国がIMF8条国に移行した時に制度化した条項です。

4．統計申告義務

　中国政府は国際収支統計申告制度を実施しており、国家外貨管理局が国際収支について統計と監視測定を行い、国際収支状況を定期的に発表します。したがって、**国際収支のある国内機構と国内個人は統計の申告義務**があり、企業については毎年実施されている企業年度検査等によってこれらの義務が遂行されています。

③ 外貨規制

1．外貨の国内流通禁止

　中国国内では外国通貨の流通は禁止されており、かつ外貨で建値決済することはできません。ただし、中国政府が別途規定を有する場合は除かれます。

2．外貨の国外保留

　国内機構、国内個人が外貨を受け取った場合は、中国国内に回収するかまたは国外に保留することができます。中国国内に回収または国外に保留する条件、期限等は、国家外貨管理局が国際収支の状況と外貨管理の必要性により規定を作成します。

　2008年の条例改正前までは、輸出代金は必ず中国国内に送金しなければならず、中国国外に保留することはできませんでしたが、2008年に改正された条例では、外貨収入の国外での保留が認められました。その後、2010年8月の国家外貨管理局の関係通知により、2010年10月から輸出代金を中国国外に保留することができるようになりました。同時に、人民元の国外における保留と決済も認められるようになりました。

3．人民元為替レート

　中国政府は、人民元為替レートについて市場の需給をベースとした管理変動為替相場制度を行っています。まだ完全な変動為替相場制度を採用しておらず、**為替相場の変動幅を一定の幅に制限する管理制度**を行っており、為替予約、デリバティブ等の金融商品についても実需原則を厳格に守っています。

❷ 外貨口座と外債登記

① 外国投資企業の外貨登記

1．外貨登記手続

　国家外貨管理局が1996年6月に発布した「外国投資企業外貨登記管理暫定弁法」によれば、**外国投資企業は営業許可証を受領した後30日以内に、登記地の外貨局に外貨登記手続を行います**。外貨登記を申請する時は、「外国投資企業基本状況登記表」を記載して、下記の資料を提出します。

> 1　審査批准機関の企業の設立に対する批准文書と批准証書
> 2　工商行政管理局が発行した営業許可証とその副本
> 3　外国投資企業の批准を受けて効力が発生した契約書、定款
> 4　外貨局が提出を要求するその他文書

　企業の登記地で外貨登記した企業が、中国国内の異なる地区または国外において分支機構を設立する場合は、個別に外貨登記を行いません。**外貨登記は企業登記地においてのみ行います**。

　外貨局は、登記を申請した企業の提出した資料を審査した後に、外貨登記の条件に適合する場合は、企業に「外国投資企業外貨登記ICカード」を発行します。2008年8月1日から外貨登記証のハードペーパーは廃止され、ICカードに切り替えられました。

　企業は外貨登記証を受領した後に、「国内外貨口座管理規定」の関係規定により、外貨局が発行した外貨登記証と口座開設通知証を根拠として外為業務を経営する銀行で外貨口座を開設します。

　なお、外国投資企業の新規設立は、**一般的な外国投資企業、外国投資不動産企業、外国投資者の国内企業買収合併による外国投資企業、特別目的会社、国内企業買収による外国投資企業の新規設立に4分類**されており、分類別に前述した申請書類の他に追加的な提出書類が要求されています。

2．国内外貨口座

中国国内の外貨口座の取扱いについては、中国人民銀行が1997年10月に発布した「国内外貨口座管理規定」により実務が行われています。**外貨口座とは、国内機構、中国駐在機構、個人および中国来訪者が、自由交換可能通貨を口座開設金融機関で開設する口座**をいいます。

なお、中国駐在機構とは、外国の駐中大使館、領事館、国際組織の駐中代表機構、外国の駐中商務機構と国外民間組織の駐中業務機構をいい、中国来訪者とは、中国駐在機構の常駐者、短期入国の外国人、国内機構の業務で招聘された外国人と外国留学生等をいいます。

また、自由交換とは、通貨が交換可能なこと、すなわち紙幣が流通している条件の下で、ある国または通貨地域の居住者が政府の制限を受けないで、市場為替レートにより自由に本国の通貨と外国通貨を相互に交換し、対外的支払に使用しまたは資産として保有することをいい、通貨が完全に交換可能なことと一部交換可能なことの両方を含みます。

国内機構、中国駐在機構は原則として外貨現金口座を開設することはできません。個人と中国来訪者は原則として決済に使用する外貨口座を開設することは認められません。

3．経常項目外貨口座

従来の外貨管理規定では、経常項目の外貨口座には外貨決済口座と外貨専用口座がありました。外貨決済口座とは、外貨管理局の批准または届出により国内機構が開設する外貨口座であり、その収入の範囲には経常項目の外貨収入と外貨管理局が批准した特定の外貨収入があり、その支出の範囲には経常項目の支出と外貨管理局が批准した資本項目の支出が含まれていました。

外貨専用口座とは、代理輸入、貿易、役務請負、贈与援助、専門代理、国外運輸、国際旅行社、免税商品、先受後払等の取引に必要な国内で開設された外貨口座であり、また、役務請負のために国外に開設された外貨口座も含まれていました。

2002年9月9日に国家外貨管理局が発布した「経常項目外貨口座管理政策の更なる修正に関わる問題に関する通知」では、従来の外貨決済口座と外貨専用口座について次のように**外貨口座の統一**が行われました。

現行の経常項目外貨決済口座と外貨専用口座は経常項目外貨口座として合併する。経常項目外貨口座の収入範囲は経常項目外貨収入とし、支出範囲は経常項目外貨支出と外貨局が批准した資本項目外貨支出とする。

　外貨口座は、国内機構が下記の経常項目取引を行うことにより外貨を保留するための口座である。下記のうち、1) から 10) および 14) の経常項目取引による外貨口座は、その収入は経常項目の外貨収入であり、その支出は経常項目の外貨支出と外貨管理局が認可した資本項目の外貨支出である。

　中国駐在機構は下記の 12) によって、国外から外貨収入の入金を受けて事務所費用を支出することができる。個人と中国来訪者は下記の 13) によって外貨または外貨現金の預金口座を開設することができる。

1) 国外の請負工事を経営して、国外に役務、技術合作を提供する国内機構が、その業務プロジェクトを行う過程で発生する業務取引の外貨取引
2) 対外的または国外における代理業務に従事する国内機構が代理受領または代理支払いした外貨取引
3) 国内機構が暫定的に受領して支払いを待っているかまたは暫定的に受領して決済を待っている外貨取引で、国外で外貨収入のある入札保証金、約定履行保証金、先受後払の中継貿易外貨収入、税関が受領する外貨保証金、抵当金等が含まれる。
4) 交通部、商務部が認可した遠洋運輸会社、国際貨物会社、船舶リース会社の外貨取引
5) 保険機構が受理する国外の再保険と未決済保険料が必要な外貨保険
6) 協定等に基づいて国外で支払いが必要な国外贈与、資金協力または資金援助の外貨取引
7) 免税品会社が経営する免税品取引収入の外貨取引
8) 輸出入経営権を有する企業が従事する大型機械電気製品の輸出プロジェクトで、そのプロジェクトの総金額と執行期日が規定の基準を満たすもの、または国際入札プロジェクトの過程で受領した預り金と出来高金額
9) 国際旅行社が受領するもので、また国外旅行機構が預けるもので、外貨管理局が査定した留保比率以内の外貨
10) 外国投資企業が外貨管理局が査定した最高金額以内の経常項目の外貨（現在はこのような限度額管理は撤廃されており、自由に保留できる）
11) 国内機構が国内外の外貨建て債務の利息と費用を返済するために使用する外貨
12) 中国駐在機構が国外から振込入金する外貨経費
13) 個人および中国来訪者の経常項目収入の外貨
14) 国内機構が外貨管理局の留保の許可を受けた経常項目のその他の外貨

② 経常項目外貨口座の開設

1．2002年10月14日まで

　経常項目外貨口座の開設については2002年10月14日までは、前述した「国内外貨口座管理規定」により外貨口座の開設は次のように区分して定められていました。

1）外国投資企業

　外国投資企業が経常項目外貨口座を開設する場合は、外貨口座開設申請書と外国投資企業外貨登記ICカードを外貨局に持参して申請し、外貨局が発行した口座開設書と外国投資企業外貨登記ICカードを口座開設金融機関に持参して口座開設手続を行います。

2）外国投資企業以外の国内機構

　国内機構が口座開設を申請する時は、外貨局は外貨口座の用途に基づいて口座の収支範囲、使用期間と外貨買取方法を定めまたは最高金額を査定して、外貨口座使用証または外国投資企業外貨登記ICカードに記録します。

3）中国駐在機構

　中国駐在機構は、関係部門の機構設立を批准した文書と工商登記証を持参して外貨局に届け出て、「中国駐在機構外貨口座届出表」を受領した後に、口座開設金融機関で口座開設手続を行います。

4）個人と中国来訪者

　個人と中国来訪者は、外貨または外貨現金を自由に預金し引き出すことができ、1万米ドル同等価値以上の多額の外貨を預金し引き出す場合は、口座開設金融機関で身分証またはパスポートを提出して口座開設金融機関は個別に登記届出を行います。

2．2002年10月15日以降

　2002年9月9日に国家外貨管理局が発布した「経常項目外貨口座管理政策の更なる修正に関わる問題に関する通知」では、中国政府がWTOに加盟するにあたり、**旧来の内資企業と外国投資企業の外貨口座開設条件を統一**して、下記のような条件に改めて2002年10月15日から実施しました。なお、中国駐在機構と個人等について変更は行われていません。

> 　中国内資企業の口座開設基準を緩和して、内資企業と外国投資企業の経常項目外貨口座の開設条件を統一する。権限のある政府管理部門の批准または届出を受けて対外的に経営権を有するかまたは経常項目外貨収入がある国内企業（外国投資企業を含む）は、所在地の国家外貨管理局とその分支局に経常項目外貨口座の開設を申請することができる。

　国家外貨管理局が2002年9月9日に発布した「国内機構経常項目外貨管理実施細則」では、国内機構が経常項目外貨口座の開設を申請する場合は、下記の資料を所在地の外貨局に提出するものとされました。

> 1　経常項目外貨口座開設申請書
> 2　営業許可証または社団登記証等の有効な照明の原本と写し
> 3　権限のある政府管理部門の発行した渉外業務経営許可証明書の原本と写し、または外国投資企業外貨登記証、または関係する経常項目外貨収入の証明資料
> 4　組織機構コード証の原本と写し
> 5　外貨局の要求するその他資料

　外貨局は国内機構の経常項目外貨口座開設申請の資料を審査して、所定条件に該当する場合は、**「経常項目外貨口座開設資産批准文書」**を発行します。国内機構は、外貨局の発行した口座開設審査批准文書を根拠として外為業務を経営する銀行またはその他の金融機関で経常項目外貨口座を開設します。

　国内機構は原則として一つの経常項目外貨口座を開設することができます。同一銀行内で異なる性格の異なる通貨種類の経常項目外貨口座を開設する場合は、別途、外貨局の審査批准を必要とすることはありません。

　すでに使用している外貨口座管理情報システムの地域内において、口座開設条件に該当する国内機構は、その実際の経営の必要性に基づいて、外貨局に複数の経常項目外貨口座の開設を申請することができ、開設口座数、口座開設金融機関の方面で制限を受けることはありません。

　国内機構は、原則として経常項目外貨口座の中の資金を定期預金に振替えることはできませんが、定期預金とする確実な必要のある国内機構は、申請書、外貨口座使用証または外貨口座登記証、当初の口座開設審査批准文章、預金照合証を根拠として所在地の外貨局に申請します。

　すでに使用している外貨口座管理情報システムの地域内において、国内機構

は経常項目外貨口座の中の外貨資金を口座開設金融機関の中で定期預金に振替えることができます。

同一の国内機構は異なる口座開設金融機関において開設した同一計画の経常項目外貨口座間で相互に外貨資金を振替えることができます。

③ 資本項目外貨口座

1．資本項目外貨口座

「国内外貨口座管理規定」によれば、下記の資本項目外貨は、外貨口座を開設して保留することができます。

1	国内機構が借り入れる対外債務、対外債務の転貸しおよび国内中国資本機構の外貨貸付金
2	国内機構が国内外の外貨債務元本を返済するために使用する外貨
3	国内機構が株式を発行して収入する外貨
4	外国投資企業の中国側と外国側の投資者が外貨で投入する資本金
5	国外法人または自然人が外国投資企業を開業するために振り込む外貨
6	国内機構の資産残高を現金化することにより取得される外貨
7	国外の法人または自然人が国内でＢ株を売買する外貨
8	外貨管理局が認可したその他の資本項目による外貨

上記1により開設される借入金専用口座は、その収入は対外債務、対外債務の転貸しまたは外貨貸付金の契約金であり、その支出は貸付金協議書が規定する用途に使用されます。

上記2と経常項目取引の11により開設される借入金返済専用口座は、その収入は認可を受けて人民元で購入した外貨であり、認可を受けた借入金専用口座から振り替えられた資金と認可を受けて保留されている外貨収入であり、その支出は債務の元本利息と関連費用の返済に使用されます。

上記3により開設される外貨株式専用口座は、外貨株式の発行収入が外貨収入となり、その支出は証券監督管理委員会が認可した株式発行目録が規定する用途に使用されます。

上記4により開設される外国投資企業外貨資本金口座は、その収入は外国投資企業の中国側と外国側の出資者が外貨で投入した資本金であり、支出は外国投資企業の経常項目外貨支出と外貨局が批准した資本項目外貨支出です。

上記5により開設される臨時専用口座は、その収入は国外の法人または自然人が外国投資企業を開業させるために払い込む外貨収入であり、その支出は外国投資企業を開業させるための開業費用およびその他の関連費用です。企業が成立した後に、臨時専用口座の資金残高は外国投資払出金として企業の資本金口座に振り替えることができます。企業が設立されなかった場合は、外貨管理局の査定と認可を受けて資金を国外に送金することができます。

　上記6により開設される外貨口座は、その収入は国内機構が既存資産を譲渡することにより収入した外貨であり、支出は批准を受けた資金用途です。

　上記7により開設される外貨口座は、その収入は国外の法人または自然人が株式を売買することにより収入する外貨、国外からの送金収入、持ち込んだ外貨があり、支出は株券売買に使用されます。

2．資本項目外貨口座の開設

　資本項目外貨口座を開設する場合は、**外貨口座開設申請書と提出資料を外貨局に持参して申請**し、批准を受けた後に、**外貨局が発行した外貨登記ICカードを持参して口座開設金融機関で開設手続**を行います。

1　国内機構が借入金専用口座と借入返済専用口座を開設する場合は、**貸付契約書正本、外債登記証憑または外貨（転貸）借入金登記証**を持参して外貨局で申請します。なお、外貨（転貸）借入金とは、国内単位が使用する外貨で引き受けた契約上の返済義務を有する次の外貨資金をいいます。国際金融組織の転貸ローンおよび外国政府の転貸ローン、国際金融転貸リースおよび国内の外貨リース、国内銀行とノンバンクの外貨貸付金等です。

2　国内機構が株式専用口座の開設を申請する場合は、**証券監督管理委員会の批准した株式発行目録等の資料**を持参して外貨局で申請します。

3　外国投資企業が資本金口座の開設を申請する場合は、**「外国投資企業外貨登記証」とその他の資料**を持参して外貨局で申請します。

4　国外の法人または自然人が臨時口座の開設を申請する場合は、**外貨送金証憑と締結した出資意向書**を持参して外貨局で申請します。

5　国内機構が国内資産残高を現金化するために外貨口座を開設する場合は、**審査批准機構の譲渡批准文書、譲渡協議書、資金使用計画等の文書**を持参して外貨局で申請します。

6　国外の法人または自然人がB株売買のためB株口座を開設する場合は、**国外機構の法人資格証明書または国外個人の身分証明書**を持参して証券会社で

直接口座開設を行います。

　国内機構が資本項目外貨口座の開設を申請する時は、外貨局は外貨口座の収支範囲、使用期間を定めて口座最高金額を査定し、口座開設書に明記します。口座開設金融機関は、外国投資企業のために資本項目外貨口座を開設した後に、「外国投資企業外貨登記証」の関係欄にコード、通貨種類、口座開設日を明記して銀行印を押印記載します。

3．資本項目外貨口座の使用

　国内機構は、借入協議書で定めた用途に基づいて借入金専用口座資金を使用することができ、外貨局の批准を受ける必要はありません。借入返済専用口座の資金残高は最近2期間の元本利息総額を超えることはできず、支出は個別に外貨局の審査批准を受けなければいけません。

　国内機構が借入返済専用口座を通じて、外債、外債転貸貸付金の元本と費用を返済する場合は、外債登記証憑、債権者の元本返済利息支払通知書を持参して、5営業日前に所在地の外貨局で申請し、「元本返済利息支払批准書」を受領します。口座開設金融機関は外貨局の発行した「元本返済利息支払批准書」を根拠として支払手続を行います。

　国内機構が借入返済専用口座を通じて、国内中国資本銀行に外貨貸付金の元本と費用を返済する場合は、**「外貨（転貸）貸付金登記証」、債権者の元本返済利息支払通知書、借入契約書**を持参して、口座開設金融機関で直接処理します。

　国内機構資本項目外貨口座内の資金を人民元に転換する場合は、外貨局に報告して批准を受けなければいけません。国外の法人または自然人はB株売買のために開設した外貨口座内の資金を人民元に転換して使用することはできません。

4．他地域での外貨口座開設

　国内機構、中国駐在機構は登記地の外貨局で口座開設を申請します。国内のその他の地区で外貨口座を開設する場合は、次のように処理します。
1　外国投資企業は、登録地の外貨局で申請書を提出し、登記地の外貨局が発行した口座開設通知書を根拠として、口座開設地の外貨局の審査と押印記載を受けた後に、口座開設金融機関で手続を行います。
2　その他の国内機構が経常項目外貨口座を開設する場合は、登記地の外貨局の批准文書と関係資料を根拠として口座開設地の外貨局で申請し、口座開設

地の外貨局が外貨口座開設批准書と外貨口座使用証を発行します。
3　その他の国内機構が資本項目外貨口座を開設する場合は、登記地の外貨局が発行した口座開設通知書を根拠として、口座開設地の外貨局の審査と押印記載を受けた後に、口座開設金融機関で外貨口座を開設します。
4　中国駐在機構は登録地と口座開設地でそれぞれ中国駐在外貨口座届出表を受領します。

5．外貨資本金口座の使用制限

　外国投資企業は、外貨局から「外貨登記ICカード」を受領した後は、外貨資本金口座を開設することができます。**資本金口座は属地主義（登録地主義）の原則に基づいて口座開設が許可されるため、企業登記地以外での口座開設は認められません。**非法人の外国投資企業は資本金口座を開設することはできません。ただし、投資類の専用外貨口座は開設することができます。

　資本金口座の収入範囲は、外国投資者の投入した収入であり、支出範囲は「経営範囲内の経常項目下の支出と外貨局の批准が必要な資本項目下の支出」です。

　資本金口座の最高限度額は、企業の登録資本金における外国投資者の現金振込出資額です。口座内の資金は現金振込で収入しなければならず、現金の預け入れはできません。

　資本金口座の最高限度額は、商務部門の批准証書に明記された登録資本金の金額に一致しなければいけません。複数の資本金口座を開設する必要がある場合には、それぞれの資本金口座は300万米ドルを下回ってはいけません。

　資本金口座は外貨局が批准した口座最高限度額の1％を超えることはできず、絶対額として現金振込日の為替レートで換算して3万米ドル同等価値を超えることはできません。これは登録資本金の出資検証報告書の金額確定に関連する規制です。

④ 外債登記管理

1．外債統計監督測定暫定規定

　1987年6月17日に国務院が批准して国家外貨管理局が公布した「外債統計監督測定暫定規定」によれば、中国政府は外債に対して登記管理制度を実施し、国家外貨管理局は外債登記証を企業等に発行するものとしました。

　外債とは、中国国内の機関、団体、企業、事業単位、金融機関等が、中国国

外の国際金融組織、外国政府、金融機関、企業またはその他の機構から外貨で引き受けた契約で償還義務を有するすべての債務をいい、次のものが含まれます。

1　国際金融機関借款
2　外国政府借款
3　外国の銀行と金融機関のローン
4　サプライヤーズクレジット
5　外国企業の貸付金
6　外貨建債券の発行
7　国際ファイナンスリース
8　延払代金
9　補償貿易のうち直接外貨で返還する債務
10　その他の形式の対外債務

　外国投資企業の対外借入金については、借入契約書を締結した後15日以内に借入契約書を所在地の外貨管理局に持参して登記手続を行い、**外債登記証を受領しなければいけません**。借入者は外債登記証を根拠として外債専用の銀行口座を開設します。

2．外債管理暫定弁法
1）外債の範囲

　2003年1月8日に、国家発展改革委員会、財政部、国家外貨管理局は「外債管理暫定弁法」を新たに公布して、外債管理の範囲を対外保証についても拡大し、外債の管理体制もより厳格なものとしました。

　外債管理暫定弁法では、**外債とは、中国の国内機構が非居住者に対して引き受けた外貨建債務**をいいます。国内機構とは、中国国内において法により設立された常設機構をいい、政府機関、国内金融機関、企業、事業単位、社会団体等をいいます。非居住者とは、中国国外の機構、自然人等の国内機構以外のものをいいます。

　外債は、**外国政府借款、国際金融組織ローン**および**国際商業ローン**の3つに分類されました。外国政府借款とは、中国政府が外国政府から借り入れた政府信用供与をいいます。国際金融組織ローンとは、中国政府が世界銀行、アジア開発銀行、連合国農業発展基金等から借り入れた商業的な信用給与をいいます。

国際商業ローンとは、国内機構が非居住者から借り入れる商業的な信用給与をいい、次のものが含まれます。

1　国外の銀行およびその他金融機構からの借入金
2　国外の企業、その他機構および自然人からの借入金
3　国外で発行された中長期債券（転換社債含む）および短期債券（商業手形と大口譲渡預金証書等を含む）
4　サプライヤーズクレジット、延払代金およびその他形式の貿易ファイナンス
5　国際ファイナンスリース
6　非居住者外貨預金
7　補償貿易に用いられる現金償還の債務
8　その他の国際商業ローン

上記の商業国際ローンの範囲は、外債統計監督測定暫定規定の外債の範囲と大きく異なるものではありませんが、外債管理暫定弁法では、新たに対外的な保証行為について外債管理の範囲に含めました。

すなわち、**対外保証とは、国内機構が「中華人民共和国保証法」に基づいて、非居住者に保証、担保または抵当権差入の方法で提供する保証をいうものとし、対外保証で形成される潜在的な対外的返済義務を偶発外債と規定**しました。中国政府は外債と偶発外債に対して全面的な管理を行うものとし、外債と対外保証の設定、外債資金の使用と返済についてこの弁法で規定を行いました。

２）外債登記と投注差額（投資総額と登録資本金の差額）

外債管理暫定弁法によれば、外国投資企業が借り入れた中長期外債の累積発生額と短期の外債残高の合計は、審査批准部門が批准したプロジェクトの投資総額と登録資本金額との差額（投注差額）の範囲内で管理統制されることとなりました。

すなわち、**外国投資企業の外債残高は、投資総額と登録資本金（中文では注冊資本金）との差額の範囲内でなければならず、外国投資企業はこの投注差額の範囲内で外債を自ら借り入れることができます**。外債残高が投注差額を超える場合には、原審査批准部門（商務主管部門）で新たにプロジェクトの投資総額の審査を受けなければいけません。

さらに、2004年には人民元の切上げを想定した為替投機が頻繁に行われるようになった結果、国家外貨管理局は5月に「外国投資企業の資本項目外貨決済審査と外債登記管理業務の改善に関する通知」を公布して、この外債登記管

理をさらに厳しくコントロールすることとなりました。通知では次のように規定されています。

> 原審査批准部門（商務主管部門）が投資総額の変更を許可していない場合は、外貨管理局は外国投資企業の限度額を超過した外貨借入金部分の外債資金の登記と外貨審査手続を処理することはできない。
> 　外国投資企業の外債資金がすでに限度額を超過して外貨入金された場合は、原審査批准部門の投資総額の変更認可を補充することを自覚させなければならず、外貨管理局は企業が3ヶ月の期限以内は外債資金を保留することを認め、この期限を超えた場合には、外貨局は資本項目の外貨業務批准証書の形式で口座開設銀行に限度超過額部分の資金を元の外貨ルートで返金させる。

　この通知によれば、外国投資企業が外貨の短期借入金の枠を増加させるためには、投資総額を増額変更しなければならず、投資総額を増額することにより投資総額と出資比率の規定により増資も行わなければいけません。

　ただし、国家外貨管理局が2004年5月に公布した「国内外外資銀行外債管理弁法」により、中国国内における外資系銀行からの外貨借入金は外債に含まれないことも明確になりました。

　この管理弁法によれば、中国国内の外資系銀行からの外貨借入金は、輸出手形の買取りを除いて、人民元に交換して使用することが禁止されています。これに対して、国外からの外貨借入金は従来どおり外貨管理局の批准を受けて人民元に交換して使用することが可能とされています。

3）対外保証

　外債管理暫定弁法によれば、国内機構の対外保証は中国政府の法律法規と国家外貨管理局の関係規定に従うべきであり、**国内機構が借入契約または保証契約を対外的に締結する場合には、外貨管理局で登記手続を行わなければいけません**。国際商業ローンの借入契約または保証契約は登記後でなければ効力が発生しないものとされました。

　2005年4月には、「外国保証項目における人民元借入に関連する問題に関する通知」が公布されました。この通知により、中国国外の金融機構（銀行等）、非金融機構（外国投資企業の国外親会社等を含む）、自然人が国内機構（外国投資企業等）に保証行為を行い、国内機構が中国国内で人民元を国内金融機構から借り入れた場合も、外債管理が適用されることとなりました。

　すなわち、**国内金融機構が外国投資企業に外貨貸付金を貸し出す場合には、**

国外機構（外国投資企業の国外親会社または外国銀行等）は保証を引き受けることができますが、**債務者は事前に所在地の外貨管理局で偶発債務登記手続を行わなければいけません。**外貨管理局はこの登記手続を処理する時に、保証行為を履行することによって発生する債務が、その外国投資企業の投資総額と登録資本金の差額の範囲内であるかどうかを審査します。

このように外国投資企業が借り入れた短期外債残高と中長期外債発生額と国外機構の保証項目における借入残高の合計額は、投資総額と登録資本金の差額を超えることはできません。この条件に適合しなければ、偶発債務登記は行うことができません。

この通知では、人民元借入とは人民元ローン、保証状と貿易ファイナンスの人民元与信限度額を含み、外貨保証とは、信用保証、合法的な資産による抵当または担保による保証とされており、**国外機構が保証を履行することによって受け取った外貨は、人民元に転換することが禁止されています。**なお、中国国内の外資金融機関が外国投資企業等の国内機構に対して行う保証行為は、投注差額には含まれないものとされました。

3．輸出入取引関係
1）輸入外貨延払代金と輸入ユーザンス外貨払い

外債には外国投資企業の買掛金は含まれていません。したがって**通常の輸出入取引による経常項目の輸入買掛金は外債には含まれません。**しかし、**輸入外貨延払代金と輸入ユーザンス外貨払いは外債の範囲に含まれています。**

輸入外貨延払代金と輸入ユーザンス外貨払いについては、2005年2月に国家外貨管理局が公布した「輸入外貨延払、ユーザンス外貨払いの管理強化に関連する問題に関する通知」が公布されました。すなわち、2005年3月以降は、1件当りの外貨未払金額が50万米ドル以上であり、かつ外貨支払予定日が輸入通関日から90日以上の輸入貨物通関申告書については、通関後60日以内に、外貨延払期限延長説明書、輸入貨物通関申告書、契約書等の有効な商業証憑を外貨管理局に持参して延払外債登記手続を行わなければならないものとしました。

さらに、2005年10月の「外債管理の改善に関連する問題に関する通知」により、国内機構が2005年12月より新たに締結した輸入契約はその未払金額が20万米ドル以上で、約定または実際の支払期限が180日以上の延払金額については、輸入企業が輸入通関後15営業日以内に国家外貨管理局の分支局で延

払外債登記手続を行い、外債締結状況表を受領することとなりました。銀行はその外債締結状況表と関連する輸入支払証憑により支払手続を行い、対外支払金額は外債締結状況表に登記された元金と利息を超えることができないものとされました。

2）輸出前受代金と輸入延払代金

1　輸出前受代金

2008年7月に、国家外貨管理局は「企業貨物貿易項目下の外債登記管理の実施に関する通知」を発布して、企業の輸出前受代金と輸入延払代金に対して新たな外債登記管理を実行しました。

輸出前受代金とは、輸出貨物契約の約定受取日が契約約定の輸出日より早いか、または実際受取日が実際の輸出通関日より早い外貨受取をいいます。**輸入延払代金とは、輸入貨物の貨物着払いにおける契約約定の支払日が契約約定の輸入日より遅いか、または実際の支払日が実際の輸入通関日後90日を超えて遅くなった外貨支払**をいいます。

2008年7月から、企業が新規に契約した輸出契約において前受代金条項が含まれる場合と契約においては約定していないが実際に前受代金が発生した場合は、契約の締結日または実際の前受代金受取日から15営業日以内に、前受代金契約登記手続を行うものとしました。企業が契約においては約定していないが実際に前受代金を受け取った場合には、同時に前受代金引出登記手続も行います。企業は契約約定の前受代金受取日から15営業日以内に前受代金引出登記手続を行います。

すでに登記した前受代金項目下の貨物が輸出通関した場合と貨物が輸出されないで送金組戻しされた場合は、企業は貨物輸出通関日または送金組戻日から15営業日以内に前受代金消込手続を行います。登記した前受代金項目下の貨物の輸出日が30日以上を超えた場合は、前受代金の未消込理由を書面で説明し、かつ関係証明資料を提出し、外貨局に届け出ます。送金組戻手続は、輸出外貨受取照合管理と関係する外貨の組戻と賠償の規定により処理します。

企業の輸出バイヤーズクレジットの事前外貨受取は、前受代金登記手続を行います。企業の輸出外貨保証、フォーフェイテング、ファクタリング等の貿易ファイナンス項目下の外貨受取は、前受代金登記手続を行う必要はありません。

2　輸入延払代金

2008年10月1日から、企業が新規に締結した輸入契約において延払代金条項が含まれている場合と実際に延払代金が発生した場合には、契約の締結日ま

たは税関の輸入貨物通関申告書の署名発行日から90日後の15営業日以内に、延払代金登記手続を行うものとしました。

すでに登記した延払代金項目下の貨物代金の対外支払日から15営業日以内に、企業は延払代金消込手続を行います。企業が登記する延払代金の年度累計発生額は、当該企業の前年度の輸入外貨支払総額の10％を超えることができません。

❸ 外貨口座管理

① 国内機構の国外外貨口座

国家外貨管理局が1997年12月11日発布した「国外外貨管理規定」によれば、国内機構は下記の条件に該当する場合には、国外において外貨口座を開設することができます。

> 1　国外において経常的に少額収入があり、国外において外貨口座を開設する必要があり、収入を集金して成立した後にも国内に回収送金する場合
> 2　国外において経常的に少額支出があり、国外において外貨口座を開設する必要がある場合
> 3　国外請負工事プロジェクトに従事し、国外において外貨口座を開設する必要がある場合
> 4　国外において外貨有価証券を発行し、国外において外貨口座を開設する必要がある場合
> 5　業務上の特別な必要があり国外において外貨口座を開設しなければならない場合

国内機構が外貨口座を開設する場合は、下記の文書と資料を外貨局に持参して申請します。

> 1　国内機構の法人代表またはその授権者が署名し公印を押印した申請書申請書には、口座開設の理由、通貨種類、口座最高金額、用途、収支範囲、使用期間、

> 口座開設予定銀行とその所在地等の内容を含む
> 2　工商行政管理局が発行した営業許可証の正本とその写し
> 3　国外口座の使用の内部管理規定
> 4　外貨局が提出を要求するその他文書と資料

　国外請負工事業務に従事する場合は、上記の文書と資料の他に、関係プロジェクトの契約書を提出する必要があります。外国投資企業が国外において外貨口座を開設する場合は、上記の文書と資料の他に、外国投資企業外貨登記証と公認会計士事務所が資本検証した登録資本金がすべて満額払込みとなった出資金検証証明書も提出します。

　外貨局は上記の文書と資料を受領した日から 30 営業日以内に回答し、外貨局の批准を受けた後に、国内機構は国外において外貨口座を開設することができます。

　国内機構は自己の名義で国外において外貨口座を開設し、外貨局の批准を受けないで個人またはその他の法人の名義で国外において外貨口座を開設することはできません。

② 国外機構の国内外貨口座

1．国内外貨口座

　国家外貨管理局は 2009 年 7 月 13 日に「国外機構の国内外貨口座の管理に係る問題に関する通知」を発布して、国外機構の中国国内の外貨口座の開設、使用等の行為について規範化しました。

　まず、この通知でいう国外機構とは、中国国外（香港、マカオ、台湾地区を含める）において合法的に登記設立された機構をいいます。**国内銀行とは、法により公衆の預金を吸収し、国内外の決済等の業務を行う営業資格を有する国内の内資銀行と外資銀行**をいいます。

　国外機構の国内外貨口座とは、国外機構の国内オフショア口座を含みません。国内オフショア口座とは、国外機構が規定にしたがって法によりオフショア銀行業務の経営資格を取得した国内銀行のオフショア業務部に開設した口座をいいます。

2．国内外貨口座の開設

　国内銀行が国外機構のために外貨口座を開設する場合には、国外機構の国外において合法的に登記設立された証明文書等の口座開設資料を審査します。国家外貨管理局に別途規定がある場合を除いて、**外貨口座の開設は国家外貨管理局とその分支局（外貨局という）の批准を受ける必要はありません**。国外機構の国内外貨口座の名称はその国外における合法的な登記設立の証明文書に記載された名称と一致しなければいけません。

　国内銀行が国外機構のために外貨口座を開設する時は、外貨口座の初頭にNRA（NON-RESIDENT ACCOUNT）を統一的に設定する、すなわち**NRA＋外貨口座番号**とし、同時に国外機構において銀行か銀行以外の機関かの区別を自ら行い、当該外貨口座と資金取引が発生する国内の受取支払者とその受取支払銀行に対して、当該外貨口座が国外機構の国内外貨口座であることを正確に判断できるようにします。

3．国内外貨口座の使用

　国内機構および国内個人と国外機構の国内外貨口座との間の外貨収支は、クロスボーダー取引として管理を行います。国内銀行はクロスボーダー取引外貨管理規定により、国内機構と国内個人の有効な商業書類と証憑を審査した後に処理します。

　国内機構と国内個人が国外機構の外貨口座に支払う場合は、規定により有効な商業書類と証憑を提出する以外に、送金銀行に受取外貨口座の性格を証明する資料を提出しなければいけません。

　送金銀行は提出された受取外貨口座の性格を証明する資料が不明等の理由により当該外貨口座の性格を明確にできない場合は、受取銀行に当該外貨口座の性格を書面により照会し、受取銀行は書面により回答して確認しなければいけません。

　国外機構の国内外貨口座が、国内外から外貨を受け取り、相互に振替え、オフショア口座との間で振替または国外に支払う場合は、国内銀行は顧客の指示等に基づいて直接処理します。ただし、国家外貨管理局が別途規定する場合を除きます。

4．国内外貨口座の監督管理

　国外機構の国内外貨口座と国外、国内との間に発生した資金収支、およびこ

れらによって生じた口座残高の変動は、関係規定により国際収支統計の申告を行います。

登記所在地の国家外貨管理局の分局、管理部の批准を受けない場合は、国外機構の国内外貨口座から外貨現金を引き出すことはできず、当該外貨口座内の資金を直接または形を変えて人民元に交換することはできません。

国外機構の国内外貨口座の資金残高は、国家外貨管理局が別途規定を有する場合を除いて、国内銀行の短期外債指標管理に含まれ、国内機構が国内銀行から獲得した貸付金を担保物件とした場合には、国内貸付金における国外担保の外貨管理規定により処理します。

国外機構と国外個人が、法によりオフショア銀行業務の経営資格を取得した国内銀行のオフショア業務部に開設したオフショア口座において、当該オフショア口座と国内との間の外貨収支は、「オフショア銀行業務管理弁法」とその実施細則等の関係規定により処理します。

③ 中国国内のオフショア口座

中国人民銀行は1997年10月23日に「オフショア銀行業務管理弁法」を発布して、中国国内のオフショア口座について次のように規定しました。ここでは、オフショア銀行業務を経営する銀行に対する管理監督業務以外の一般的知識を紹介します。

この管理弁法では、オフショア銀行業務を経営する銀行とは外国為替業務の経営の批准を受けた中国内資銀行とその支店をいいます。オフショア銀行業務とは、銀行が非居住者の資金を吸収することであり、非居住者の金融活動にサービスを提供することです。

❹ クロスボーダー人民元口座

① クロスボーダー貿易人民元決済

1．クロスボーダー人民元決済の実験開始

2009年7月に、中国人民銀行、財政部、商務部、税関総署、国家税務総局、

中国銀行業監督管理委員会は、「クロスボーダー貿易人民元決済実験管理弁法」を公布して、下記のように、海外との輸出入取引を人民元で決済することを認めました。

1) 人民元決済の仕組み
　中国の輸入取引については、中国国内企業が国内決済銀行に人民元口座を開設して人民元建決済による送金依頼を行い、国内決済銀行が国内企業のためにクロスボーダー貿易人民元決済サービスを提供して人民元決済を行う。
　中国の輸出取引については、中国国外企業が国外参加銀行に人民元建決済による送金依頼を行う。国外参加銀行とクロスボーダー貿易人民元決済の代理決済契約を締結している国内代理銀行は国外参加銀行を代理して人民元決済を行う。

2) 輸出入ファイナンス
　国内決済銀行は人民元融資サービスを提供することができ、国内代理銀行は国外傘下銀行のために人民元口座融資を提供することができる。また、国内代理銀行は国外参加銀行の要求により人民元の買付と売渡を行うことができる。ただし、輸出入貿易融資と買付売渡の限度額と期間等については中国人民銀行が決定する。

3) 実需原則
　人民元のクロスボーダー収支は、真実で合法的な取引をベースに行わなければならず、国内決済銀行は中国人民銀行の規定により、取引証憑の真実性と人民元収支との一致について合理的な審査を行う。

4) 外貨回収照合制度の廃止と輸出免税還付方法の簡素化
　国内企業のクロスボーダー人民元決済は、輸出貨物の外貨回収照合制度には組み込まれないため、輸出通関と輸出貨物の税金還付免税を行う時には、外貨回収照合書類の提出は必要とされていない。国内決済銀行と国内代理銀行は税務部門の要求にしたがって、クロスボーダー人民元決済のデータと資料を税務機関に提出する。

5) 外債統計モニタリング
　クロスボーダー貿易項目に関係する居住者の非居住者に対する人民元負債については、暫定的に外債統計モニタリングの関係規定により登記を行う。

6) 情報管理システム
　貨物の輸出後210日に達した時に、国内企業が人民元貨物代金を国内に回収していない場合には、5営業日以内にその国内決済銀行を通して人民元クロスボーダー収支情報管理システムにその未回収代金の金額と輸出通関申告番号を報告して関連資料を提出する。

7) 人民元の国外留保
　国内企業が輸出人民元収入を国外に預金する場合は、その国内決済銀行を通して中国人民銀行の当地の分支機構に届け出て、人民元クロスボーダー収支情報管理システムを通して、国外に預金する人民元資金の金額、口座開設銀行、口座番号、用途とこれに対応する輸出通関申告書番号等の情報を報告する。

> **Point!**
>
> ## 重点監督管理企業
>
> 重点監督管理企業とは、直近2年以内に輸出税金還付の詐取、脱税、虚偽等の違法取引と嫌疑による税務調査、密輸取引、違法金融取引等があったことにより人民元資金の国外留保が禁止されている企業です。

2．実験の拡大
1）地域とサービス貿易への拡大

当初は、上海市、深圳市、広州市、東莞市、珠海市の実験企業と香港、マカオ、アセアン諸国の企業との間で実施されましたが取引規模が少なかったため、2010年には実験企業と実験地域を大幅に拡大し、適用範囲を貿易貨物からサービス貿易にも拡大して、国外の実験地域の制限も緩和されました。

2010年6月の関係通知により、実験地域は5都市から20の省、自治区、直轄市に拡大され、実験地域では所定の条件を満たすすべての企業が実験企業として人民元決済を実施することができるようになり、国外地域の制限も撤廃されてすべての国と地域が対象範囲となりました。

2012年2月の関係通知では、それまで人民元建貿易決済は所定の条件を満たす企業が実験企業リストに掲載されて初めて実施できるものでしたが、新たに**重点監督管理企業**リストによる管理制度がスタートし、これまでとは逆に重点監督管理企業に該当しないならば、輸出入経営権を有する企業は中国全土で人民元建て輸出決済を実施することができるようになりました。

2）人民元の国外留保

2008年の外貨管理条例改正前までは、輸出代金は必ず中国国内に送金しなければならず、中国国外に留保することはできませんでしたが、2008年に改正された外貨管理条例の改正では、外貨収入の国外での保留が緩和されました。

2009年7月の実験開始で人民元の国外留保が初めて認められましたが、その後、2010年8月の国家外貨管理局の「一部地区における輸出収入の国外預金政策の実験に関する通知」により、2010年10月1日から北京、広東、山東、江蘇地区においても1年の期限付きで輸出代金を中国国外に留保することができるようになりました。

この輸出代金の国外留保の適用範囲は、北京、広東、山東、江蘇の4地域で

所定の条件を満たす企業に限定されましたが、国家外貨管理局は 2010 年 12 月 31 日には、「貨物貿易輸出収入の国外預金管理に係る問題に関する通知」を発布して、2011 年 1 月にはこの地域制限も撤廃されて中国全土で適用されるようになりました。

2011 年 1 月からは、輸出収入があって国外で人民元建て決済を行う必要性があり、直近 2 年間に外貨管理条例違反がなく、人民元の国外留保の内部統制がある企業は、人民元の国外留保が認められることになりました。

3．貨物貿易の外貨管理制度改革

2012 年 6 月には、国家外貨管理局、国家税務総局、税関総署は「貨物貿易外貨管理制度改革に関する公告」を公布して、2012 年 8 月 1 日から貨物貿易外貨管理制度改革が全国で実施されることになりました。

1）企業分類

この改革によって、**輸出外貨の回収照合手続は廃止**されました。企業は A、B、C に 3 分類され、**A 分類企業は輸入外貨送金書類が簡素化されて、輸入通関申告書、契約書または発票等のいずれか一つの取引の真実性が証明できる書類を根拠として銀行で外貨送金が直接処理できる**ようになりました。輸出代金回収はウェブ上での照合審査は必要ではなくなりました。銀行の外貨回収照合審査もこれに応じて簡素化されました。

B と C 分類企業の貿易外貨収支の書類照合審査、取引類型、決済方法等は厳格に監督管理が実施されます。**B 分類企業の貿易外貨収支は銀行が電子データの照合審査を実施**し、**C 分類企業の貿易外貨収支は外管理局の個別登記を受けた後に処理**することになります。

2）輸出税金還付免税

輸出税金還付手続においても、企業は販売照合書類の提出は行わず、税務局は外貨局の提供する企業輸出外貨回収情報と分類状況を参考として、関係規定に基づいて企業の輸出税金還付を照合審査することとなりました。

3）実施細則等の発布

国家外貨管理局はこれに応じて 2012 年 6 月末に「貨物貿易外貨管理手引」、「貨物貿易外貨管理手引実施細則」、「貨物貿易外貨管理手引操作規程」、「貨物貿易外貨収支情報申告管理規定」等の関係規定を発表しました。

② 国外機構の人民元決済口座

1. 人民元決済口座

　クロスボーダー貿易取引決済業務の進展につれて中国国外の企業等が人民元決済のための銀行預金口座を開設して使用できるようになりましたが、ここではまず人民元決済口座について解説します。

　中国人民銀行が2003年4月10日に公布した「人民元銀行決済口座管理弁法」によれば、人民元決済口座とは普通銀行預金口座で、企業等と個人の人民元決済口座があります。企業等は企業の登録地で人民元決済口座を開設します。人民元決済口座は用途別に、**基本預金口座、専用預金口座、一般預金口座、臨時預金口座**に分かれています。

　基本預金口座とは、預金者が日常経営活動の資金収支とその賃金給与、賞与の振込決済と現金収支を行う銀行口座です。現金の引き出しができるのは基本預金口座のみです。

　専用預金口座とは、預金者が法律法規によってその特定用途の資金の管理と使用が規制されているものについて使用する銀行口座であり、現金の引き出しはできません。

　一般預金口座とは、預金者が借入金の振込、借入金の返済とその他の決済の資金収支を処理する銀行口座ですが、現金の引出はできません。

　臨時預金口座とは、預金者が臨時に必要な一定期間に使用する銀行口座であり、臨時の営業機構、他地域の臨時営業活動、登録資本金の出資検証のための臨時預金口座があります。

　預金者は、その登録地または住所地で一つの基本預金口座を開設することができますが、次の場合には、他地域でも人民元決済口座を開設することができます。

1　営業許可証の登録地と経営地が同一行政区域（省、市、県を跨ぐ）に所在しないで基本預金口座を開設する必要がある場合
2　異なる地域で借入とその他決済を行う一般預金口座の開設が必要な場合
3　預金者が附属する非独立計算単位または派出機構で発生する収入合算納付または業務支出により専用預金口座の開設が必要な場合
4　異なる地域の臨時経営活動が臨時預金口座の開設を必要とする場合
5　自然人が異なる地域で個人銀行決済口座を必要とする場合

2．国外機構の人民元決済口座

2010年9月24日に中国人民銀行は「国外機構人民元銀行決済口座管理弁法」を発布しました。ここで国外機構とは、香港、マカオ、台湾を含む中国国外において、合法的に登記された機構をいい、国外機構は中国国内の中資銀行と外資銀行において人民元決済口座の開設を申請してクロスボーダー人民元業務に使用することができます。銀行は国外機構の人民元決済口座に「NRA」（NON-RESIDENT ACCOUNT）を付した口座番号を使用します。

1）人民元決済口座の開設

国外機構が銀行で銀行決済口座の開設を申請する時は、**口座開設申請書を記載**するとともに、**その国外における合法的な登記成立の証明文書**、および**その国内において展開する関係する活動の根拠**となる**法規制度または政府主管部門の批准文書等の口座開設資料**を提出します。証明文書等の口座開設資料が中国語以外である場合は同時に**これに対応する中国語翻訳を提出**します。銀行は国外機構の身分とその口座開設資料の真実性と合法性について審査を行います。

2）中国国内決済銀行

国外機構が銀行決済口座の開設条件に適合する場合は、国内の任意の1つの銀行を選択して銀行決済口座を開設することができます。その銀行は相応する口座開設資料と口座開設申請書を中国人民銀行の当地の分支機構に送付して、国外機構の身分について審査適格の証明資料を発行し、中国人民銀行の当地の分支機構の照合批准を受けた後にその基本預金口座の口座開設手続を処理します。

中国人民銀行分支機構は2営業日以内に銀行の送付した国外機構身分審査適格の証明資料について審査を行い、口座開設条件に適合した場合には基本預金口座の口座開設許可証を区分発行します。

③ クロスボーダー人民元による外国直接投資

2011年1月からクロスボーダー人民元建決済が中国全土に認められたことから、このようなクロスボーダー人民元による中国国内の外国直接投資について、2011年10月12日に商務部から「クロスボーダー人民元直接投資に係る問題に関する通知」が発表され下記のような人民元直接投資制度が確立されました。ここではクロスボーダー人民元による外国直接投資の審査批准手続を紹介し、次節以降でその外貨管理規定を紹介します。

1．クロスボーダー人民元直接投資

「クロスボーダー人民元直接投資」とは、**外国投資者が合法的に獲得した国外人民元で法により中国国内で直接投資活動を展開すること**をいいます。

国外人民元とは、下記の人民元をいいます。
1　外国投資者がクロスボーダー貿易の人民元決済を通して取得した人民元
2　中国国内から法により取得して国外に送金した人民元利益と持分譲渡、減資、清算、投資の先行回収により取得した人民元
3　外国投資者が国外において合法的な経路を通して取得した人民元、国外で発行する人民元社債、人民元株式による人民元を含むが、これに限定されない。

2．国外人民元の用途制限

クロスボーダー人民元直接投資は、**中国国内において直接または間接に投資有価証券と金融デリバティブに使用することはできず、および委託貸付金に使用することはできません**。

ただし、外国投資者が合法的に獲得した国外人民元を使用して国内上場会社の割当発行、株券譲渡協議に参画する場合は、「外国投資者の上場会社に対する戦略投資管理弁法」の要求にしたがって商務部で関係する審査批准手続を行います。

3．コンプライアンス

クロスボーダー人民元直接投資と投資した外国投資企業の再投資は外国投資の法律法規と関係規定の要求に適合し、国家の外国投資産業政策、外資による合併買収の安全審査、アンチダンピング資産の関係規定を遵守します。

4．審査批准手続

各級商務主管部門は、現行の外国投資審査批准の管理規定と権限にしたがってクロスボーダー人民元直接投資を審査批准します。投資者または外国投資企業は、外国投資の法律法と関係規定により関係文書を提出する他に、商務主管部門に下記文書も提出します。
1　**人民元資金源泉の証明または説明の文書**
2　**資金用途の説明書**
3　**「クロスボーダー人民元直接投資状況表」**

クロスボーダー人民元直接投資において元の出資通貨を外貨から人民元に変

更する場合は、同時に商務主管部門の批准を申請報告する必要があり、上記資料の他に、董事会等の企業の最高権力機関の決議書、修正後の契約書または定款（または修正協議書）の提出も必要です。

5．商務部の審査批准

地方商務主管部門は「クロスボーダー人民元直接投資状況表」を外国投資審査批准管理システムに入力し、下記の状況に該当するクロスボーダー人民元直接投資については、省級商務主管部門が「クロスボーダー人民元直接投資状況表」上に公印を押印した後に、商務部に報告して照合審査を受けます。
1　人民元出資金額が3億人民元以上に達する場合
2　融資保証、ファイナンスリース、少額信用貸付、競売等の業種
3　外国投資性公司、外国投資創業投資企業または持分投資企業
4　セメント、鉄鋼、電解炉、造船等の国家のマクロ統制業種

商務部は省級商務主管部門が発送した「クロスボーダー人民元直接投資状況表」を受領した後に、5営業日以内に照合審査を完成または照合審査意見書を提出します。照合審査を通過した場合には、地方商務主管部門は批准回答書を発行して外国投資企業批准証書を交付することができます。

6．国内人民元による外国直接投資

外国投資者が中国国内で投資した外国投資企業から獲得してまだ国外に送金していない人民元利益と持分譲渡、減資、清算、投資の先行回収で取得した人民元を直接投資に展開した場合は、従来どおりの関係規定により執行します。

④ 資本項目人民元による外国直接投資の外貨管理

1．中国人民銀行の関係規定

2011年10月12日付の商務部の「クロスボーダー人民元直接投資に係る問題に関する通知」を受けて、中国人民銀行は2011年10月14日付で「外国直接投資人民元決済業務管理弁法」を発布して、外国直接投資を行う人民元決済口座について次のように規定しました。

> 1）国外投資者の前期費用と再投資の専用預金口座
> 　　国外投資者とは、中国に投資する国外の企業、経済組織および個人をいい、国

外投資者が外国直接投資の人民元決済業務を行う場合には、国外機構の人民元決済口座の開設を申請することができる。

1 前期費用専用預金口座

　国外機構の人民元決済口座には、前期費用専用預金口座と再投資専用預金口座がある。前期費用専用預金口座は、国外機構が投資プロジェクトの事前資金として人民元投資を行う場合に開設する。前期費用専用預金口座と再投資専用預金口座では、現金の入金と引出は禁止されている。

　銀行は国外投資者の提出する支払指図書、資金用途説明書、資金使用承諾書等の資料を照合審査した後に、その前期費用の国内人民元銀行決済口座の支払を処理する。外国投資企業の設立後は、残余の前期費用は外国投資企業が開設する人民元資本金専用預金口座に振替えるかまたは当初のレートで返金される。

2 再投資専用預金口座

　再投資専用預金口座は、国外機構が利益分配、清算、減資、持分譲渡、投資の先行回収等により獲得した人民元資金を中国国内で再投資する場合に開設する。

2) 外国投資企業の企業情報登記と資本金専用口座

1 企業情報登記

　新規設立と合併買収によって設立登記された外国投資企業は、営業許可証受領後10営業日以内に登録地の中国人民銀行分支機構に下記資料を提出して企業情報登記の処理を申請する。

　　1－外国投資企業批准証書の写し
　　2－営業許可証の副本、組織機構番号証

2 資本金専用預金口座

　外国投資企業は「人民元銀行決済口座管理弁法」等の銀行決済口座管理規定にしたがって、銀行に営業許可証等の資料を提出して人民元銀行決済口座の開設を申請する。

　このうち国外投資者が送金した人民元登録資本金または納付した人民元出資は、専用口座で専用するという原則により、人民元資本金専用預金口座を開設して預入し、この口座では現金収支業務は行うことができない。

3) 中国側株主の合併買収と持分譲渡の専用預金口座

1 合併買収専用預金口座

　国外投資者が人民元で国内企業を合併買収して外国投資企業を設立する場合は、合併買収先企業の中国側株主は人民元合併買収専用預金口座の開設を申請し、国外投資者が送金した人民元合併買収資金の預入に専門的に使用する。この口座では現金収支業務は行うことができない。

2 持分譲渡専用預金口座

　国外投資者が人民元で国内の外国投資企業の中国側株主に持分譲渡対価を支払った場合は、中国側株主は人民元持分譲渡専用預金口座の開設を申請し、国外投

資者が送金した人民元持分譲渡対価の金額を預け入れる。この口座では現金収支業務を行うことができない。

4) 会計事務所の出資検証証明

　外国投資企業は関係規定に基づいて、会計事務所に国外投資者が払い込んだ登録資本金、出資と持分購入の人民元資金の実際の収入状況について出資検証の照会を委託する。会計事務所は口座開設銀行に証明照会を行った後に、出資検証報告書を発行することができる。

　口座開設銀行は会計事務所の業務に積極的に対応し、銀行照会状を受領した後に、関係データ資料を誠実に照合し、意見書に明確に署名して、対外的に法定の証明効力を有する業務専用印章を押印して、照会状受領日から5営業日以内に書面により回答する。

　銀行は出資検証手続が完了していない人民元資本金専用預金口座に対して人民元資金の対外支払業務を処理できない。

5) 国外投資者による国内投資
1　国外人民元の国内還流

　国外投資者は国外人民元投資資金の被仕向送金業務を処理する時は、銀行に国家関係部門の批准文書または届出文書等の関係資料を提出する。銀行は誠実に照合審査を行わなければならず、人民元クロスボーダー収支情報管理システムにアクセスして関係情報を検索することができる。

　不動産業外国投資企業が外国直接投資人民元資本金の被仕向送金業務を処理する時は、銀行は商務部ウェブサイトにもアクセスし、その企業が商務部を通して届け出ているかどうかを検査証明する。

　国外投資者はその取得した人民元利益を国内に送金する場合は、銀行は外国投資企業の関係する利益処分決議書と納税証明書等の関係資料を審査した後に直接処理することができる。

　国外投資者は減資、持分譲渡、清算、投資の先行回収等の取得した人民元資金を国内に送金する場合は、銀行は国家関係部門の批准文書または届出文書と納税証明書を審査した後に、その人民元資金の送金手続を処理する。

2　国外人民元の国内再投資と増資

　国外投資者は人民元利益、投資の先行回収、清算、減資、持分譲渡等により取得した人民元資金を国内再投資または登録資本金の増資に使用する場合は、国外投資者は人民元資金を人民元再投資専用預金口座に預け入れて、関係する決算業務を処理することができる。銀行は国家関係部門の批准文書または届出文書と納税証明書を審査した後に、人民元資金の対外支払を処理する。

3　投資会社

　外国投資性公司、外国投資創業投資企業、外国株式投資企業と投資を主要な業務とする外国投資組合企業は、国内において法により人民元出資業務を行う場

合は、その投資先企業は「人民元銀行決済口座管理弁法」等の銀行決済口座管理規定により、人民元資本金専用預金口座の開設を申請し、人民元登録資本金または出資資金の預入と関係する資金決済業務に専門的に使用するが、この口座は現金収支業務を処理することはできない。

4　外貨と人民元の同時使用

　国外投資者が人民元資金と外貨資金を同時に使用して出資する場合は、銀行はこの弁法により人民元資金の決済手続を処理し、外貨管理関係規定により外貨資金の決済手続を処理しなければならない。人民元と外貨の換算為替レートは登録資本金の出資検証日当日の中国人民銀行の公布する人民元為替レート仲値とする。

6) 外国投資企業の一般預金口座

　外国投資企業は「人民銀行決済口座管理弁法」の規定により、人民元借入契約書を根拠として、人民元一般預金口座の開設を申請し、国外から借り入れた人民元資金に専門的に使用する。

　外国投資企業が人民元を使用して国外人民元借入金を返済する場合は、借入契約書と支払指図書、納税証明書等の資料を根拠として直接銀行で処理することができる。

　外国投資企業のその国外株主、集団内の関連企業と国外金融機関の人民元借入金と外貨借入金は総規模を合算計算する。

7) 銀行の監督業務

　銀行は外国投資企業の人民元登録資本金と人民元借入資金の使用の真実性と合法規性について審査を行い、外国投資企業の法による人民元資金の使用を監督しなければならない。決済業務の処理過程において、銀行は関係する審査監督管理規定に基づいて、企業に支払指図書、資金用途証明書等の資料を要求しかつ誠実に審査を行う。

2．国家外貨管理局の関係規定

　上記の中国人民銀行の通知を受けて、国家外貨管理局は2011年11月23日付で、「直接投資外貨管理をより簡易化することに係る問題に関する通知」を発表し、クロスボーダー資本項目の人民元による外国直接投資の外貨業務について、従来の国内人民元と外貨の管理制度をより簡素化して国外人民元決済口座の制度を決定しました。

1) 出資検証照会手続の簡素化

　直接投資項目におけるクロスボーダー人民元の出資検証の照会証明手続を簡素

化した。クロスボーダー人民元で直接投資して外国投資企業を設立する場合は、登録地の外貨局で登記手続を行う。

銀行は国家外貨管理局の直接投資外貨管理情報システム（直接投資システム）において相応する登記情報を検査照合した後に、会計事務所に人民元出資証明紹介状を直接発行することができ、かつ当日中に直接投資システムに相応の資金流入と証明紹介情報を届出する。

2）外貨購入送金照合審査の取消

直接投資項目における外貨購入送金の照合審査を取り消した。国外投資者は変更登記手続を行った後に、銀行で、持分譲渡、減資、清算、投資所得の先行回収の対外的な外貨購入送金手続の処理を申請することができる。

銀行は、直接投資システムにおける企業の変更登記情報を検査照合した後に、企業のために外貨購入送金手続を直接行うことができ、かつ当日中に直接投資システムに相応の外貨購入送金情報を届出する。

3）国内合法人民元の再投資手続の簡素化

国外投資者の国内合法人民元による再投資手続を簡素化した。

1 剰余金の資本金組入

外国投資企業が国外投資者の資本剰余金、利益剰余金、未処分利益、企業が登記した外債（利息を含む）等の合法所得を企業の登録資本金に組入増資する場合は、企業登録地の外貨局で変更登記と出資検証照会手続の処理を直接申請することができる。

2 人民元所得の国内再投資

国外投資者が持分譲渡、減資、清算、投資の先行回収で取得した人民元を国内直接投資に運用する場合は、所得を生じた企業が変更登記を行った後に、銀行で振替手続を直接行うことができる。

銀行は直接投資システムの相応する変更情報を照合検査した後に資金振替を行わなければならず、かつ当日中に直接投資システムに資金振替情報を届け出なければならない。投資先企業は所得を生じた企業の変更情報と資金振替情報を根拠として登録地の外貨管理局に出資検証照会手続の処理を申請することができる。

3 利益の国内再投資

国外投資者が国内投資で取得した人民元利益を国内直接投資に運用する場合は、利益を生じた企業の登録地の外貨局で相応の利益再投資登記手続の処理を申請し、投資先企業は利益再投資の登記情報を根拠として登録地の外貨管理局で出資検証紹介手続の処理を申請することができる。

3．人民元決済業務

外国直接投資による人民元決済業務については、中国人民銀行が2011年10

月31日に発表した「外国直接投資人民元決済業務管理弁法」と、2012年6月14日に発表した「外国直接投資人民元決済業務操作細則に関する通知」で、次のような内容が明らかにされています。

1) 人民元専用預金口座
　国外投資者は、国外機構人民元の基本預金口座、専用預金口座、一般預金口座の3種類の預金口座を開設することができる。

2) 前期費用と再投資の専用預金口座
　1つの国外投資者は、中国国内に人民元前期費用専用預金口座を1つだけ開設することができ、口座名称には預金者の名称に前期費用（事前費用の意味）の文字を追記する。国外投資者が人民元再投資専用預金口座を開設した場合は、口座名称には預金者の名称に再投資の文字を追記する。
　国外投資者の人民元前期費用専用口座と人民元再投資専用資金口座の収支範囲は中国人民銀行の関係規定により実施する。国外投資者の人民元前期費用専用預金口座内の資金は土地入札または建物購入に使用することはできない。

3) 外国投資企業の企業情報登記
　外国投資企業は営業許可証受領後10営業日以内に登録地の中国人民銀行分支機構に下記資料を提出して企業情報登記を行う。
1　外国投資企業批准証書の写し
2　営業許可証の副本、組織機構番号証
　外国投資組合企業の登記手続等も外国投資企業の諸手続に準拠するが、ここでは外国投資企業についてのみ紹介し、外国投資組合企業については省略する。
　人民元直接投資業務活動を展開する外国投資企業は、1つの決済銀行を主報告銀行として選択し人民元クロスボーダー収支情報管理システムを通してその登録地の中国人民銀行分支機構に企業情報登記を行い、変更情報を提出する。外国投資企業登録地の中国人民銀行分支機構は、主報告銀行が提出した情報に対して照合検査を行い、疑問が発生した場合は、外国投資企業と主報告銀行に説明を行って関係文書資料を提出することを要求する権利がある。
　企業情報登記を行い、変更情報を提出する時は、外国投資企業はその補助報告銀行に外国投資企業批准証書の写し、営業許可証の副本、組織機構番号証等の文書を提出する。

4) 人民元資本金専用口座
　新規設立の外国投資企業は、商務主管部門の発行した企業設立批准証書を根拠としてその登録地の銀行で人民元資本金専用口座を開設する。同一の批准証書でのみ個人民元資本金専用口座を開設することができ、口座名称には預金者の名称に資本金の文字が追記される。

設立済みの外国投資企業が登録資本金を増加する場合は、外国投資企業は商務主管部門の発行した登録資本金変更批准証書を根拠としてその登録地の銀行で人民元資本金専用口座を開設する。同一の批准証書でのみ個人人民元資本金専用口座を開設することができ、口座名称には預金者の名称に資本金の文字が追記される。

　外国投資企業の人民元資本金専用預金口座の累計貸方発生額は、国家の関連部門が批准したまたは届け出た文書に記載された金額を超えることはできない。すなわち批准または届出された登録資本金の金額を超えて資本金口座に入金することはできない。

5) 合併買収専用預金口座

　国外投資者が人民元で国内企業を合併買収して外国投資企業を設立する場合は、合併買収先国内企業の各中国側株主は、商務主管部門の発行した外国投資企業設立批准証書を根拠として人民元合併買収専用預金口座を開設する。各中国側株主は同一の批准証書を根拠として各1つの人民元合併買収専用預金口座を開設することができ、口座名称は預金者名称に合併買収の文字が追記される。

　国外投資者が人民元で国内の外国投資企業の中国側株主に持分譲渡対価額を支払った場合は、各中国側株主は商務主管部門の発行した持分権変更批准証書を根拠として人民元持分譲渡専用預金口座を開設する。各中国側株主は同一の批准証書を根拠として1つだけ人民元持分譲渡専用預金口座を開設することができ、口座名称は預金者名称に持分譲渡の文字が追記される。

　合併買収と持分譲渡の行為が完成した後に、はじめて上記の人民元合併買収専用預金口座と人民元持分譲渡専用預金口座に預入した資金は法により使用することができ、口座の国内使用情報は人民元クロスボーダー収支情報管理システムに報告する必要はない。

6) 人民元資金の借入

　外国投資企業は、人民元銀行決済口座管理弁法にしたがって、人民元の借入契約書を根拠として人民元一般預金口座の開設を申請し、国外から借り入れる人民元資金の預入に専門的に使用する。

　外国投資企業の登録資本金が期限までに満額に達した後に、はじめて国外から人民元資金を借り入れることができる。外国投資企業の国外人民元の借入利率は貸借双方が商業原則にしたがって合理的な範囲内で自主的に決定する。外国投資不動産企業は国外から人民元資金を借りることはできない。

　外国投資企業は国外人民元借入金について個人人民元一般預金口座を開設して資金収支を処理することができる。国外借入人民元一般預金口座は原則として外国投資企業の登録地の銀行で開設しなければならず、実際の必要性が確実にあるならば、外国投資企業は異なる地域で人民元一般預金口座を開設することを選択することができ、かつその登録地の中国人民銀行分支機構に届け出する。原則と

して、外国投資企業の国外人民元借入は当初の借入決済銀行を通して元利を返済する。

7) 借入金総規模と投注差額

　外国投資企業がその国外株主、集団内の関連企業および国外金融機関からの人民元借入金と外貨借入金は合算して総規模を計算する。国家関連部門の批准または届出文書が外貨で価値評価されている場合は、人民元と外貨の換算レートは借入契約の効力発生日の中国人民銀行が発表を受権した人民元為替レートの仲値とする。

　外国投資企業の国外人民元借入金は発生額により総規模を計算する。外国投資企業国外人民元借入金に借換えがある場合は、初回の借換えは外国投資企業国外借入金総規模には計上しないで、その後の借換えは国外借入金総規模に計上する。外国投資企業を受益者とする国外機構と個人が国内銀行に対して保証を提供している場合は、実際に契約を履行している人民元金額を国外借入総額に計上する。外国投資企業の国外人民元を組入れて増資した場合は、相応の借入金は外国投資企業の国外借入総額規模に計上することはない。

　外国投資性公司と外国投資ファイナンスリース会社等の特殊な類型の外国投資企業を除いて、外国投資企業の当該外貨借入金総規模は国家関連部門の批准した投資総額と登録資本金との差額を超えることはできない。

　外国投資性公司の国外人民元と外貨借入金の総規模は、商務主管部門の外国投資が設立する投資性公司の関係規定により執行する。外国投資ファイナンスリース会社の国外人民元借入金の全てはリスク資産に計上する。外国投資ファイナンスリース会社のリスク資産は商務主管部門の関係規定により管理を行う。

8) 国外人民元借入金の決済

　外国投資企業が国外人民元借入金の決済業務を行う時は、その国内決済銀行に下記の資料を提出しなければならず、国内決済銀行は誠実に照合審査を行わなければならない。

1　外国投資企業批准証書
2　最近一期間の出資検証報告書
3　人民元借入契約書
4　申請日までの国外人民元借入金、外貨借入金および当該企業を受益者とする国外保証の人民元の実際の契約履行等の状況説明書

9) 預金利率

　国外投資者の人民元前期費用専用預金口座と人民元再投資専用預金口座、外国投資企業人民元資本金専用預金口座と人民元国外借入金一般預金口座、外国投資企業の中国側株主人民元合併買収専用預金口座と合併買収先国内企業の中国側株

主人民元持分譲渡専用預金口座は、普通預金口座とし、預金利率は中国人民銀行の公布する普通預金利率により実施する。

10）人民元資金の用途制限

外国投資企業の人民元資本金専用口座、人民元国外借入金一般預金口座に預け入れた人民元資金は、国家の関連部門の批准した経営範囲内で使用しなければならず、投資有価証券と金融デリバティブに使用することはできない。委託貸付金に使用すること、財産運用品、自己使用以外の不動産を購入することはできない。投資分類以外の外国投資企業については、国内再投資に使用することはできない。外国投資企業資本金専用預金口座の人民元資金は、一年以内の預金に振替えることができるが、外国投資企業の人民元国外借入一般預金口座に預け入れた人民元資金は振替えることはできない。

11）国内外借入金の返済資金

外国投資企業の人民元資本金専用預金口座と人民元国外借入金一般預金口座の人民元資金は、国内外の借入金を返済することができる。

12）国内人民元預金口座との関係

賃金給与と企業が出張旅費、小物購入、少額支出等の用途に使用する小口現金等の支払いを除いて、外国投資企業人民元資本金専用預金口座と人民元国外借入金一般預金口座の資金は、国内の同名称の人民元預金口座に振替えることはできない。

13）開発探査業務

国外企業は国外機構の人民元銀行決済口座を開設することができ、人民元で合作開発採掘、開発、資源探査、国内工事請負等の生産経営活動に従事する場合は、相応の人民元決済業務は「外国直接投資人民元決済業務管理弁法」と上述した内容に従って管理を行う。

❺ 外国直接投資の外貨管理

① 外国投資者の外貨口座

2003年3月に国家外貨管理局は「外国直接投資の外貨管理業務の整備関連

問題に関する通知」を公布して、外国投資者の専用外貨口座と出資管理、外国投資企業の出資検証と外貨登記、外国投資企業の減資等について管理規定を定めました。外国投資者と外国投資企業に対して重要な内容が含まれているため、その主要な内容について紹介します。なお、外国投資企業の直接投資下の外貨取引管理規定と操作規程の内容も付け加えています。

1．外国投資者の専用外貨口座

　外国投資者がまだ外国投資企業を設立していない段階で、中国国内で直接投資または投資と関連する活動を行っている場合は、その投資プロジェクト所在地の外貨管理局に申請して、外国投資者名義の専用外貨口座を開設することができます。ただし、**通常は、一つの銀行で一つの複数貨幣専用外貨口座しか開設することはできません。**この口座は用途に基づいて、次の四種類に分類されます。

1）投資口座

　外国投資者が中国国内で**工事、合作開発、開発、資源探査の請負およびベンチャーキャピタル投資に従事する場合**は、非法人の営業許可証を受領した後に、当該口座の開設を申請し、関連する外貨資金の預入と支払いに使用することができます。

2）購入口座

　外国投資者が中国国内で**外国投資企業を設立する予定で、その設立以前に中国国内で土地使用権および付属の不動産、機械設備またはその他の資産等を購入する必要がある場合**は、資産購入契約が有効となった後に、当該口座の開設を申請し、外貨購入金額の預入と支払に使用することができます。

3）費用口座

　外国投資者が**中国国内で外国投資企業を設立する予定で、その設立以前に市場調査、計画策定および機構設立の準備業務等を行う必要がある場合**で、工商行政管理部門が発行した会社名称事前確認通知書を受領した後に、当該口座の開設を申請し、関連する外貨資金の預入と支払いに使用することができます。

4）保証口座

　外国投資者が**中国国内に投資する前に、関連規定および契約約定に基づいて国内機構に資金の保証を提供する場合**は、契約約定の期限内において、当該口座の開設を申請し、外貨保証資金の預入と支払に使用することができます。

　これらの専用外貨口座の開設を申請する場合は、外貨管理局にその投資活動

の真実性と合法性を十分に証明する資料を提出し、外貨管理局はその口座の最高限度額、存続期限、収支範囲等を査定し、その日常的な監督管理を行います。専用外貨口座の資金は外貨現金を振り込むことはできますが、現金で預け入れることはできません。口座内資金の決済と振替はすべて一件ごとに外貨管理局の認可が必要です。

　購入口座、費用口座、保証口座の専用外貨口座は、外国投資者が中国国内に外国投資企業を設立したならば、口座の資金残高は企業の資本金口座に振替ることができ、口座で決済し振り替えた資金は外貨管理局の開設の関連する認可書類を根拠として外国側出資とすることができ、出資検証手続を行うことができます。中国国内で外国投資企業が設立されていない場合は、外国投資者は外貨管理局の開設の関連する認可書類に基づいて未使用資金の外貨の購入と支払およびその資金の国外送金手続を行うことができます。

　なお、上述の4つの専用口座以外にも、**資産現金化専用外貨口座、信託決済専用外貨口座、外国投資者の土地使用権入札の保証専用外貨口座**等があります。

2．オフショア口座と非居住者個人口座

　外国投資者が外為指定銀行のオフショア口座の資金を中国国内の外国投資企業に出資する場合は、オフショア口座から企業の資本金口座への国内の振替は外貨管理局の認可は必要がありません。ただし、外国投資企業の出資検証確認証明の時には、被仕向銀行は銀行確認状の中で当該資金がオフショア資金である旨を明記しなければならないものとされています。

　外国投資者が中国国内の非居住者個人の外貨口座の外貨資金で外国投資企業に出資した場合は、外貨管理局がその提出資料の誤謬の有無を審査した後に、相応する資本項目の外貨取引認可書類を作成して、銀行はこれを根拠に非居住者個人外貨口座の外国投資企業資本金口座への振込業務を処理し、企業も資本出資検証と外貨登記手続を行います。外国投資企業の出資検証確認証明の時には、被仕向銀行は銀行確認状の中で当該資金が非居住者個人の国内振替である旨を明記しなければならないものとされています。

② 外国投資者の出資方法

1．外貨出資方法

　外国投資者は、自由兌換通貨、輸入設備およびその他物品、無形資産、人民

元配当等の方法で出資するほか、外貨管理局の認可を受けて、次の方法で外国投資企業に出資することもできます。

1）基金の資本組入れ

外国投資企業の発展基金、準備基金（資本準備金と利益準備金）等を当該企業の資本金に振替増資します。

2）配当等の資本組入れ

外国投資企業の未処分利益、未払配当金およびその下にある未払利息等を当該企業の資本金に振替増資します。

3）債務の資本転換

外国投資企業の外国側出資者がすでに登記した外債元本および当期利息を当該企業の資本金に振替増資します。

4）投資所得の再投資

外国投資者が過去に出資した外国投資企業から先行回収した投資所得、清算所得、持分譲渡所得、減資等の所得の財産を中国国内で再投資します。

外国投資者が上述の方法で出資した場合は、外貨管理局がその提出資料の誤謬の有無を審査した後に、相応する資本項目の外貨取引認可書類を作成して、銀行はこれを根拠に国内振込業務を処理し、企業も出資検証確認証明と外貨登記手続を行います。

③ 国内再投資の外貨管理

国内再投資には、**持分購入、利益の国内投資、投資回収による再投資、増資**の４つの形態があります。

１．持分購入

外国投資者および外国投資性公司が中国国内企業の持分を購入した場合は、法律法規の規定および持分譲渡の双方の契約書約定に従って、持分権購入対価を支払い、持分譲渡者所在地の外貨管理局で「持分権譲渡外貨収入外資外貨登記」を自ら行うかまたは持分譲渡者に委託します。

ここで**持分権購入対価とは、外国側が中国側持分を購入することにより中国側に支払う代金で、その支払手段には外国投資者および外国投資性公司の自己所有の外貨資金、国内で出資した他の外国投資企業から獲得した人民元配当またはその他の合法的財産**があります。

持分権購入対価を一括で支払う場合は、「持分権譲渡外貨収入外資外貨登記」は**対価の支払完了日後5日以内**に行わなければいけません。持分権購入対価が期間を区分して支払われる場合は、毎回の対価支払完了日後5日以内に、その支払期間の支払完了の都度、「持分権譲渡外貨収入外資外貨登記」を行わなければいけません。

　外国投資者が持分権購入対価の全額を支払うまでは、被買収企業の所有者持分については実際に支払った出資割合で決定するものとし、これに基づいて関連する持分譲渡、減資、清算および配当送金等の外貨取引を処理します。

　外貨管理局は外国投資者が提出した資料の誤謬の有無を審査した後に、「持分権譲渡外貨収入外資外貨登記」を処理し、関連の証明書を発行します。「持分権譲渡外貨収入外資外貨登記証明書」は、外国側の持分権購入対価がすでに支払いを完了したことを証明する有効書類であり、被買収企業の外資外貨登記の重要な根拠となるものです。

　商務部門が批准して設立した外国投資性公司が国内持分投資に従事する場合は、その資本金の国内振替は外貨局の批准を受けた後に初めて処理することができます。

　国内機構および個人が、外国投資者に国内企業の持分または権益を譲渡して受領した外貨購入対価は、「資産現金化専用外貨口座」を通して記帳と決済が行われます。資産現金化専用外貨口座の開設と資金入金は所在地の外貨局の関係規定に基づいて批准され、銀行が外貨局の発行した批准証書を根拠として相応の業務を処理します。

2．利益の国内投資

　外国投資企業の外国側投資者が、外貨または人民元の利益で国内において再投資を行った場合は、外貨局に納税証明書とその他の資料を提出しなければならず、外貨局は**属地主義（登録地主義）の原則により、批准文書は国内の利益発生企業の登録地の外貨局が**発行します。

　外国投資性公司が、投資先企業から再投資の批准文書を獲得した場合も、当該権益を発生させた企業の登録地の外貨局が発行します。外国投資性公司の国外親会社がその外国投資性公司の経営性利益を再投資した場合は、外国投資性公司の登録地の外貨局が審査批准します。

3．投資回収の再投資

外国側投資者がそのすでに投資した外国投資企業から、清算、持分譲渡および先行回収投資により取得した人民元資金を、中国国内において再投資した場合には、政策的に外貨出資と同様の取扱いを受けることができます。ただし、次の3つの条件を満たす必要があります。

1　外国側投資者が当初の外国投資企業に合法的に出資していること
2　当該人民元資金が外国側投資者によって法により取得したものでありすでに納税が完了していること
3　当該外国側投資者が投資先企業の出資者となることが予定されておりかつ当該企業に対して出資義務を有すること

4．企業の資本金の増資

増資については、**未処分利益の資本組入、債務の資本金転換、基金の資本組入**の3つの形態があります。

1）未処分利益の資本組入

企業の未処分利益、未払配当金とその未払利息を資本金の増資に振替える場合には、これに相応する**納税証明書または免税証明書**がなければいけません。

2）債務の資本金転換

企業の外国側投資者のすでに登記した外債と当期利息を資本金に転換した場合には、商務部門が企業の資本金変動に同意した批准証書において企業の増資した**資金の源泉が登記済外債であること**が明記されていることが必要です。企業はさらに**債権者が同意した債権の持分転換の証明文書を提出**する必要があります。

3）基金の資本組入

企業が増資に使用する企業発展基金と準備基金の外国側投資者の取得部分については、外貨局が**人民元利益の再投資（利益の国内投資）の手続**にしたがって審査します。

④ その他の外貨資本金管理

1．国内投資の外貨管理

外国投資性公司以外の外国投資企業が、「外国投資企業の国内投資に関する暫定規定」により、中国国内で企業を出資設立または買収した場合で、投資先

企業（出資または買収した企業）の資本金が外国投資企業による国内出資のみで外国からの直接出資による資本金を含んでいない場合は、外国投資企業の外貨登記と出資検証確認証明、外資外貨登記手続を行わないことが認められています。

　すなわち、**国外の外国投資者からの直接出資は外資の出資比率となりますが、中国国内の外国投資企業による出資は外資出資比率に含まれないため、投資先企業は外国投資企業には該当しない**からです。

　外貨管理局は、工商行政管理部門が投資先企業に発行した「外国投資企業出資」の字句が明記された「企業法人営業許可証」を根拠として、投資先企業に対して外債を借り入れる場合には外国投資企業とみなして管理を行うものとされています。

　外貨管理局は、外国投資性公司以外の外国投資企業とその投資先企業との間、外国投資性公司以外の外国投資企業の異なる投資先企業間の外貨資金の国内における振替は認可することはできません。特別な状況がある場合は、このような国内振替が確実に必要とされるならば、外貨管理局の各分局と外貨管理部は国家外貨管理局に報告しなければいけません。

2．25％未満出資の外国投資企業

　外国投資者の出資比率が登録資本金の25％未満の国内企業は、商務部が発行した「外資出資比率25％未満」の字句が明記された外国投資企業認可証書と工商行政管理部門が発行した「外資出資比率25％未満」の字句が明記された外国投資企業営業許可証を根拠として、外国投資企業の外貨登記を行い、関連規定により出資検証確認証明および外資外貨登記手続を行います。

3．減資の外貨管理

　外国投資企業が外国投資者の投入した資本金を減少させて、外貨の購入と支払に関係する場合は、外貨管理局は当該企業が提出した関連資料の誤謬の有無を審査した後に、相応の資本項目外貨取引認可証書を発行し、外国投資者はこれに基づいて減資部分の資金の外貨の購入と支払および国外送金手続を処理します。

　外国投資企業が帳簿上の欠損金を減少させるために発生した減資、または外国側の未出資である資本金を修正減額した場合は、外貨管理局は、減資に相応する部分が外国投資者の国内再投資に使用されること、または外国投資企業の

対外的な外貨支払いに使用されることを認可することはできません。

4．株式会社とファンド会社

　外国投資株式有限会社と外資資本参加ファンド管理会社の外国側出資は「中華人民共和国会社法」が定める実際払込資本金制度を適用します。この二つの会社は外貨管理局に外国投資企業資本金口座の開設を申請するときに、工商管理部門が発行する外国投資企業法人営業許可証を提出する必要はなく、外国投資株式有限会社は商務部門が発行する外国投資株式有限会社認可証書を持参し、外資資本参加ファンド管理会社は商務部門が発行する外国投資株式有限会社認可証書と証券監督管理委員会が発行する開業認可回答書を持参し、関連手続を処理することができます。

　外貨管理局がこの二つの会社に対して資本金口座を開設し、外国投資企業の外貨登記を処理するときに要求されるその他の審査資料は、従来どおり関連規定により執行します。

❻ 外貨資本金の出資検証報告

① 公認会計士の出資検証

1．資本金口座最高限度額

　外国投資者が外国投資企業を設立して払い込んだ外貨資本金が、外貨管理局が査定したその企業の資本金口座の最高限度額を超える時は、超過部分の資金が企業の外貨資本金口座の最高限度額の1％を超えず、かつ絶対額で3万米ドル相当を超えなければ、外貨管理局は実際の入金額に基づいて出資検証確認証明および外資外貨登記を処理することができます。

　企業の資本金の付加価値が高いことにより、外国投資者が当該企業に資本参加して出資する時に支払った、その資本出資割合と企業の登録資本金との乗数を超える外貨剰余金部分の金額は、企業の資本金口座の最高限度額内に計上しなければならず、限度額を超過する外貨資金の記帳額は、従来どおり前述の原則により処理します。

2．現物出資資産の評価

　外国投資者が現物で出資した外国投資企業が、会計事務所に委託して外貨管理局の証明を問い合わせた時は、商品検査部門の評価鑑定機構の現物出資評価に対する鑑定金額と輸入貨物の通関金額が一致しない場合は、外貨管理局は商品検査評価鑑定金額を基準として、資本金出資検証証明書と外資外貨登記を処理しなければいけません。

3．無形資産の現物出資

　外国投資者が無形資産のみで出資した外国投資企業が、会計事務所に委託して外貨管理局の証明を問い合わせた時は、その無形資産の出資であることを外国側出資状況確認状で付記される出資状況明細表の中で明記し、外貨管理局は無形資産出資による外資外貨登記を処理し、外国側出資状況確認状の回答書の中で「当該外国側無形資産出資登記済み、登記番号＊＊＊＊＊＊。本確認回答書は登記済みであることを証明する効力のみを有するものである。」と明記します。

4．資本剰余金

　外国側が出資、資本参加、現物出資の価値を高く評価し鑑定金額が税関の通関金額より大きい場合、為替レート変動またはその他の類似の原因により外国投資企業の実際の出資額が登録資本金より大きい場合は、事実のとおり企業の登録資本金およびその資本剰余金の出資後の企業の実際出資額を登記します。

5．三来一補企業の出資

　来料加工（委託加工）、来様加工（サンプル加工）、来件加工（ノックダウン）の三来加工と補償貿易の一補を行っている企業が、加工貿易形態ではなく出資形態に転換し、会計事務所に委託して外貨管理局の証明を問い合わせた時は、外貨管理局に関連資料を提出する必要があり、外貨管理局が当該出資転換型の設備が輸入貨物に属するものであり、かつ対外的な外貨の支払いがまだ行われていないことを審査確認した後に、その商品価値の鑑定書に列記された金額に基づいて外国側出資状況確認状の回答書を発行し、かつ外資外貨登記手続を行うことができます。

6．出資者の名称

外国投資企業の外国投資者とその国外の出資金払込者の名称が一致しない場合は、外貨管理局は資本金出資検証証明書と外資外貨登記を処理すると同時に、外国側出資状況確認状の回答書の中で「払込人と出資人が不一致」の字句を明記します。

② 出資検証報告書

外貨資本金の出資については公認会計士が発行する**資本金出資検証報告書**が必要であり、次のような手続が求められています。

１．公認会計士の検査と照会状

１）外貨現金による出資

外国側出資者が外貨で出資した場合は、公認会計士は外国投資企業の外貨登記ICカードを検査して、外貨が外貨局の審査批准を受けた資本金口座に入金したことを確認し、口座開設銀行に証明照会状を発行します。

２）利益による国内投資、投資回収による再投資、減資

下記の場合には、公認会計士は企業が提出する**「国家外貨管理局資本項目外貨業務審査批准証書」**の原本を検査し、その行為が外貨局の審査批准と一致していることを確認します。

1 外国出資者が中国国内で設立した外国投資企業の純利益および清算、持分譲渡、先行回収投資、減資等の所得による貨幣資金で中国国内において再投資する場合
2 外国投資企業が資本剰余金、利益剰余金、未処分利益、登記済外債および未払配当金で振替増資する場合
3 外国出資者が出資を減少する場合
4 国家の定めるその他の出資方法で外貨局の審査批准を受けなければならない場合

３）現物出資

外国側出資者が現物で出資する場合は、公認会計士は輸入貨物通関書類を取得して現物が国外からのものであるかどうかを検査します。

４）その他の出資

外国側が上記以外の方法で出資する場合は、公認会計士は企業登録地の外貨

局に外国側出資状況の証明照会状を発行して、外国側出資者の出資方法に基づいて銀行の証明照会回答状、資本項目外貨業務審査批准文書および輸入貨物通関書類等の文書の写しを添付して、上記の文書の内容の真実性、合法規性を照会します。

上記金額に外国側出資者が外貨で出資したが中国国内において当初の通貨に振替えられた場合には、公認会計士は当初の通貨振替が外貨局の審査批准したものであることを検査します。

2．外為指定銀行の回答状

外為指定銀行は公認会計士の業務に着いて積極的に対応し、証明照会状を受領した後は関係データ資料について照合し、明確に意見を署名して、対外的に法的証明効力を有する業務専用印章を押印して、質問照会状を受領した日から5日以内に回答状を返送します。

公認会計士が外為指定銀行に証明照会状を直接持参した場合には、外為指定銀行は当日に回答しなければいけません。

3．外貨局の回答状

外貨局は外国側の出資状況についての証明照会状を受領した後に、関係規定により添付書類の内容の真実性、合法規性について審査を行います。外貨局は証明照会回答状に資本項目業務専用印章を押印し、証明照会状を受領した日から5営業日以内に回答状を発行します。

なお、国家外貨管理局北京外貨管理部が2012年7月27日付で公布した「北京地区の外国投資企業の照会状の簡易化に係る問題に関する通知」によれば、北京市では資本項目業務専用印章の手続について次のように簡易化されています。

> 1）会計事務所が外貨局の直接投資外貨管理情報システムの事務所端末を通して貨幣形式の出資検証照会状の電子情報を提出し、かつ審査済みの電子照会回答書を直接プリントアウトした場合は、会計事務所または企業が別途申請を行っていない場合であっても、外貨管理部は外貨局の資本項目業務専用印章を照会回答書に押印することはしない。
> 2）外貨局の直接投資外貨管理情報システムの事務所端末を通して貨幣形式の出資検証照会状の電子情報を提出した場合は、外貨局にハードペーパーの照会状

資料を提出しないことができる。
3) 会計事務所は上記の外貨局の資本項目業務専用印章を押印していない照会状回答書を根拠として企業に出資検証報告書を発行することができる。
4) その他の現物または無形資産等の形式で出資する場合は、従来どおり現行の管理規定により処理する。

4．出資検証報告書の発行

公認会計士は外国側出資状況の証明照会回答状を受領した後に、外資外貨登記番号を明記した回答状を出資検証報告書の発行の根拠としその写しを企業に留保します。

❼ 外国投資企業の増資留意事項

① 外貨資本金の増資手続

外貨資本金の増資の手続については、増資を行う企業の董事会の決議から始まり、その董事会の決議をベースとして企業認可部門である商務部門により増資の審査批准を受けて、商務部門から発行される**審査批准回答書**に基づいて工商行政管理局で登記手続を行い増資後の営業許可証の発行を受けます。これらの手続においては外貨資本金に対する外貨管理局の審査批准、さらには特別な外貨による増資であるため公認会計士による**外貨資本金出資検証報告書**を受領して、再度、工商行政管理局で最終的な登録資本金の登記を行うことにより完了します。

ここでは主に、増資の手続きに必要な商務部門、工商行政管理局、外貨管理局への申請提出書類を紹介します。

1．企業の設立批准を認可する商務部門

商務部門で増資の批准を受ける場合には、次のような申請書類を提出します。
1　外国投資企業変更申請書
2　董事会決議

3　契約書修正案
4　定款修正案
5　董事会構成員委託派遣書
6　董事会構成員名簿

２．企業の登記を管理する工商行政管理局

　次に、工商行政管理局で増資に関する手続を行う場合には、次のような提出書類が必要となります。
1　外国投資の公司変更（届出）登記申請書
2　審査批准機関の批准文書（回答書と批准証書副本1）
3　法により作成した決議または決定
4　会社法定代表者の署名した会社定款修正案または修正後の会社定款
5　法により設立した資本金検証機構の発行した資本金検証報告書
6　営業許可証の正本、副本
7　国家工商行政管理総局の定める提出を要するその他の文書

３．外貨管理局への申請提出書類

１）外国投資者の利益による増資

　外国投資企業の外国側投資者が、その出資している外国投資企業の人民元利益を中国国内において再投資または増資する場合には、下記の書類を企業所在地の外貨局に提出して申請します。
1　外国投資企業が提出する書面による申請書
2　外国投資企業の外貨登記ICカード
3　企業の董事会の利益分配決議書および外国投資者の分配取得した利益について再投資を行うことの確認書
4　企業の資本金出資検証報告書と直近年度の財務監査報告書およびこれに関連する外貨収支状況表の審査報告書
5　企業が未処分利益を資本金に組入増資する場合は、納税証明書または免税証明書
6　再投資または増資予定企業の商務部門の批准回答書
7　外貨管理局が提出を要求するその他の資料

２）剰余金の資本組入

　外国投資企業の企業発展基金と準備基金は、企業の税引後利益から積み立て

たものであり、商務部門の批准を受けて、両基金は企業の登録資本金の増資に振替えることができます。

外貨管理規定では、さらに広く、外国投資企業の外国投資者の資本剰余金、利益剰余金、未処分利益および外債登記済みの外債（元本と利息）は企業の資本金に振替えて増資することが認められています。外貨管理局に提出する書類は次のとおりです。

1　外国投資企業が提出する書面による申請書
2　外国投資企業の外貨登記ICカード
3　企業の董事会による資本金変動に関する決議書類
4　商務部門が同意した企業の資本金変動の批准回答書、外債登記済みの外債を資本金に振替増資する場合は、商務部門の批准回答書により明確に確認できること
5　企業の直近期の資本金出資検証報告書と直近年度の財務監査報告書およびこれに関連する外貨収支状況表の審査報告書
6　企業が未処分利益を資本金に組入増資する場合は、納税証明書または免税証明書
7　企業の外国投資者が登記済みの外債とその登記利息を振替増資する場合は、債券を持分に転換する予定の外債署名約定表、外債変動追跡表、債権者が債権の持分転換に同意した証明文書を別途提出する
8　外貨管理局が提出を要求するその他の資料

ただし、外国投資企業の資本剰余金または利益剰余金の資本組入については、企業法、企業会計制度、外貨管理局の関係規定により、次のような規制があります。

中外合弁企業はその準備基金と企業発展基金を増資する場合には、**増資後の準備基金と企業発展基金の総額は登録資本金の25％を下回ってはならない**ものとされています。外資企業についても、準備基金を登録資本金に振替える場合には、**増資後の準備基金は登録資本金の25％を下回ってはならない**とされています。

外国投資企業の外国側出資者が出資してその引き受けた**登録資本金を超える部分は企業の資本剰余金に計上**します。外国投資企業がその資本剰余金を企業の資本金に振替えて増資した場合には、為替レートの変動またはその他の類似の原因により実際の出資額が登録資本金より大きい場合には、その超過額は資本剰余金としなければならないものとされており、資本剰余金は増資により登

録資本金に振替えることはできません。

② 外貨資本金口座の留意事項

外貨資本金口座については、次のような留意事項があります。

1．外貨決済前の出資検証報告
外国投資企業が銀行に資本金の決済を申請する場合には、事前に会計士事務所の資本金出資検証を受けて報告書を受領しなければいけません。 会計士事務所は外貨局で出資検証の照会を行った後に出資検証報告書を企業に発行します。銀行は資本金の出資検証手続が完了していない場合には決済処理を行うことができません。

2．外貨資本金の累計金額問題
例えば、外国側投資者の登録資本金が1,000万ドルで、実際の外貨資本金の振込金額が1,002万ドルであった場合には、**資本金の累計発生金額は外貨局が批准した口座最高限度額の1％であり、かつ絶対金額は3万米ドルを超えることができないとされているため、**2万米ドルはその許容範囲内にあり、決済金額は1,002万米ドルとなります。登録資本金は1,000万ドルで資本剰余金は2万米ドルとなります。

3．外貨資本金の人民元資金
外貨資本金の人民元資金については、次のように**国内持分投資**、**不動産投資**、**証券投資**、**外国投資性公司**について各種の規制があります。

1）国内持分投資
外国投資企業の外貨資本金の元転により取得した人民元資金は、政府の審査批准部門の経営範囲内で使用しなければならないため、**資本金の元転により取得した人民元資金は国内持分投資に使用することはできません。**

持分投資とは、子会社の新規設立、既存子会社の増資、既存企業の買収をいう。外国投資企業は資本金の元転により取得した人民元資金を国内持分投資に使用することはできないが、企業は資本金以外の合法的に取得した人民元で再投資を行うことはできます。ただし、資本金口座内の資金は使用することができません。

2）不動産投資

外国投資不動産企業を除いて、**外国投資企業は資本金の元転により取得した人民元資金で自己使用以外の国内不動産を購入することはできません**。

3）証券投資

外国投資企業が資本金の元転により取得する人民元資金を証券投資に使用することはできません。

4）外国投資性公司の国内投資

商務部門が批准して成立する外国投資性公司が、**国内持分投資に従事する場合のその資本金の国内振替は外貨局の審査批准後に処理が可能**となります。

4．外貨資本金の人民元転

外国投資業が銀行に資本金の人民元転を申請する場合には、下記の資料を提出しなければいけません。

1　外国投資企業の外貨登記ICカード
2　資本金の元転により取得する人民元資金の支払命令状

支払命令状とは、企業または個人が発行し、銀行がこれを根拠として元転して取得する人民元資金の対外的な支払を行う書面による指示書です。

3　資本金の元転後の人民元資金の用途証明文書

商業上の契約書または受領者が発行する支払通知書を含み、支払通知書は商業契約書の主要な条項の内容、金額、受領者の氏名および銀行口座番号、資金用途等を含みます。企業が資本金の元転により取得する人民元資金で人民元の借入金を返済する場合は、当該貸付資金が契約約定にしたがって批准された経営範囲内において使用されたとする説明書を提出しなければいけません。

なお、**資本金の人民元転資金は、未使用の人民元借入金の返済に使用することはできません**。ここで使用の概念とは、1つは企業の借入金をすべて使い切った場合に返済が可能となること、2つには借入金をすべて使い切ることによって資本金の元転を申請することができること、3つには借入金の用途は批准を受けた経営範囲内で企業の取扱項目に用いられることを意味します。

4　会計事務所が発行した直近期の出資検証報告書で、**外国側出資状況質問照会状の回答状を添付**します。
5　資本金の元転により取得する人民元資金の支払命令状により対外的に支払われることに関連する証憑とその使用状況の明細リストおよび企業印章または財務印章を押印した発票等の関係証憑の写し

6　銀行が補充する必要があるその他資料

　5万米ドル以下の企業の手元現金を元転する場合には、上記の3と5の書類は必要がなく、その資本金口座の利息は銀行の発行する利息計算書に基づいて直接に元転処理することができます。

5．持分購入と資産現金化専用外貨口座

　国内機構または個人が、外国投資者に所持する国内企業の持分または権益を譲渡することにより受領する外貨購入対価（持分譲渡対価）は、資産現金化専用外貨口座を通して振込と元転の処理を行います。資産現金化専用外貨口座の開設と資金の振込は、所在地の外貨局が関係規定により審査批准し、銀行が外貨局の発行した審査批准証書を根拠として関係する業務を行います。

　国内機構または個人が、資産現金化専用外貨口座の資金を元転する場合には、下記の資料を銀行に直接持参して申請処理を行います。

1　元転により取得する人民元資金の支払命令状
2　元転後の人民元資金の用途証明文書
3　資金の元転により取得する人民元資金の支払命令状により対外的に支払われることに関連する証憑とその使用状況の明細リストおよび企業印章または財務印章を押印した発票等の関係証憑の写し

❽ 外国投資性公司の増資問題

① 国内合法所得による再投資に伴う増資手続

　国家外貨管理局の資本項目管理司は、2011年3月29日付で「外国投資性公司の再投資の出資検査照会証明書に係る関連問題の操作ガイドラインに関する通知」を公表しました。下記のとおり、この通知では、**外国投資性公司の国外投資者が中国国内の合法所得で国内企業に再投資する時には、外国投資性公司の登録資本金を増資しなければならないと規定**したことから、国外投資者が増資による不利益を被る可能性が発生しました。

1．増資による外貨業務審査批准証書の発行

「商務部の外国投資により設立する投資性公司に関する補充規定」の関連規定に基づいて、外国投資性公司は国内合法所得（人民元利益、減資、清算、撤退、持分転換、先行投資回収またはその他の国内所得等）で国内企業に再投資する時は、事前に外国投資性公司所在地の外貨局は、国外投資者が人民元利益等の国内合法所得で当該公司の登録資本金を増加する資本項目の**外貨業務審査批准証書**（**再投資批准書**と称する）を発行します。

2．再投資の手続

外国投資性公司は国内合法所得を登録資本金に組み入れた後に、関係する法規により国内企業に再投資します。

外国投資性公司が国内企業に再投資する時は、再投資企業所在地の外貨局は**会計事務所の業務連携書類と出資検査紹介証明申請書（流入類）、「外国投資者出資状況照会証明書簡」、再投資批准証の写し等の文書**を根拠として、相応の出資検査照会証明書の登記手続を行い、かつ**「外国投資性公司国内合法所得再投資照会証明調査照会状」**（照会証明調査照会状）をすみやかに外国投資性公司所在地の外貨局にファックスします。

3．外貨局の対応処理

外国投資性公司所在地の外貨局は照会証明書簡を受領した後2営業日以内に**「外国投資性公司国内合法所得再投資照会証明調査回答状」**を記載して回答します。

再投資所在地の外貨局は照会証明回答状を受領した後に、現行規定によりすみやかに相応の出資検査照会証明登記手続を処理します。

4．外国投資性公司の処理

外国投資性公司は国内合法所得を国内のその他企業に再投資する場合は、増資組入と再投資批准書の手続を妥当に処理した後に、外国投資性公司またはその国内合法所得源泉地の外国投資企業は、資金を再投資が必要な国内企業に直接振替えることができます。

外国投資性公司が再投資した国内企業は、外貨利益を外国投資性公司に配当する場合は、**「外国投資企業外貨登記証」**、董事会の利益処分議事録および**完税証明書等**を持参して外為指定銀行で振込手続を行うことができます。

② 増資問題の改善措置

　商務部、国家外貨管理局は 2011 年 12 月 8 日付で「外国投資性公司に係る管理措置の更なる改善に関する通知」を発表して、上述した外国投資性公司の国外投資者の合法所得による再投資について、外国投資性公司の増資を行わないような改善措置を次のような規定により発表しました。この規定によって、**外国投資性公司の増資手続は必ずしも行う必要がなくなり、増資に伴う配当金の源泉課税問題は回避される**こととなりました。

　外国投資性公司は、その中国国内において獲得した人民元利益、先行投資回収、清算、持分譲渡、減資の人民元合法所得を、所在地の外貨局の審査批准を受けて、直接国内投資に使用することができます。

　外国投資者がその上記の合法所得を投資性公司の登録資本金に出資（または増資）した後に国内投資に展開することもできます。外国投資性公司が国内投資の照合批准手続を行う時は、外貨管理部門に下記の資料を提出します。

1　書面による申請書
2　外国投資企業外貨登記 IC カード
3　商務主管部門の外国投資性公司の国内投資に関する批准文書
4　**人民元資金源泉証明資料**は、外国投資企業の外国投資者が所得利益、先行投資回収、清算、持分譲渡、減資の所得を国内において再投資（増資）する取引を行う場合に提出する文書を参照しなければいけません。
5　**直近一期間の出資検証報告書と財務監査報告書**（付属の相応する外貨収支状況表の審査照合報告書）

　上記資料は所在地の外貨局が会計士事務所の業務連絡書簡と出資検証照会状申請書（流入類）、「外国投資者出資状況照会書簡」、外国投資性公司所在地の外貨局が発行した上記国内投資照合批准文書の写し等の資料を根拠として、投資された企業のために相応の出資検証照会手続を行い、かつ照合批准文書の原本上に出資検証済みの金額と時期を注記します。

　なお、この通知では、**外国投資性公司の国内貸付金は国内再投資に使用することはできない**ことも規定されました。

解説4　資本再編税務

1　配当と持分譲渡の源泉課税

① 非居住企業に対する源泉課税

　中国の企業所得税法では、企業は居住企業と非居住企業に区分されます。**居住企業とは、中国国内で設立された企業または外国の法律で設立されたが実際管理機構が中国国内に所在する企業**です。

　実際管理機構とは、企業の生産経営、人員、財務、財産等に対して実質的に全面的な管理と支配を行う機構をいいます。実際管理機構は次の条件をすべて満たす場合に中国国内に所在することになります。

1　企業のトップマネジメントとその職務遂行の所在が中国国内であること
2　企業の財務と人事の政策を決定する組織と人員が中国国内にあること
3　企業の財産、帳簿、印鑑、役員会と総会の議事録が中国国内にあること
4　過半数の議決権を有する役員またはトップマネジメントが中国国内に居住すること

　非居住企業とは居住企業以外の企業であり、中国国外の法律で設立されかつ中国国内に実際管理機構のない企業をいいます。

　企業所得税法では、非居住企業が中国国内において機構、場所を設立しない場合、または機構、場所を設立したが取得した所得がその設立した機構、場所と実質的な関係がない場合は、その非居住企業の中国国内源泉所得に対して源泉税率10％で課税します。

　非居住企業の中国国内源泉所得には、貨物販売所得、役務提供所得、財産譲渡所得、配当所得、利息所得、リース所得、特許権使用料所得等があります。**貨物販売所得と役務提供所得は、非居住企業が中国国内に機構、場所を有する場合に課税される所得**です。中国国内に機構、場所を設立しない場合には、財

> **Point!**
>
> ## 非居住企業の中国国内源泉所得はどのように区分される?
>
> ・貨物販売所得→機構、場所を有する場合
> ・役務提供所得→機構、場所を有する場合
> ・財産譲渡所得―――不動産→所在地
> 　　　　　　　└―動産→譲渡した企業等の所在地
> ・出資持分の譲渡所得→企業の所在地
> ・配当と利益分配所得→企業の所在地
> ・利息所得、リース所得、特許権使用料所得→負担する企業等の所在地

産譲渡所得、配当所得、利息所得、リース所得、特許権使用料所得等が**中国国内源泉所得**となります。

中国国内源泉所得と国外源泉所得の区分は、所得の種類に応じて次のように決定されます。財産譲渡所得のうち、不動産については不動産の所在地が中国国内であれば中国国内源泉所得となり、動産については動産を譲渡した企業等の所在地が中国国内にあれば中国国内源泉所得となります。出資持分の譲渡所得については、その出資持分を発行している企業の所在地が中国国内であれば中国国内源泉所得となります。すなわち、中国国内に所在する企業の出資持分の譲渡は中国国内源泉所得となります。

配当と利益分配所得については、所得を分配する企業の所在地が中国国内であれば、中国国内源泉所得となります。すなわち配当を行う企業の所在地が中国国内であれば、中国で源泉課税が行われます。

利息所得、リース所得、特許権使用料所得は、その所得を負担し支払う企業等の所在地が中国国内であれば中国国内源泉所得となります。

したがって、非居住企業が中国国内に所在する企業から受け取る配当所得と中国国内に所在する企業の出資持分の譲渡所得については、10％の源泉税率で企業所得税の課税が行われます。

ただし、これらの配当所得または持分譲渡所得の基因となる出資持分を非居住企業の中国国内の機構、場所が実質的に保有している場合には、配当所得と持分譲渡所得はその機構、場所の事業所得に含まれるため、非居住企業に対する源泉課税は行われません。

> **Point!**
>
> ## 免税理由と条件
>
> 免税理由──二重課税の排除
> 免税条件─┬─居住企業による他の居住企業に対する直接投資
> 　　　　　│　　孫会社に対する間接出資は除外
> 　　　　　│　　居住企業の非居住企業に対する国外投資も除外
> 　　　　　└─上場会社株式を12ヶ月以上連続保有していれば適用
> 　　　　　　　　上場公開会社の12ヶ月未満連続保有による短期的投機は除外

② 居住企業間の配当免税

　居住企業間で行う配当と利益分配については、**居住企業が他の居住企業に直接出資して取得した配当と利益分配は免税**とされています。

　条件に適合する居住企業間の配当・利益分配等持分性投資収入とは、居住企業がその他の居住企業に直接出資して取得する投資収入をいいます。配当・利益分配等持分性投資収入には、居住企業が公開発行しておりかつ上場流通している株式を12ヶ月未満に連続保有して取得した投資収入は含みません。

　中国国内のある企業が他の企業に持分性投資すなわち直接の出資を行い、配当、利益分配等を取得する時は、配当、利益分配等はその投資先企業の利益から分配されるものであり、投資先企業の課税収入として企業所得税が課税されており、配当、利益分配等の収入を取得する企業に課税するならば、二重課税となるため、条件に適合する居住企業間の配当、配当等の持分性投資収入は免税収入とされます。

　条件に適合するとは、次の二つの条件を意味しています。一つは、**居住企業が他の居住企業に直接出資して取得した直接投資収入に限定**されることです。この条件によれば、居住企業間の非直接投資により取得する持分性投資収入は免税収入から除外される、すなわち孫会社に対する間接投資により配当等の持分性投資収入は除外されます。また居住企業の非居住企業に対する直接投資による持分性投資収入も除外されます。二重課税の排除からすれば、中国の居住企業からの配当、利益分配等に限定されます。

　二つ目の条件は、**居住企業が公開発行しておりかつ上場流通している株式を**

12ヶ月未満、連続保有して取得した投資収入は含まないことです。上場会社の株式を12ヶ月以上連続して保有していれば、持分性投資収入として免税されますが、12ヶ月未満連続保有している場合は短期的な投機収入として投資収入とはみなされず、免税収入にはなりません。

なお、外国の法律によって設立し中国国内において実際管理機構を有する居住企業を非国内登記居住企業と呼びますが、外国企業であっても実際管理機構が中国国内に所在することによって居住企業とされる企業についても居住企業間の配当免税の規定は適用されます。

③ 非居住企業の機構、場所の配当免税

中国国内に機構、場所を設立した非居住企業が居住企業から取得したその機構、場所と実質的な関連を有する配当、利益分配等の持分性投資収入も免税収入とされます。

非居住企業の機構、場所と実質的な関連を有する配当、利益分配等の持分性投資収入とは、その機構、場所が所有し、支配する持分性投資から取得する配当、利益分配等をいいます。

Point! 二重課税排除が目的

非居住企業の機構、場所が所有し、支配する持分性投資からの配当、利益分配等に対しても免税を認めているのは、持分性投資からの配当、利益分配はその投資先の税引前利益に対してすでに企業所得税が課税されているためであり、**二重課税を排除するために居住企業間の配当等免税と同じく免税**とされます。

配当・利益分配等持分性投資収入には、居住企業が公開発行しておりかつ上場流通している株式を12ヶ月未満に連続保有して取得した投資収入は含みません。この規定も居住企業間の配当等免税規定と同じく、配当等の免税規定は長期的な事業投資を奨励するものであって、投機を目的とする短期保有を奨励するものではないためです。

④ 配当の税務処理

1．旧企業所得税の配当免税

　旧税法では、外国投資者が外国投資企業からの配当を取得した時には企業所得税の源泉徴収が免除されていましたが、企業所得税法の改正により 2008 年 1 月 1 日から、非居住企業が取得する中国国内源泉所得は 10％の税率により企業所得税が課税されることとなりました。

　したがって、**外国投資企業から非居住者である外国投資者に支払われる配当については、2008 年 1 月 1 日から 10％の源泉税が課税**されます。ただし、2008 年 2 月 22 日に財政部、国家税務総局から「企業所得税の若干の優遇政策に関する通知」が公布され、2007 年度までに獲得した未処分利益を 2008 年 1 月 1 日以後に配当した場合には、配当の源泉税は免税が継続して適用されることとなりました。これに対して、2008 年度以後に獲得した利益の配当については 10％の源泉税が課税されます。

2．配当、利益分配の収入認識時期

　企業が持分性投資して取得する配当、利益分配等の収入は、**投資先企業の株主会または株主総会が利益分配または資本金転換の決定を行った日**に、収入が実現します。

　また、投資先企業が、持分（株式）の払込剰余金で構成された資本剰余金を株主資本金に転換した場合は、出資者企業の配当、利益分配収入とすることなく、出資者企業もその長期投資の課税標準価額を増加させることはできないものとされています。

3．日中租税条約の適用

　外国投資者が日本企業（日本の内国法人）である場合には、**配当の限度税率が 10％**とされている現行の日中租税条約が適用され、日中租税条約第 10 条第 2 項により日本の居住者である法人が中国の企業から取得する配当に対しては 10％の税率で源泉徴収が行われることとなります。

⑤ 配当の源泉徴収

1. 税務登記

　源泉徴収義務者と非居住企業が、源泉所得と関係する取引の契約書または協議書を初めて締結した場合は、源泉徴収義務者は**契約締結の日から30日以内**に、その主管税務機関に申告して源泉徴収税額登記を行います。

　源泉徴収義務者は、非居住企業と源泉所得に関係する取引の契約を毎回、締結する時に、契約締結（契約の修正、補充、延期を含む）の日から30日以内に、その主管税務機関に**「源泉徴収企業所得税契約届出登記表」、契約の写しと関係資料を提出**します。文書が外国語である場合には同時に中国語翻訳を添付します。

　持分譲渡取引の両当事者が非居住企業でありかつ国外において取引した場合には、譲渡された持分の国内企業が法により税務登記を変更した時に、持分譲渡契約の写しを主管税務機関に提出します。

2. 源泉徴収

　源泉徴収義務者は、代理控除代理納付税額帳簿と契約資料ファイルを設置し、企業所得税の源泉徴収状況を正確に記録し、かつ税務機関の検査を受けなければいけません。

　源泉徴収義務者は、非居住企業に源泉徴収所得を毎回支払った時または期限が到来して支払うべき時に、支払ったまたは支払うべき金額から企業所得税を源泉徴収します。**期限が到来して支払うべき金額とは、支払者が発生主義の原則によって関係する原価、費用に計上すべき未払金額**をいいます。

　源泉徴収義務者は毎回の代理控除代理納付する時に、その主管税務機関に**「中華人民共和国源泉徴収企業所得税報告表」と関係資料を提出**し、かつ**代理控除の日から7日以内**に国庫に納入します。

　複数回支払う契約項目については、源泉徴収義務者は契約を履行する最後の1回の支払の前15日以内に、主管税務機関に契約すべての支払明細書、前期の源泉徴収表と納税領収書等の資料を提出し、源泉徴収税額の精算手続を行います。

3．源泉徴収税額

源泉徴収企業所得税の納付税額の計算は次のとおりです。

源泉徴収企業所得税納付税額＝課税所得額×実際徴収率

課税所得額とは、企業所得税法の規定により計算する下記の課税所得額をいいます。

1　配当・利益分配等の持分性投資収入と利息、リース料、特許権使用料所得は、収入総額を課税所得額とし、税法が定める以外の税金費用支出を控除することはできない
2　財産譲渡所得は、収入総額から財産純額を控除した残額を課税所得額とする
3　その他所得は、上記方法を参照して課税所得額を計算する

実際徴収率とは、企業所得税法とその実施条例等の関係する法律法規が定める税率、または租税条約が定めるさらに低い税率をいいます。

源泉徴収義務者が対外的に支払ったまたは期限が到来して支払うべき金額が人民元以外の通貨である場合は、源泉徴収企業所得税を申告する時に、源泉徴収した当日の国家が公布した人民元為替レート仲値で、人民元に換算して課税所得額を計算します。

源泉徴収義務者は、非居住企業と源泉徴収所得と関係する取引の契約を締結する時は、契約の中で源泉徴収義務者が納付税額を負担することが約定されている場合は、非居住企業が取得した税引所得は税込所得に換算した後に課税計算します。

4．源泉徴収の不履行と申告納付

非居住企業が税金の代理控除を拒絶した場合は、源泉徴収義務者は非居住企業の納付税額に相当する金額の支払を暫定的に停止し、かつ1日以内にその主管税務機関に報告し、同時に書面による状況説明書を提出します。

源泉徴収義務者が法による源泉徴収をしない場合または源泉徴収義務を履行できない場合は、非居住企業は源泉徴収義務者の支払った日または期限が到来して支払うべき日から7日以内に、所得発生地の主管税務機関で企業所得税を申告納付します。

持分譲渡取引の両当事者が非居住企業でありかつ国外において取引した場合は、所得を取得した非居住企業が自らまたは代理人に委託して譲渡された持分

の国内企業所在地の主管税務機関に申告納税します。譲渡された持分の国内企業は、税務機関が非居住企業に税額を課税して納付させることに協力します。

5．申告納税地と所得発生地

　源泉徴収義務者の所在地と所得発生地が同一地ではない場合は、源泉徴収義務者の所在地の主管税務機関が、源泉徴収義務者の法により源泉徴収しなかった日または源泉徴収義務を履行できなかった日から5営業日以内に、所得発生地の主管税務機関に「非居住企業税務事項連絡書簡」を発送し、非居住企業の申告納税事項を告知します。

　非居住企業が企業所得税を申告納付する時に、中国国内に複数の所得発生地が存在し、かつその中のいずれか一つを選択して企業所得税を申告納付する場合は、申告納税所在地の主管税務機関に事実のとおり関係する状況を報告します。申告納税所在地の主管税務機関は申告納税を受理した後に、非居住企業の申告納税した所得税の状況を源泉徴収義務者の所在地とその他の所得発生地の主管税務機関に書面により通知します。

　非居住企業が規定どおりに企業所得税を申告納税していない場合は、申告納税所在地の主管税務機関は期限を定めて納付させる責任を負い、期限を経過して納付していない場合は、申告納税所在地の主管税務機関はその非居住企業の中国国内におけるその他の収入項目とその他支払者の関係情報を収集し、事実調査することができ、かつその他支払者に「税務事項通知書」を発送し、その他支払者の未払の金額から、当該非居住企業の納付税額と滞納金を追徴することができます。その他支払者所在地と申告納税所在地が同一地ではない場合は、その他支払者所在地の主管税務機関が手配を行い協力しなければいけません。

❷ 持分譲渡課税

① 税務登記

　持分譲渡契約の譲渡人が非居住企業でその譲受人が中国居住企業である場合は、その持分譲受人が持分譲渡所得の支払者となりますので、源泉徴収義務者である持分譲受人は取引の**契約締結日から30日以内**に所在地の税務局で税務

登記を行う必要があります。

　源泉徴収義務者が法に従わないで源泉徴収しないかまたは源泉徴収義務を履行できない場合は、非居住企業が契約書、協議書の約定した持分譲渡の日から7日以内に、持分を譲渡された中国居住企業所在地の主管税務機関で企業所得税を申告納付します。非居住企業が期限までに事実のとおり申告しなかった場合は、租税徴収管理法の関係規定により処理するものとされています。

　持分譲渡取引の両当事者（譲渡人と譲受人）が非居住企業であり、かつ中国国外において取引した場合には、中国国内に取引当事者が存在しませんので、譲渡された出資持分を発行している中国国内企業が出資者の変更による税務の変更登記を行った時に、持分譲渡契約の写しを中国国内企業所在地の主管税務機関に提出します。

② 持分譲渡所得計算

１．譲渡所得計算

　持分譲渡所得とは、非居住企業が中国居住企業の持分を譲渡して取得する所得をいいます。公開の証券市場で買入れてかつ売り出した中国居住企業の株式を譲渡する場合も含みます。

　譲渡所得計算については、**持分譲渡所得は持分譲渡価額から持分原価金額を控除した差額であり、持分譲渡価額とは、持分譲渡人が譲渡した持分について受け取る金額**をいい、現金、非貨幣資産または権益等の形式の金額を含むものです。

　持分原価金額とは、持分譲渡人が中国居住企業に投資して資本参加した時に、中国居住企業に実際に払い込んだ出資金額、または出資持分を購入した時に出資持分の旧譲渡人に実際に支払った持分譲渡金額をいいます。

２．計算通貨

　持分譲渡所得を計算する時は、非居住企業の持分が譲渡される中国居住企業に出資した時または旧出資者がその持分を購入した時の通貨で持分譲渡価額と持分原価金額を計算します。すなわち、**自分で資本金出資した時に使用した通貨または旧譲渡人から譲り受けた場合には旧譲渡人が使用した通貨で譲渡所得を計算**します。

　さらに、同一の非居住企業に複数の投資が存在する場合は、初回に資本を投

入した時の通貨種類で持分譲渡価額と持分原価金額を計算し、加重平均法で持分原価金額を計算します。すなわち、**複数回にわたって投資を行った場合には初回の投資で使用した通貨で計算し、2回目以降の投資については加重平均法で計算**します。

　また、複数の投資時の通貨種類が一致しない場合は、毎回の資本を投入した当日の為替レートで初回投資時の通貨種類に換算しなければいけません。すなわち、**初回の使用通貨が米ドルで2回目以降の使用通貨が日本円である場合には、譲渡所得の計算は米ドルで行い、2回目以降はその都度の為替レートで日本円から米ドルに換算して、持分原価金額を計算**します。

3．為替レート

　源泉徴収義務者が対外的に支払ったまたは期限が到来して支払うべき金額が人民元以外の通貨である場合は、源泉徴収の企業所得税を申告する時に、源泉徴収した当日の国家が公布した人民元為替レート仲値で、人民元に換算して課税所得額を計算します。

③ 配当の税務処理

1．配当所得と持分譲渡所得の関係

　出資持分が譲渡される企業すなわちその出資持分を発行している企業に未処分利益等の金額がある場合には、従来は、未処分利益等の金額に相当する部分を配当所得として処理することが認められていました。すなわち、持分譲渡所得のうち企業の未処分利益からなる所得部分については持分譲渡所得とは切り離して配当所得として処理していました。

　これは企業所得税法が改正される以前の2007年12月31日までは、配当所得は原則としてすべて免税とされていたため、持分譲渡所得のうち企業の未処分利益に相当する所得部分について配当所得として企業所得税を免税としていたことによります。

　すなわち、当時は、配当所得を受け取る中国国内企業について配当所得はその他の生産経営所得と合算されて事業所得として課税が行われましたが、外国企業が配当を受け取る場合には配当免税が行われていたため、持分譲渡所得のうち未処分利益に相当する配当所得については持分譲渡所得と切り離して免税を認めていたものです。

Point! 企業の未処分利益→配当所得とはしないで、持分譲渡価額に含めて処理

　しかし、企業所得税法が改正された2008年1月1日以降は、居住企業間の配当所得は従来どおり源泉税を免税としましたが、非居住企業に対する配当所得については10％の源泉税を課税することとしたため、配当所得であっても持分譲渡所得であっても10％の源泉課税は同一であるため、**企業の未処分利益に相当する部分は配当所得とはしないで持分譲渡価額に含めて処理する**ものとされました。

　国家税務総局が2010年2月22日付で公布した「企業所得税法の若干の租税問題の貫徹実行に関する通知」においては、企業の未処分利益について次のように規定されました。

> 　企業の持分譲渡収入は、譲渡協議書の効力が発生し、かつ持分変更手続が完了したときに収入の実現を認識する。持分譲渡収入からその持分を取得するために発生した原価を控除して持分譲渡所得を計算する。企業が持分譲渡所得を計算する時は、投資先企業の未処分利益等の株主留保利益の中の分配可能な金額を控除することはできない。

2．配当収入の収益認識時期

　企業が持分投資して取得する配当、利益分配等の収入は、投資先企業の董事会または株主総会が**利益分配**または**資本金転換の決定を行った日**に、収入の実現を決定します。

3．資本剰余金の資本組入

　投資先企業が、払込剰余金で構成された資本剰余金を資本金に転換した場合は、出資者企業の配当、利益分配収入とすることなく、出資者企業もその長期投資の課税標準価額を増加させることはできません。

4．移転価格と企業再編

　移転価格については、非居住企業がその関連者に中国居住企業持分を譲渡した場合には、移転価格税制を適用して独立企業間価格で取引が行われたものと

して修正することが規定されています。
　企業再編については、非居住企業が持分譲渡所得を取得して、免税となる特別再編に該当して特別税務処理が行われた場合には、税務機関に届け出て審査批准を受けるべきことが規定されています。

Ⅲ　営業税の増値税改革実験

中国の営業税には仕入控除制度がないため、過重な税負担や増値税納税者が営業税の分を控除できないなど重複課税が問題となっていました。このため、営業税を増値税に転換する改革実験が大都市を中心に進行中です。今後の動向は日本企業にも大きく関わってくるはずです。

1 現代サービス業

【1－1】コンサルティングサービス業

[設例Ⅲ－1－1]

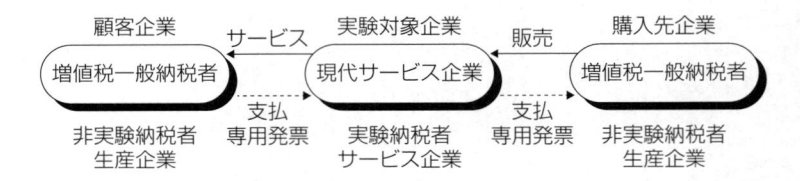

```
顧客企業          実験対象企業          購入先企業
         ←サービス─        ─販売→
増値税一般納税者   現代サービス企業    増値税一般納税者
         ─支払→          ←支払─
         専用発票          専用発票
非実験納税者     実験納税者       非実験納税者
生産企業       サービス企業      生産企業
```

> コンサルティングサービスを提供している現代サービス企業は、増値税の一般納税者である購入先企業（生産企業）から備品等を購入して、おなじく増値税の一般納税者である顧客企業（生産企業）にコンサルティングサービスを提供している。
>
> 【仮設条件】
> 1　顧客企業に対する売上は1,000であり、購入原価は500、人件費は300
> 2　顧客企業から1,000の販売代金を受領して増値税専用発票を発行する。
> 3　購入先企業に500の購入代金を支払って増値税専用発票を取得する。
> 4　実験対象企業は、実験前は営業税の納税者であったが、実験後に増値税一般納税者（実験納税者）となった。

Point!

（1）営業税の税負担の消滅

改革実験により、現代サービス企業は営業税の納税者から増値税の一般納税者となることにより、営業税の税負担すなわち納税資金が消滅する。増値税は最終消費者負担であり現代サービス企業の税負担は原則として発生することはない。

（2）税込価格による価格調整

顧客企業が新たに発生した仕入増値税を売上税から控除することができない場合には、顧客企業は現代サービス企業に対して取引価格を税込価格に調整するよう要求する可能性がある。

❶ 営業税の税負担の消滅

　営業税は、営業税の納税者が負担する税金であり、増値税は最終消費者である顧客が負担する税金です。改革実験により営業税の納税者から増値税の一般納税者となることにより、営業税の納税額だけ税負担が減少することになります。

　仕入増値税が企業のコストとなるのは、輸出還付税率が課税税率より低い場合、輸出に免税方法が適用され仕入税額がコストとなる場合、増値税の課税品を自己使用した場合等があります。

　増値税は、これらの特定の場合を除いて、企業の損益計算に影響しない税金であり、企業が営業税から増値税の一般納税者となることによって、企業の税前利益は一般的には増加し、企業所得税と税引後利益は増加する傾向にあります。

　営業税のサービス業のコンサルティングサービスの税率は5％、増値税改革実験の現代サービス業のコンサルティングサービスの税率は6％です。生産企業の増値税の税率は17％です。

　営業税と実験後の増値税の税額計算を比較すれば、**表Ⅲ－1**のとおりです。

表Ⅲ－1　営業税と増値税の税額計算

	実験前の営業税納税者	実験後の増値税一般納税者
売上額	1,000	1,000
売上税		1,000×6％＝60
営業税	1,000×5％＝50	
売上原価	500	500
仕入税	500×17％＝85	500×17％＝85
人件費	300	300
税前利益	(1,000－50)－(500＋85)－300＝65	1,000－500－300＝200
企業所得税	65×25％＝16.25	200×25％＝50
税引後利益	65－16.25＝48.75	200－50＝150
納税額	営業税＝50	増値税＝60－85＝－25（繰越）

❷ 税込価格による価格調整

　顧客企業にとってはこれまで発生していなかった仕入に係る増値税 60 が新たに発生することになり、この仕入増値税を売上増値税から控除できる場合には問題がありませんが、**売上税から完全に控除できない場合には、顧客企業の税負担すなわち納税資金が発生する可能性があります**。したがって、顧客企業は、改革実験によって税負担が消滅する現代サービス企業に、営業税の時と同じように販売額を税込価格とするように、取引価格の調整を要求する可能性があります（なお、以下の計算式では説明の便宜上、小数点以下を一部省略しています）。

　　販売額＝ 1,000 ÷（1 ＋ 6%）＝ 943

　このように販売額が税込価格となった場合には、現代サービス企業の税額計算は表Ⅲ－2のとおり調整を余儀なくされます。

表Ⅲ－2　営業税と増値税の税額計算－税込価格の場合

	実験前の営業税納税者	実験後の増値税一般納税者
売上額	1,000	943
売上税		943×6%＝56.58
営業税	1,000×5%＝50	
売上原価	500	500
仕入税	500×17%＝85	500×17%＝85
人件費	300	300
税前利益	（1,000－50）－（500＋85）－300＝65	943－500－300＝143
企業所得税	65×25%＝16.25	143×25%＝35.75
税引後利益	65－16.25＝48.75	143－35.75＝107.25
納税額	営業税＝50	増値税＝56.58－85＝－28.42

　表Ⅲ－2の結果、現代サービス企業の税前利益と税引後利益は大幅増加から縮小する可能性がありますが、営業税と比較して利益は増加します。これに対して顧客企業の支払金額は変化しませんが、購入原価の減少は利益を増加させ、仕入増値税の控除金額の増加は納税額（納税資金）を減少させます。

【1-2】コンサルティング企業が業務の一部を下請する場合

[設例Ⅲ-1-2]

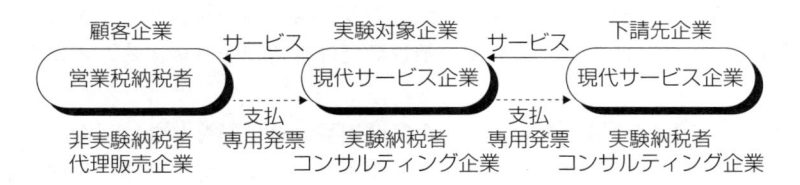

```
    顧客企業      サービス   実験対象企業    サービス   下請先企業
  ┌─────────┐  ←────  ┌─────────┐  ←────  ┌─────────┐
  │営業税納税者│         │現代サービス企業│         │現代サービス企業│
  └─────────┘  ────→  └─────────┘  ────→  └─────────┘
                  支払                      支払
  非実験納税者   専用発票    実験納税者   専用発票    実験納税者
  代理販売企業            コンサルティング企業      コンサルティング企業
```

コンサルティングサービスを提供している現代サービス企業は、その業務の一部を下請先企業（コンサルティング企業）に再委託し、営業税の納税者である顧客企業（代理販売企業）にコンサルティングサービスを提供している。

【仮設条件】
1. 顧客企業に対する売上は1,000であり、購入原価は500、人件費は300
2. 顧客企業から1,000の販売代金を受領して増値税専用発票を発行する。
3. 下請先企業に500の下請代金を支払って増値税専用発票を取得する。
4. 実験対象企業と下請先企業は、実験前は営業税の納税者であったが、実験後に増値税一般納税者（実験納税者）となった。
5. 顧客企業の販売代理業は営業税の課税役務である。

> **Point!**
>
> ### （1）営業税の税負担の消滅
> 改革実験により、現代サービス企業は営業税の納税者から増値税の一般納税者となることにより、営業税の税負担すなわち納税資金が消滅する。増値税は最終消費者負担であり現代サービス企業の税負担は原則として発生することはない。
>
> ### （2）税込価格による価格調整
> 顧客企業が営業税の納税者であるため新たに発生した仕入増値税を税額控除できない場合には、顧客企業は現代サービス企業に対して取引価格を税込価格に調整するよう要求する可能性がある。この税込価格の調整は、現代サービス企業と下請先企業との間においても行われる可能性がある。

❶ 営業税の税負担の消滅

　営業税は、営業税の納税者が負担する税金であり、増値税は最終消費者である顧客が負担する税金です。改革実験により営業税の納税者から増値税の一般納税者となることにより、営業税の納税額だけ税負担が減少することになります。

　増値税は、特定の場合を除いて、企業の損益計算に影響しない税金であり、企業が営業税から増値税の一般納税者となることによって、企業の税前利益は一般的には増加し、企業所得税と税引後利益は増加する傾向にあります。

　営業税のサービス業のコンサルティングサービスの税率は5％、増値税改革実験後の現代サービス業のコンサルティングサービスの税率は6％です。営業税と実験後の増値税の税額計算を比較すれば、**表Ⅲ－3**のとおりです。

表Ⅲ－3　営業税と増値税の税額計算

	実験前の営業税納税者	実験後の増値税一般納税者
売上額	1,000	1,000
売上税		1,000×6％＝60
営業税	1,000×5％＝50	
売上原価	500	500
仕入税		500×6％＝30
人件費	300	300
税前利益	（1,000－50）－500－300＝150	1,000－500－300＝200
企業所得税	150×25％＝37.5	200×25％＝50
税引後利益	150－37.5＝112.5	200－50＝150
納税額	営業税＝50	増値税＝60－30＝30

❷ 税込価格による価格調整

　顧客企業にとってはこれまで発生していなかった仕入に係る増値税 60 が新たに発生することになり、顧客企業は営業税の納税者であるため税負担すなわち納税資金 60 が発生することになります。
　したがって、顧客企業は、改革実験によって税負担が消滅する現代サービス企業に営業税の時と同じように販売額を税込価格とするように、取引価格の調整を要求する可能性があります。

$$販売額 = 1,000 \div (1 + 6\%) = 943$$

　このように販売額が税込価格となった場合には、現代サービス企業の税額計算は表Ⅲ－4のとおり調整を余儀なくされます。

表Ⅲ－4　営業税と増値税の税額計算－税込価格の場合

	実験前の営業税納税者	実験後の増値税一般納税者
売上額	1,000	943
売上税		943×6％＝56.58
営業税	1,000×5％＝50	
売上原価	500	500
仕入税	500×17％＝85	500×6％＝30
人件費	300	300
税前利益	（1,000－50）－（500＋85）－300＝65	943－500－300＝143
企業所得税	65×25％＝16.25	143×25％＝35.75
税引後利益	65－16.25＝48.75	143－35.75＝107.25
納税額	営業税＝50	増値税＝56.58－30＝26.58

　表Ⅲ－4の結果、現代サービス企業の税前利益と税引後利益は大幅増加から縮小する可能性がありますが、営業税と比較して利益は増加します。これに対して顧客企業の支払金額は変化しないため購入原価も同額となり利益に影響はありません。税込価格による取引価格の調整は下請先企業にも行われる可能性があります。

【1-3】コンサルティング企業に重要な外部経費がない場合

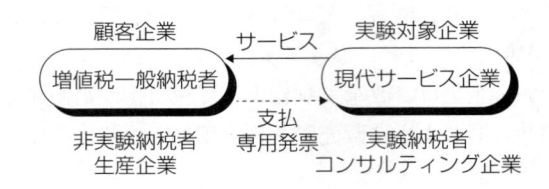

[設例Ⅲ-1-3]

```
       顧客企業        サービス       実験対象企業
   ┌─────────┐  ────────→  ┌─────────┐
   │増値税一般│              │現代サービス│
   │ 納税者  │              │   企業   │
   └─────────┘  ←········   └─────────┘
    非実験納税者    支払        実験納税者
     生産企業    専用発票   コンサルティング企業
```

コンサルティングサービスを提供している現代サービス企業は、増値税の一般納税者である顧客企業（生産企業）にコンサルティングサービスを提供している。

【仮設条件】
1 顧客企業に対する売上は1,000であり、人件費は700、諸経費は100
2 顧客企業から1,000の販売代金を受領して増値税専用発票を発行する。
3 従業員がコンサルティングサービスを提供し、諸経費の仕入税は僅少のため無視する。
4 実験対象企業は、実験前は営業税の納税者であったが、実験後に増値税一般納税者（実験納税者）となった。

Point!

（1）営業税の税負担の消滅

改革実験により、現代サービス企業は営業税の納税者から増値税の一般納税者となることにより、営業税の税負担すなわち納税資金が消滅する。増値税は最終消費者負担であり現代サービス企業の税負担は原則として発生することはない。

（2）税込価格による価格調整

顧客企業が新たに発生した仕入増値税を売上税から控除することができない場合には、顧客企業は現代サービス企業に対して取引価格を税込価格に調整するよう要求する可能性がある。

1 営業税の税負担の消滅

　営業税は、営業税の納税者が負担する税金であり、増値税は最終消費者である顧客が負担する税金です。改革実験により営業税の納税者から増値税の一般納税者となることにより、営業税の納税額だけ税負担が減少することになります。

　増値税は、特定の場合を除いて、企業の損益計算に影響しない税金であり、企業が営業税から増値税の一般納税者となることによって、企業の税前利益は一般的には増加し、企業所得税と税引後利益は増加する傾向にあります。

　営業税のサービス業のコンサルティングサービスの税率は5％、増値税改革実験の現代サービス業のコンサルティングサービスの税率は6％です。生産企業の増値税の税率は17％です。

　営業税と実験後の増値税の税額計算を比較すれば、**表Ⅲ－5**のとおりです。

表Ⅲ－5　営業税と増値税の税額計算

	実験前の営業税納税者	実験後の増値税一般納税者
売上額	1,000	1,000
売上税		1,000×6％＝60
営業税	1,000×5％＝50	
人件費	700	700
諸経費	100	100
税前利益	（1,000－50）－700－100＝150	1,000－700－100＝200
企業所得税	150×25％＝37.5	200×25％＝50
税引後利益	150－37.5＝112.5	200－50＝150
納税額	営業税＝50	増値税＝60

❷ 税込価格による価格調整

　顧客企業にとってはこれまで発生していなかった仕入に係る増値税60が新たに発生することになり、この仕入増値税を売上増値税から控除できる場合には問題がありませんが、売上税から完全に控除できない場合には、顧客企業の税負担すなわち納税資金が発生する可能性があります。

　したがって、顧客企業は、改革実験によって税負担が消滅する現代サービス企業に、営業税の時と同じように販売額を税込価格とするように、取引価格の調整を要求する可能性があります。

　　販売額＝ 1,000 ÷（1 ＋ 6%）＝ 943

　このように販売額が税込価格となった場合には、現代サービス企業の税額計算は**表Ⅲ－6**のとおり調整を余儀なくされます。

表Ⅲ－6　営業税と増値税の税額計算－税込価格の場合

	実験前の営業税納税者	実験後の増値税一般納税者
売上額	1,000	943
売上税		943×6%＝56.58
営業税	1,000×5%＝50	
人件費	700	700
諸経費	100	100
税前利益	（1,000－50）－700－100＝150	943－700－100＝143
企業所得税	150×25%＝37.5	143×25%＝35.75
税引後利益	150－37.5＝112.5	143－35.75＝107.25
納税額	営業税＝50	増値税＝56.58

　表Ⅲ－6の結果、現代サービス企業の税前利益と税引後利益は増加から減少に転ずる可能性がありますが、営業税の税負担は消滅します。これに対して顧客企業の支払金額は変化しませんが、購入原価の減少は利益を増加させ、仕入増値税の控除金額の増加は納税額（納税資金）を減少させます。

2 有形動産リース業

【2-1】オペレーティングリースサービス

[設例Ⅲ-2-1]

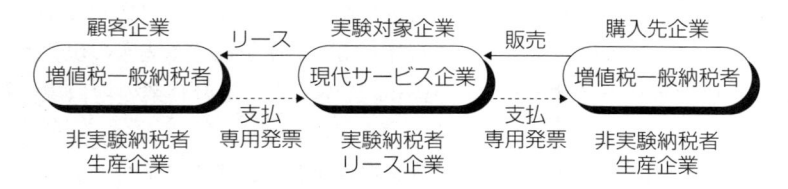

```
    顧客企業      リース    実験対象企業    販売    購入先企業
┌─────────┐ ←──── ┌─────────┐ ←──── ┌─────────┐
│増値税一般納税者│       │現代サービス企業│       │増値税一般納税者│
└─────────┘ ────→ └─────────┘ ────→ └─────────┘
   非実験納税者    支払     実験納税者      支払    非実験納税者
   生産企業       専用発票   リース企業     専用発票   生産企業
```

> オペレーティングリースサービスを提供している現代サービス企業は、増値税の一般納税者である購入先企業（生産企業）からリース物件等を購入して、おなじく増値税の一般納税者である顧客企業（生産企業）にオペレーティングリースサービスを提供している。
>
> 【仮設条件】
> 1　顧客企業に対する売上は1,000であり、購入原価は500、人件費は300
> 2　顧客企業から1,000のリース代金等を受領して増値税専用発票を発行する。
> 3　購入先企業に500の購入代金等を支払って増値税専用発票を取得する。
> 4　計算の便宜上、リース物件の減価償却費等は購入価額と同額とする。
> 5　実験対象企業は、実験前は営業税の納税者であったが、実験後に増値税一般納税者（実験納税者）となった。

Point!

（1）営業税の税負担の消滅

改革実験により、現代サービス企業は営業税の納税者から増値税の一般納税者となることにより、営業税の税負担が消滅する。増値税は最終消費者負担であり現代サービス企業の税負担は原則として発生することはない。

（2）税込価格による価格調整

顧客企業が新たに発生した仕入増値税を売上税から控除することができない場合には、顧客企業は現代サービス企業に対して取引価格を税込価格に調整するよう要求する可能性がある。

❶ 営業税の税負担の消滅

営業税は、営業税の納税者が負担する税金であり、増値税は最終消費者である顧客が負担する税金です。改革実験により営業税の納税者から増値税の一般納税者となることにより、営業税の納税額だけ税負担が減少することになります。

増値税は、特定の場合を除いて、企業の損益計算に影響しない税金であり、企業が営業税から増値税の一般納税者となることによって、企業の税前利益は一般的には増加し、企業所得税と税引後利益は増加する傾向にあります。

営業税のサービス業のリース業の税率は5％、増値税改革実験の現代サービス業の有形動産リースサービスの税率は17％です。生産企業の増値税の税率は17％です。

営業税と実験後の増値税の税額計算を比較すれば、**表Ⅲ－7**のとおりです。

表Ⅲ－7　営業税と増値税の税額計算

	実験前の営業税納税者	実験後の増値税一般納税者
売上額	1,000	1,000
売上税		1,000×17％＝170
営業税	1,000×5％＝50	
売上原価	500	500
仕入税	500×17％＝85	500×17％＝85
人件費	300	300
税前利益	(1,000－50)－(500＋85)－300＝65	1,000－500－300＝200
企業所得税	65×25％＝16.25	200×25％＝50
税引後利益	65－16.25＝48.75	200－50＝150
納税額	営業税＝50	増値税＝170－85＝85

❷ 税込価格による価格調整

顧客企業にとってはこれまで発生していなかった仕入に係る増値税170が新

たに発生することになり、この仕入増値税を売上増値税から控除できる場合には問題がありませんが、売上税から完全に控除できない場合には、顧客企業の税負担すなわち納税資金が発生する可能性があります。

したがって、顧客企業は、改革実験によって税負担が消滅する現代サービス企業に、営業税の時と同じように販売額を税込価格とするように、取引価格の調整を要求する可能性があります。

販売額＝ 1,000 ÷（1 ＋ 17%）＝ 854.70

このように販売額が税込価格となった場合には、現代サービス企業の税額計算は**表Ⅲ－8**のとおり調整を余儀なくされます。

表Ⅲ－8　営業税と増値税の税額計算－税込価格の場合

	実験前の営業税納税者	実験後の増値税一般納税者
売上額	1,000	854.70
売上税		854.70×17%＝145.30
営業税	1,000×5%＝50	
売上原価	500	500
仕入税	500×17%＝85	500×17%＝85
人件費	300	300
税前利益	（1,000－50）－（500＋85）－300＝65	854.70－500－300＝54.70
企業所得税	65×25%＝16.25	54.70×25%＝13.68
税引後利益	65－16.25＝48.75	54.70－13.68＝41.02
納税額	営業税＝50	増値税＝145.30－85＝60.30

表Ⅲ－8の結果、オペレーティングリース企業の税前利益と税引後利益は大幅増加から利益の減少に転ずる可能性があります。これに対して顧客企業の支払金額は変化しませんが、リース原価の減少は利益を増加させ、仕入増値税の控除金額の増加は納税額（納税資金）を減少させます。オペレーティングリース企業は営業税の場合と比較して利益が減少するため、税込価額の満額による価格調整は受け容れがたいため顧客企業との価格交渉となる可能性があります。

【2-2】ファイナンスリースサービス

[設例Ⅲ-2-2]

```
顧客企業         実験対象企業         購入先企業
          リース              販売
増値税一般納税者  →  現代サービス企業  ←  増値税一般納税者
          支払              支払
          専用発票            専用発票
非実験納税者    実験納税者        非実験納税者
生産企業      リース企業        生産企業
```

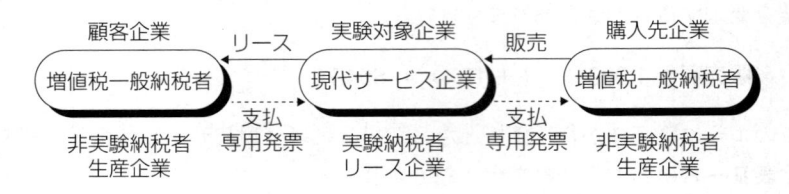

ファイナンスリースサービスを提供している現代サービス企業は、増値税の一般納税者である購入先企業（生産企業）からリース物件等を購入して、おなじく増値税の一般納税者である顧客企業（生産企業）にファイナンスリースサービスを提供している。

【仮設条件】
1 顧客企業に対する売上は1,000であり、購入原価は500、人件費は300
2 顧客企業から1,000のリース代金等を受領して増値税専用発票を発行する。
3 購入先企業に500の購入代金等を支払って増値税専用発票を取得する。
4 計算の便宜上、リース物件の減価償却費等は購入価額と同額とする。
5 実験対象企業は、実験前は営業税の納税者であったが、実験後に増値税一般納税者（実験納税者）となった。
6 実験対象企業は、中国人民銀行、商務部、国家経済貿易委員会等のファイナンスリース業務の批准を受けたリース企業である。

Point!

（1）営業税の差額課税方法
ファイナンスリース業務の批准を受けた企業は、リース代金等からリース物件代金等を控除した差額に営業税の税率3%を乗じて営業税を税額計算する。

（2）即課税即還付方法
ファイナンスリース業務の批准を受けた企業は、上海市の改革実験後の増値税一般納税者となった場合には、増値税の納付税額を納付した後に営業税の3%に相当する税額を超える部分について税額還付を受けることができる。

❶ 営業税の差額課税方法

営業税の納税者としてのファイナンスリース企業が、中国人民銀行、商務部、国家経済貿易委員会等の批准を受けてファイナンスリース業務を経営する企業である場合、または商務部、国家税務総局の確認したファイナンスリース実験企業、外国投資ファイナンスリース会社である場合には、営業税の差額課税が行われます。

これらの特別の批准を受けたファイナンスリース企業がファイナンスリース業務に従事する場合には、**その借手（レッシー）から受け取るすべてのリース料価額と価額外費用（残価を含む）から、貸手（レッサー）が引受けたリース物件の実際原価を減額した差額を課税営業額**とします。

リース貨物の実際原価には、**貸手が引受けた貨物の購入価額、関税、増値税、消費税、運送費、据付費、保険料と貸付金の利息（外貨借入金と人民元借入金の利息を含む）**が含まれます。

このように差額課税方式を適用して計算した差額に、営業税のファイナンスリース業務の税率3％を乗じて営業税を計算します。

❷ 即課税即還付方法

改革実験後のファイナンスリース企業については、上海市の実施弁法の営業税の租税優遇政策の経過措置である即課税即還付方法が適用されます。**即課税即還付方法では、現行営業税の3％に相当する税金を超える部分については税金還付が実行される**こととなります。

このようなファイナンスリース企業の営業税と実験後の増値税の税額計算は**表Ⅲ－9**のとおりです。実験後のファイナンスリース企業は営業税が消滅するだけではなく、税前利益が大幅に増加し、企業所得税と税引後利益も増加します。

さらに、即課税即還付方法が適用されることにより、顧客企業から受領した売上増値税と仕入増値税との差額を一旦納税した後に、**現行の営業税の3％に相当する税額を超える税額について、増値税の還付を受けることができます。**

この還付税額はファイナンスリース企業に対する財政支援策に他なりません。

表Ⅲ-9 営業税と増値税の税額計算

	実験前の営業税納税者	実験後の増値税一般納税者
売上額	1,000	1,000
売上税		1,000×17%＝170
営業税	（1,000－585）×3%＝12.45	
売上原価	500	500
仕入税	500×17%＝85	500×17%＝85
人件費	300	300
税前利益	（1,000－12.45）－（500＋85）－300＝102.55	1,000－500－300＝200
企業所得税	102.55×25%＝25.64	200×25%＝50
税引後利益	102.55－25.64＝76.91	200－50＝150
納税額	営業税＝12.45	増値税＝170－85＝85
還付税額		85－12.45＝72.55

❸ 税込価格による価格調整

　顧客企業にとってはこれまで発生していなかった仕入に係る増値税170が新たに発生することになり、この仕入増値税を売上増値税から控除できる場合には問題がありませんが、売上税から完全に控除できない場合には、顧客企業の税負担すなわち納税資金が発生する可能性があります。

　したがって、顧客企業は、改革実験によって税負担が消滅する現代サービス企業に、営業税の時と同じように販売額を税込価格とするように、取引価格の調整を要求する可能性があります。

$$販売額 = 1,000 \div (1 + 17\%) = 854.70$$

　このように販売額が税込価格となった場合には、現代サービス企業の税額計算は**表Ⅲ－10**のとおり調整を余儀なくされます。

表Ⅲ－10 営業税と増値税の税額計算－税込価格の場合

	実験前の営業税納税者	実験後の増値税一般納税者
売上額	1,000	854.70
売上税		854.70×17％＝145.30
営業税	(1,000－585)×3％＝12.45	
売上原価	500	500
仕入税	500×17％＝85	500×17％＝85
人件費	300	300
税前利益	(1,000－12.45)－(500＋85)－300＝102.55	854.70－500－300＝54.70
企業所得税	102.55×25％＝25.64	54.70×25％＝13.68
税引後利益	102.55－25.64＝76.91	54.70－13.68＝41.02
納税額	営業税＝12.45	増値税＝145.30－85＝60.30
還付税額		60.30－12.45＝47.85

　このように顧客企業とファイナンスリース企業との取引価格が税込価格に修正される場合には、ファイナンスリース企業は営業税は消滅しますが大幅な利益の増加は一転して利益の減少となります。

　しかし、即課税即還付方法が適用されるために還付税額が発生して税引後利益の減少はかなり緩和されます。ファイナンスリース企業が実験前と比較して税前利益が大幅に減少して還付税金によっても利益が減少する場合には、顧客企業による税込価格方法を満額で受け入れることは困難となり、顧客企業との価格交渉が必要となります。

3 交通運輸業

[設例Ⅲ－3]

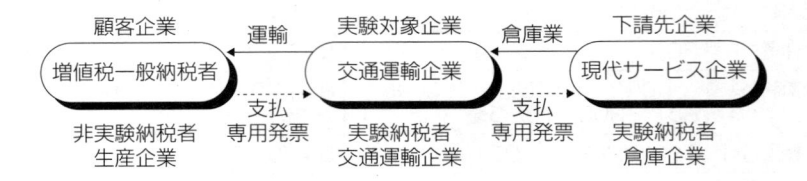

```
  顧客企業      運輸    実験対象企業    倉庫業    下請先企業
┌─────────┐  ←──  ┌─────────┐  ──→  ┌─────────┐
│増値税一般│        │交通運輸 │        │現代サービス│
│納税者    │        │企業     │        │企業      │
└─────────┘  ──→  └─────────┘  ──→  └─────────┘
               支払            支払
  非実験納税者  専用発票  実験納税者  専用発票  実験納税者
  生産企業              交通運輸企業            倉庫企業
```

> 陸上運送サービスを提供している交通運輸企業は、倉庫サービスを提供している下請先企業（倉庫企業）からサービスを購入して、増値税の一般納税者である顧客企業（生産企業）に運送サービスを提供している。
>
> 【仮設条件】
> 1 顧客企業に対する売上は 1,000 であり、購入原価は 500、人件費は 300
> 2 顧客企業から 1,000 の販売代金を受領して増値税専用発票を発行する。
> 3 下請先企業に 500 のサービス代金を支払って増値税専用発票を取得する。
> 4 実験対象企業は、実験前は営業税の納税者であったが、実験後に増値税一般納税者（実験納税者）となった。
> 5 実験対象企業は陸上運送業務の経営許可証を取得している。

Point!

（1）営業税の税負担の消滅

改革実験により、交通運輸企業は営業税の納税者から増値税の一般納税者となることにより、営業税の税負担すなわち納税資金が消滅する。増値税は最終消費者負担であり交通運輸企業の税負担は原則として発生することはない。

（2）税込価格による価格調整

顧客企業が新たに発生した仕入増値税を売上税から控除することができない場合には、顧客企業は交通運輸企業に対して取引価格を税込価格に調整するよう要求する可能性がある。この場合には、交通運輸企業は下請先企業である倉庫企業に対して税込価格による調整を要求しても、利益が減少することになるため、顧客企業に対して満額の税込価格は受け容れられない可能性がある。

❶ 営業税の税負担すなわち納税資金の消滅

　営業税は、営業税の納税者が負担する税金であり、増値税は最終消費者である顧客が負担する税金です。改革実験により営業税の納税者から増値税の一般納税者となることにより、営業税の納税額だけ税負担が減少することになります。

　増値税は、特定の場合を除いて、企業の損益計算に影響しない税金であり、企業が営業税から増値税の一般納税者となることによって、企業の税前利益は一般的には増加し、企業所得税と税引後利益は増加する傾向にあります。

　営業税の交通運輸業の税率は3％、増値税改革実験の交通運輸サービスの税率は11％です。営業税のサービス業の倉庫業の税率は5％であり、増値税改革実験の倉庫サービスの税率は6％です。生産企業の増値税の税率は17％です。

　営業税と実験後の増値税の税額計算を比較すれば、**表Ⅲ－11**のとおりです。

表Ⅲ－11　営業税と増値税の税額計算

	実験前の営業税納税者	実験後の増値税一般納税者
売上額	1,000	1,000
売上税		1,000×11％＝110
営業税	1,000×3％＝30	
売上原価	500	500
仕入税		500×6％＝30
人件費	300	300
税前利益	（1,000－30）－500－300＝170	1,000－500－300＝200
企業所得税	170×25％＝42.5	200×25％＝50
税引後利益	170－42.5＝127.5	200－50＝150
納税額	営業税＝30	増値税＝110－30＝80

❷ 税込価格による価格調整

　増値税の一般納税者である顧客企業にとっては、営業税の交通運輸企業に対しては運送代金1,000だけを支払っていましたが、運送代金の仕入増値税として7％に相当する税額を売上税から税額控除することができました。

　増値税改革実験の後には、運送代金のほかに11％の仕入増値税も支払わなければならなくなりました。これまで発生していなかった仕入に係る増値税110が新たに発生することになり、この仕入増値税を売上増値税から控除できる場合には問題がありませんが、売上税から完全に控除できない場合には、顧客企業の税負担が発生する可能性があります。

　したがって、顧客企業は、改革実験によって営業税30の税負担が消滅する現代サービス企業に、営業税の時と同じように販売額を税込価格とするように、取引価格の調整を要求する可能性があります。

交通運輸企業の税引価格　営業額＝ 1,000 ÷（1 ＋ 11%）＝ 900.90

　同時に、交通運輸企業は自らの税負担すなわち納税資金を軽減するために下請先企業である倉庫企業に対して税込価格を取引価格とするように要求する可能性があります。

倉庫企業の税引価格　営業額＝ 500 ÷（1 ＋ 6%）＝ 471.70

　このように販売額が税込価格となった場合には、現代サービス企業の税額計算は**表Ⅲ－12**のとおり調整を余儀なくされます。

表Ⅲ－12　営業税と増値税の税額計算－税込価格の場合

	実験前の営業税納税者	実験後の増値税一般納税者
売上額	1,000	900.90
売上税		900.90×11%＝99.10
営業税	1,000×3%＝30	
売上原価	500	471.70
仕入税		471.70×6%＝28.30
人件費	300	300

税前利益	(1,000－30)－500－300＝170	900.90－471.70－300＝129.20
企業所得税	170×25％＝42.5	129.20×25％＝32.30
税引後利益	170－42.5＝127.5	129.20－32.30＝96.90
納税額	営業税＝30	増値税＝99.10－28.30＝70.80

　表Ⅲ－12の結果、現代サービス企業の税前利益と税引後利益は増加から減少に転ずる可能性があります。これに対して顧客企業の支払金額は変化しませんが、輸送原価の減少は利益を増加させ、仕入増値税の控除金額の増加は納税額（納税資金）を減少させます。交通運輸企業は税込価格を満額で受け入れることはできないため、顧客企業との間で価格交渉が行われる可能性があります。

　上記の簡単な計算結果からは、税込価格による価格調整が行われることにより、増値税は実質的に納税者の負担する税となり、上記の計算結果として増値税と営業税の差額70.80－30＝40.80だけ税前利益が減少しており、税負担が増加したことが分かります。

　交通運輸業では税負担の増加が顕著に表れますが、コンサルティングサービス、オペレーティングサービス等においても同様の税負担の増加があり、税負担の増加がある場合には地方政府から財政支援が行われます。

　税負担の増加による財政支援を受けるためには、実験納税者が国家税務局に申請を行い、国家税務局がこれを審査して財政支援が決定されます。上海市の実験改革では、この財政支援の申請を行う時には、「営業税増値税改正課税実験企業税負担変化申告表」を提出して企業が税負担の変化金額を申請しますが、その税負担の変化金額の計算は次のような方法で行われています。

　表Ⅲ－12の税込価格の設例を使用すれば、次のような計算になります。

1　課税サービス販売額（税抜金額）＝900.90
2　実験政策規定の税率＝11％
3　課税サービス増値税の納付税額＝99.10－28.30＝70.80
4　課税サービス増値税の実際納付税額＝70.80
5　旧規定による営業税の課税収入＝900.90×(1＋11％)＝1,000
6　旧営業税の課税控除項目＝0
7　旧営業税の税率＝3％
8　納付税額＝(1,000－0)×3％＝30
9　税負担変化額＝70.80－30＝40.80（税負担増加額）

❸ 上海市の実験改革結果

　上海市の実験改革では、交通運輸業は税負担が増加しました。2012年3月21日の上海証券報によれば、国務院が設立認可した社団「中国物流および買付連合会」が2012年3月に発表した報告書では、上海21社の物流企業のうち67％の実験企業が実際に納付した増値税が一定程度増加したと報告されています。

　実験を開始した2012年1月の平均の税負担増加額は5万元になり、税負担が増加した実験企業の24％は10万元超の税負担増加額、大型物流企業集団の税負担額は100万元を超えました。

Point! 上海市の実験改革では税負担増加→税率アップと税額控除不能のため

　税負担が増加した理由は、税率のアップと税額控除不能です。実験改革前は、交通運輸業の営業税の税率は3％でしたが、改革後は、増値税の税率として交通運輸業の11％と物流補助サービス業の6％に分かれました。交通運輸業の仕入税率が8％あれば、売上税11％−仕入税8％＝納税3％で営業税の税率と等しくなりますが、仕入税額控除の割合が8％に達しない場合には、税負担は増加します。

　交通運輸企業の支出は、主にガソリン代、車輌代、人件費、修理費、道路橋梁通過料金等の経費です。これらのうち車輌代と人件費を除いて、ガソリンについては多くのガソリンスタンドでは増値税専用発票を発行することがなく、修理費や道路橋梁通過料金等の経費についても実験改革の課税範囲に含まれていないことから増値税専用発票は発行されません。**このように仕入税額控除の根拠証憑としての増値税専用発票を取得できる環境にないため、充分な仕入税額控除ができない現状があります。**

　「中国物流および買付連合会」は、物流企業、特に運輸型物流企業は普遍的に税負担の大幅な増加を示しており、明らかに財政部と国家税務総局が制定した実験方案の「改革実験業種の税負担を増加させることなくまたは引き下げることもある」とする指導思想に反するため、交通運輸業とその他の物流補助サービス業を「物流総合サービス業」という統一税目とし、実際の仕入税額控除

に応じた適切な税率に設定することを要望しました。

　中国の大型物流企業は中国全土で営業しているため、実験地区と非実験地区にわたって異なる税制に対応することには困難が伴っています。したがって2012年7月25日の国務院の常務会議では、一部の業種については中国全土で統一した増値税専用発票の発行システムを確立して、全国範囲で実験改革を行うことが決定されました。なお、中国の報道では全国範囲で実施される業種別実験には、交通運輸業のほかに郵便電話通信業、加速便、不動産の物業管理業等も検討されています。

4 国外取引と輸出取引

【4-1】中国国外の実験納税者

[設例Ⅲ-4-1]

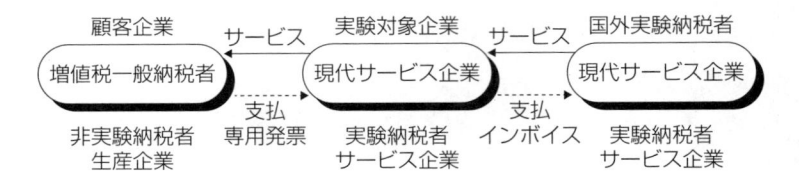

```
  顧客企業      サービス    実験対象企業    サービス    国外実験納税者
 ┌─────────┐  ←──────  ┌─────────┐  ←──────  ┌─────────┐
 │増値税一般納税者│          │現代サービス企業│          │現代サービス企業│
 └─────────┘  ──────→  └─────────┘  ──────→  └─────────┘
                支払                        支払
              専用発票                    インボイス
  非実験納税者              実験納税者                実験納税者
  生産企業                 サービス企業              サービス企業
```

情報技術サービスを提供している国内の現代サービス企業は、国外の情報技術サービス企業（国外実験納税者）に業務の一部を委託し、国内の増値税の一般納税者である顧客企業（生産企業）に情報技術サービスを提供している。

【仮設条件】
1. 顧客企業に対する売上は1,000であり、下請原価は500、人件費は300
2. 顧客企業から1,000の販売代金を受領して増値税専用発票を発行する。
3. 国外の下請先企業に税込価格500の下請代金を源泉徴収後に送金する。
4. 実験対象企業と国外企業は、実験前は営業税の納税者であったが、実験後に増値税一般納税者（実験納税者）となった。
5. 実験対象企業は研究開発サービス業の認定を受けゼロ税率が適用される。

Point!

（1）営業税の税負担の消滅

改革実験により、現代サービス企業は営業税の納税者から増値税の一般納税者となることにより、営業税の税負担が消滅する。増値税は最終消費者負担であり現代サービス企業の税負担は原則として発生することはない。

さらに、国外実験納税者への送金額から源泉徴収する増値税は税額控除できるため、営業税を源泉徴収する場合に比較して、下請原価の減少による利益の増加、増値税の納税額（納税資金）の減少が見込める。

(2) 税込価格による価格調整

顧客企業が新たに発生した仕入増値税を売上税から控除することができない場合には、顧客企業は現代サービス企業に対して取引価格を税込価格に調整するよう要求する可能性がある。

① 営業税の税負担の消滅

営業税は、営業税の納税者が負担する税金であり、増値税は最終消費者である顧客が負担する税金です。改革実験により営業税の納税者から増値税の一般納税者となることにより、営業税の納税額だけ税負担が減少することになります。

増値税は、特定の場合を除いて、企業の損益計算に影響しない税金であり、企業が営業税から増値税の一般納税者となることによって、企業の税前利益は一般的には増加し、企業所得税と税引後利益は増加する傾向にあります。

さらに、国外の実験納税者に対する支払金額は変化しないが、現代サービスに対する増値税を源泉徴収する時に、税収納付書の交付を受けることができ、この税収納付書によって仕入税額控除を行うことにより、納付税額（納税資金）は減少します。

営業税のサービス業のコンサルティングサービスの税率は5％、増値税改革実験の現代サービス業のコンサルティングサービスの税率は6％です。営業税と実験後の増値税の税額計算を比較すれば、**表Ⅲ-13**のとおりです。

表Ⅲ-13 営業税と増値税の税額計算

	実験前の営業税納税者	実験後の増値税一般納税者
売上額	1,000	1,000
売上税		1,000×6％=60
営業税	1,000×5％=50	
下請原価	500	500÷（1+6％）=471.70
仕入税		471.70×6％=28.30
人件費	300	300

税前利益	（1,000－50）－500－300＝150	1,000－471.70－300＝228.3
企業所得税	150×25％＝37.5	228.30×25％＝57.08
税引後利益	150－37.5＝112.5	228.30－57.08＝171.22
納税額	営業税＝50	増値税＝60－28.30＝31.70

❷ 税込価格による価格調整

　顧客企業にとってはこれまで発生していなかった仕入に係る増値税60が新たに発生することになり、この仕入増値税を売上増値税から控除できる場合には問題はありませんが、売上税から完全に控除できない場合には、顧客企業の税負担が発生する可能性があります。

　したがって、顧客企業は、改革実験によって税負担が消滅する現代サービス企業に、営業税の時と同じように販売額を税込価格とするように、取引価格の調整を要求する可能性があります。

$$販売額 = 1,000 \div (1 + 6\%) = 943$$

　このように販売額が税込価格となった場合には、現代サービス企業の税額計算は**表Ⅲ－14**のとおり調整を余儀なくされます。

表Ⅲ－14　営業税と増値税の税額計算－税込価格の場合

	実験前の営業税納税者	実験後の増値税一般納税者
売上額	1,000	943
売上税		943×6％＝56.58
営業税	1,000×5％＝50	
下請原価	500	500÷（1＋6％）＝471.70
仕入税		471.70×6％＝28.30
人件費	300	300
税前利益	（1,000－50）－500－300＝150	943－471.70－300＝171.30
企業所得税	150×25％＝37.5	171.30×25％＝42.83

税引後利益	150−37.5=112.5	171.30−42.83=128.47
納税額	営業税=50	増値税=56.58−28.30=28.28

表Ⅲ−14の結果、現代サービス企業の税前利益と税引後利益は大幅増加から縮小する可能性がありますが、営業税と比較して利益は増加します。さらに国外実験納税者への送金額から源泉徴収する増値税額は税額控除ができるため、下請原価が減少して利益が増加するとともに、増値税の納税額（納税資金）が軽減されます。

顧客企業の支払金額は変化しませんが、購入原価の減少は利益を増加させ、仕入増値税の控除金額の増加は納税額（納税資金）を軽減させます。

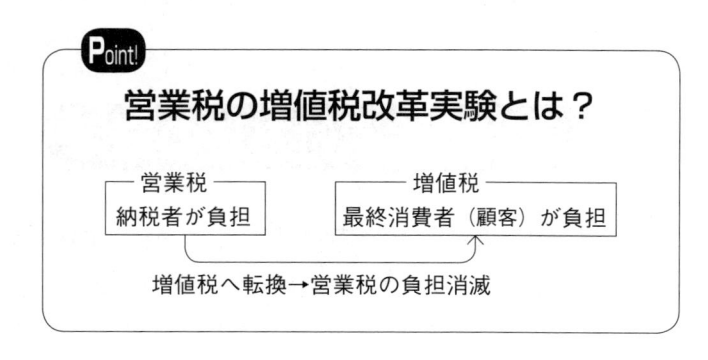

Point!

営業税の増値税改革実験とは？

- 営業税 ― 納税者が負担
- 増値税 ― 最終消費者（顧客）が負担

増値税へ転換→営業税の負担消滅

【4−2】研究開発サービスの輸出取引

[設例Ⅲ−4−2]

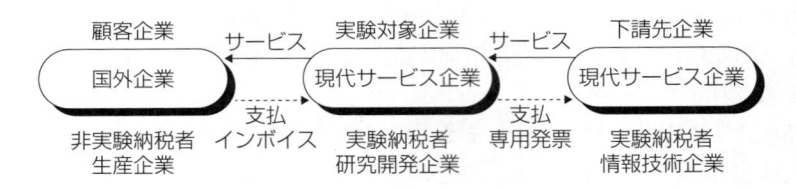

```
顧客企業        サービス    実験対象企業    サービス    下請先企業
┌─────┐ ←────── ┌─────────┐ ←────── ┌─────────┐
│ 国外企業 │           │現代サービス企業│           │現代サービス企業│
└─────┘ ·······→ └─────────┘ ·······→ └─────────┘
              支払                    支払
非実験納税者  インボイス  実験納税者   専用発票   実験納税者
生産企業                  研究開発企業             情報技術企業
```

研究開発サービスを提供している国内の現代サービス企業は、国内の情報技術サービス企業（実験納税者）に業務の一部を下請し、国外の顧客企業（生産企業）に研究開発サービスを提供している。

【仮設条件】
1　顧客企業に対する売上は1,000であり、下請原価は500、人件費は300
2　顧客企業から1,000の輸出代金を受領する。
3　国内の下請先企業に税込価格500の下請代金を支払う。
4　実験対象企業と下請先企業は、実験前は営業税の納税者であったが、実験後に増値税一般納税者（実験納税者）となった。

> **Point!**
>
> **（1）免税控除還付方法の適用**
>
> 　改革実験により、研究開発企業は営業税の納税者から増値税の一般納税者となることにより、営業税の税負担が消滅する。輸出についてはゼロ税率が適用され輸出に係る増値税が免税される。
> 　中国国内で発生した輸入または国内仕入による仕入増値税については税額控除または税金還付が行われるため、増値税の納税額（納税資金）が軽減される。

❶ 免税控除還付方法の適用

　営業税は、営業税の納税者が負担する税金であり、増値税は最終消費者である顧客が負担する税金です。改革実験により営業税の納税者から増値税の一般納税者となることにより、営業税の納税額だけ税負担が減少することになりま

す。

　特に、国際運輸業、研究開発サービス、設計サービスについては輸出のゼロ税率が適用になり、免税控除還付方法が適用されます。すなわち**輸出売上については免税、中国国内で発生した仕入増値税については税額控除または税金還付が適用されるため、免税による税負担（納税資金）の軽減だけではなく、税額控除または税金還付による税負担（納税資金）の軽減**もあります。

　増値税は、特定の場合を除いて、企業の損益計算に影響しない税金であり、企業が営業税から増値税の一般納税者となることによって、企業の税前利益は一般的には増加し、企業所得税と税引後利益は増加する傾向にあります。

　営業税のその他サービス業の技術（研究開発サービス等）の税率は5％、改革実験後の現代サービス業の研究開発サービスの税率は6％ですが、**国外単位に輸出する場合にはゼロ税率が適用**されます。営業税のその他サービス業の技術サービスの税率は5％ですが、改革実験後の現代サービス業の情報技術サービスの税率は6％です。営業税と実験後の増値税の税額計算を比較すれば、**表Ⅲ－15**のとおりです。

表Ⅲ－15　営業税と増値税の税額計算

	実験前の営業税納税者	実験後の増値税一般納税者
売上額	1,000	1,000
売上税		1,000×0％（ゼロ税率）＝0
営業税	1,000×5％＝50	
下請原価	500	500÷（1＋6％）＝471.70
仕入税		471.70×6％＝28.30
人件費	300	300
税前利益	（1,000－50）－500－300＝150	1,000－471.70－300＝228.3
企業所得税	150×25％＝37.5	228.30×25％＝57.08
税引後利益	150－37.5＝112.5	228.30－57.08＝171.22
納税額	営業税＝50	増値税＝0－28.30＝－28.30

　表Ⅲ－15のとおり、売上税は免税となり、下請原価に係る仕入増値税は税額控除の結果、控除できないので税金還付となります。実験対象企業は営業税が消滅して輸出増値税が免税のため税負担がなく、下請先企業が営業税の納税

者から実験納税者に変更されるため、その下請原価は税込金額として原価が減少して利益が増加します。さらにその仕入増値税は税額控除または還付税額として納税資金を軽減します。

なお、免税控除還付方法は次の公式で計算されます。

免税控除還付税額
＝当期ゼロ税率の課税サービス免税控除還付課税価格
**　×外貨人民元レート×ゼロ税率課税サービス還付税率**

実験対象企業に、前期から繰り越された控除留保金額（まだ控除されていない繰越控除税額）がある場合には、その当期末の控除留保金額を計算して、次のように当期還付税額と当期免税控除税額を算定します。

1　当期期末控除留保税額≦当期免税控除還付税額の場合、
　　当期還付税額＝当期期末控除留保税額
　　当期免税控除税額＝当期免税控除還付税額－当期還付税額
2　当期期末控除留保税額＞当期免税控除還付税額の場合、
　　当期還付税額＝当期免税控除還付税額
　　当期免税控除税額＝0

【4-3】コンサルタントサービスの輸出取引

[設例Ⅲ-4-3]

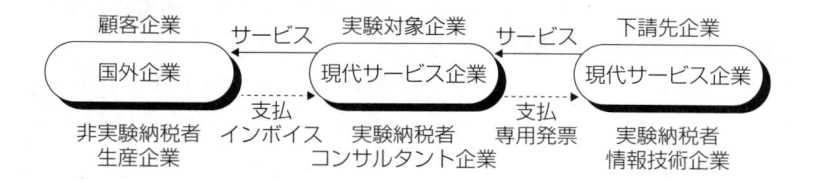

```
    顧客企業    サービス    実験対象企業    サービス    下請先企業
   ┌─────┐ ←────── ┌─────────┐ ←────── ┌─────────┐
   │国外企業 │         │現代サービス企業│         │現代サービス企業│
   └─────┘ ──────→ └─────────┘ ──────→ └─────────┘
              支払                        支払
   非実験納税者  インボイス  実験納税者    専用発票   実験納税者
   生産企業              コンサルタント企業          情報技術企業
```

コンサルタントサービスを提供している国内の現代サービス企業は、国内の情報技術サービス企業（実験納税者）に業務の一部を下請し、国外の顧客企業（生産企業）にコンサルタントサービスを提供している。

【仮設条件】
1 顧客企業に対する売上は1,000であり、下請原価は500、人件費は300
2 顧客企業から1,000の輸出代金を受領する。
3 国内の下請先企業に税込価格500の下請代金を支払う。
4 実験対象企業と下請先企業は、実験前は営業税の納税者であったが、実験後に増値税一般納税者（実験納税者）となった。

Point!

（1）免税方法の適用

改革実験により、コンサルタント企業は営業税の納税者から増値税の一般納税者となることにより、営業税の税負担が消滅する。コンサルタントサービスの輸出売上については免税方法が適用され、輸出売上については増値税が免税されるが、国内で発生した仕入増値税の税額控除または税金還付は認められない。

❶ 免税方法の適用

　営業税は、営業税の納税者が負担する税金であり、増値税は最終消費者である顧客が負担する税金です。改革実験により営業税の納税者から増値税の一般納税者となることにより、営業税の納税額だけ税負担が減少することになります。

特に、下記の課税サービスについては増値税が免税されます。
1 工事、鉱物資産の資源が国外にある工事監察探査サービス
2 会議展示の場所が国外にある会議展示サービス
3 在庫の場所が国外にある倉庫サービス
4 対象物を国外において使用する有形動産リースサービス
5 ゼロ税率を適用するための許可証と経営範囲を持たない国際運輸サービス
6 国外単位に提供する下記の課税サービス：技術譲渡サービス、技術コンサルタントサービス、契約エネルギー管理サービス、ソフトウェアサービス、回路設計と測定試験サービス、情報システムサービス、取引フロー管理サービス、商標著作権譲渡サービス、知的財産権サービス、物流補助サービス（倉庫サービスを除く）、認証サービス、鑑定証明サービス、コンサルタントサービス。ただし、次のものを含まない。契約の対象物が国内にある契約エネルギー管理サービス、国内の貨物または不動産についての認証サービス、鑑定証明サービスとコンサルタントサービス

　営業税のその他サービス業のコンサルタントの税率は5%、改革実験後の現代サービス業のコンサルタントサービスの税率は6%ですが、国外単位に輸出する場合には売上増値税が免税となります。営業税のその他サービス業の技術サービスの税率は5%ですが、改革実験後の現代サービス業の情報技術サービスの税率は6%です。営業税と実験後の増値税の税額計算を比較すれば、**表Ⅲ－16**のとおりです。

表Ⅲ－16　営業税と増値税の税額計算

	実験前の営業税納税者	実験後の増値税一般納税者
売上額	1,000	1,000
売上税		0
営業税	1,000×5%＝50	
下請原価	500	500÷(1＋6%)＝471.70
仕入税		471.70×6%＝28.30
人件費	300	300
税前利益	(1,000－50)－500－300＝150	1,000－471.70－300－28.30＝200
企業所得税	150×25%＝37.5	200×25%＝50
税引後利益	150－37.5＝112.5	200－50＝150

| 納税額 | 営業税＝50 | 増値税＝0 |

　表Ⅲ－16のとおり、売上税は免税となり、下請原価に係る仕入増値税は税額控除または税金還付ともに認められません。下請先企業が営業税の納税者から実験納税者に変更されるため、その下請原価は税込金額として原価が減少しますが、仕入増値税は税額控除または税金還付が認められないため下請原価に計上されて利益は大幅には増加せず、納税資金の大幅な軽減もありません。

解説5　増値税改革実験

１　実験方案と実施弁法

① 改革実験の動向

1．改革実験の趣旨

　中国政府は2011年3月に発表した第12次5ヶ年計画で、中国経済の方向性を、**輸出を重視する製造業中心の重工業化政策からサービス産業の発展を重視する第三次産業化政策に移行**しました。中国経済は、中国企業のグローバル化による国際競争力の強化と、国内消費需要を喚起するため第二次産業から第三次産業への構造転換によるサービス産業の育成が急務の課題となっており、製造業、物流業、IT業界を取り囲む生産性サービス業の育成に力を入れていました。

　生産性サービス業とは、研究開発、アウトソーシング、現代物流、ソフトウェアと情報サービス、インターネットと電子商取引、物流と関連する金融と保険、会計・法務・コンサルタント等の商務サービスをいいます。

　生産性サービス業を製造業等から一旦は分離独立させ、逆に最先端の製造業、現代物流業、IT産業との新たな融合関係を促進させて生産性サービス業の発展を加速し、第三次産業であるサービス業を主体とする経済構造に転換していくことが目的です。

　この生産性サービス業を発展させるのに障害となっていたものが**営業税の重複課税問題**でした。生産性サービス企業は営業税の納税者ですが、営業税は営業額（売上高）に税率を乗じた金額を納付する税金であり、あるサービスの元請業者が他の下請業者に業務を委託させる場合には、元請業者も下請業者も営業税を納税することになり下請部分については重複課税が発生しました。

　これは営業税には、増値税のように売上税から仕入税を控除する仕入税額控除制度がないため、仕入部分について何回も営業税が課税されるからであり、

> **Point!**
>
> ## 営業税の重複課税問題
>
> | 増値税 | 仕入税額控除制度（売上税－仕入税）あり |
> |---|---|
> | 営業税 | 仕入税額控除制度なし |
>
> ・仕入のたびに営業税がかかり、過重な負担
> ・増値税納税者が売上税から営業税を控除できない
> 　　　　　⇩
> 営業税と増値税との統一が課題

サービス産業にとっては過重な税金負担となっていました。

ただし、営業税にはこの重複課税を回避するために、収入と原価の差額に営業税率を乗じて営業税を納付する差額課税方式が一部認められていました。例えば、交通運輸業の下請運送費用、建設業の下請代金、金融保険業の金融商品の買入価額、ファイナンスリース物件の物件購入価額等、土地使用権の譲受代金、不動産の購入原価等については差額課税方式が認められており、重複課税はある程度軽減されていましたが、その範囲は限定的であり原則的には重複課税が存在する状況にありました。

また、増値税の納税者である製造業者がサービス事業者に生産性サービス業務を委託した場合には、製造業者はサービス事業者が納税する営業税を売上税から控除することはできませんでした。これは**増値税と営業税の納税者間の重複課税問題**でした。

このような営業税の重複課税問題については、営業税が制定された当時から増値税との統一が議論されてきました。

2．改革実験の経緯

2011年10月26日に国務院の常務会議で、温家宝首相は次のように営業税を増値税に転換する制度改革を発表しました。

> 貨物と役務の税制における重複課税問題を解決して租税制度を改善し、現代サービス業の発展を支持するために、常務会議は2012年1月1日から一部の地区と業種において増値税の制度改革実験を展開して深化させ、段階的に当面の営業税を課税している業種を増値税の課税に改めることを決定した。

ここでは、生産性サービス業が現代サービス業と表現されています。この決定のように、**営業税の納税者が増値税の納税者になれば、仕入税額控除制度を適用することができ、上述したような営業税の納税者間の重複課税と、増値税と営業税の納税者間の重複課税問題は解決する**ことになります。

ただし、常務会議の決定では、次のような条件が設定されました。

> 実験期間に実験地区に元々帰属していた営業税収入は、増値税課税に改めた後の収入は従来どおり実験地区に帰属する。

これは、営業税が地方税でありその税収は100％が地方政府に帰属しますが、増値税は75％が中央政府、25％が地方政府に分配されるので、営業税が増値税に転換されても地方政府の営業税の税収に相当する部分はその100％を地方政府の税収とすること、すなわち地方政府の国庫に納付することを保証したものです。

なお、後述する中央政府の実験方案では、制度改革実験によって税収減となった場合には、現行の財政体制により中央政府と地方政府がそれぞれ負担することとされました。地方政府の営業税の税収を保証するとともに、税収減となった場合には中央政府が一定割合を補償することになりました。

3．中央政府の実験方案と上海市の実施弁法

財政部と国家税務総局は、2011年11月16日付で次の税務文献を公布しました。

1　「営業税の増値税課税改正実験方案」（財税［2011］110号）
2　「上海市において展開する交通運輸業と一部の現代サービス業の営業税の増値税課税改正実験に関する通知」（財税［2011］111号）
　　付属文書1　交通運輸業と一部の現代サービス業の営業税の増値税課税改正実験実施弁法
　　付属文書2　交通運輸業と一部の現代サービス業の営業税の増値税課税改正実験に係る事項の規定
　　付属文書3　交通運輸業と一部の現代サービス業の営業税の増値税課税改正実験の経過政策の規定

「営業税の増値税課税改正実験方案」（財税［2011］110号）は、中国全土で展開されるすべての実験地区に適用されるものであり、基本的な政策が規定され

ています。「上海市において展開する交通運輸業と一部の現代サービス業の営業税の増値税課税改正実験に関する通知」（財税［2011］111号）は、上海市において実施される改革実験に関する税務通知であり、付属文書1の実施弁法は上海市の実施細則となり、付属文書2の関係事項規定と付属文書3の政策規定も上海市の改革実験で適用されるものです。

なお、上海市の国家税務局と地方税務局は、上海市の実施弁法について「講義解説」と「納税指南」いう解説文書を発表しており、以下の説明では、この「講義解説」と「納税指南」を「上海実施弁法解説」として紹介します。

4．2012年7月国務院常務会議
1）安徽省と北京市

2012年6月までは、上海市以外では安徽省が2012年10月1日から実施することを発表しており、北京市も改革実験の準備を開始したことを発表しました。

2012年5月28日に、北京市国家税務局の発表した「営業税の増値税課税改正の非実験納税者の納税申告関係事項に関する通知」では、次のように記載されています。

> 　国務院と北京市政府の業務取扱いにしたがって、我市は営業税の増値税課税改正実験を将来において展開する。実験の準備業務を円滑に行うために、増値税の納税申告表が営業税の増値税課税改正業務の納税申告の要求を十分に満たすことができるように、北京市国家税務局は現行の増値税納税申告表に対して修正を行った。我市の実験が正式に開始される日から、我市の非実験納税者も新しい申告表を記載する必要がある（実験が開始される前は、我市の非実験納税者は従来どおり現行の申告表を記載する）。非実験納税者とは、営業税の増値税業務課税改正に関係しない者をいい、貨物の販売と加工、修理、整備の役務にのみ従事する既存の増値税納税者をいう。

2012年6月6日付で、安徽省国家税務局は「交通運輸および一部現代サービス業の営業税の増値税課税改正実験業務の展開に関する通知」を発表しました。安徽省政府は正式に申請を行い、財政部、国家税務総局は2012年10月1日から正式に改革実験を行うことに原則同意しました。

安徽省は、改革実験の内容については、中央政府と上海市政府の改革実験に適用された実験方案と実施弁法等の一連の税務文献を適用する見込みでした。

218　Ⅲ　営業税の増値税改革実験

　安徽省国家税務局としては、これらの文献に基づいて、安徽省の実施方案、改革実験の任務解説、訓練方案、増値税一般納税者の資格認定弁法、営業税の増値税改正改革の納税申告弁法等の 13 の税務文献を制定しました。
2）国務院の常務会議
　2012 年 7 月 25 日に温家宝総理は国務院常務会議を主宰し、次のとおり、営業税の増値税への改革実験の範囲拡大を決定しました。

> 　2012 年 8 月 1 日から年末にかけて、交通運輸業と一部現代サービス業の営業税から増値税への改革実験範囲を、上海市から北京市、天津市、江蘇省、浙江省、安徽省、福建省、湖北省、広東省および厦門市と深圳市の 10 の省、直轄市、計画単列市に拡大することを決定した。明年は継続して実験地区を拡大し、かつ一部業種を選択して全国範囲で実験する。

1　窪地効能
　この会議決定には、いくつかのキーワードがあります。一つ目は、中国語で「**窪地効能**」といいます。これは水が低いところに流れる効能をもっているように、**政策的に有利な地域は、優良な企業、資金、事業活動を集めて発展し、周辺の資源を吸収して全体としての地域経済に悪影響を及ぼすこと**を言っています。
　2012 年 1 月に上海市で実験改革が開始されましたが、上海市の実験改革は他の一般地域と比べて企業に有利な租税政策が進められていたため、税負担の低い上海に重要な企業、資金、事業活動が移動するようになりました。周辺の浙江省、江蘇省等の地域経済には悪い影響が出始めていました。このため、2012 年 7 月の常務会議決定では、単一の実験地区の状況を早期に解消するとともに、上海市と隣接する浙江省と江蘇省が新たな実験地区に選択されました。
2　構造的減税
　二つ目のキーワードは「**構造的減税**」です。この実験改革は第 2 次産業から第 3 次産業、特に生産性サービス業への構造転換の促進が目的となっています。実験改革の適用地域拡大では、大部分の地区は第 3 次産業の占める割合の大きな省と市であり、現地の報道によれば、特に、北京市と広東省の GDP に占める第三次産業の割合は 75.7％、60％であり、上海市の実験開始時の 57.9％より高く、北京市と広東省の政策的効果は上海市を上回ることが期待されています。
　実験地区の拡大には、沿海と内陸の大型の成熟した省市と中型の発展途上に

ある省市が含まれています。なお、早くから実験地区の申請が出ていた重慶市、湖南省、海南省等は、今回は実験範囲には入りませんでした。

　これらの生産性サービス業への構造転換の有効な手段が減税です。中国政府は、リーマンショックによる世界的な金融危機の時に増値税と営業税の条例改正を行い、その結果、約5,000億元の減税を行いました。2012年のEU危機に際しては、中国政府は今後5年間の実験地区の中国全土拡大によって、年間で約1,000億元の減税を見込んでいます。

　国家税務総局の局長が、2012年5月に発表した資料によれば、実験改革を中国全土で行えば、GDP成長率は0.5％引き上げられ、第3次産業と生産性サービス業の付加価値増加に占める割合は0.3％と0.2％に引き上げられ、高エネ資源消耗業種の付加価値割合を0.4％引き下げ、輸出成長率を0.7％引き上げ、同時に新たな就業人口を70万人もたらすことができると予測しています。

　この実験改革の範囲拡大は、2012年5月に米国ワシントンで行われた米中戦略経済対話で約束された「実験改革の加速と国内消費の喚起」に基づくものでもあります。

<u>3　全国範囲の業種実験</u>

　三つ目のキーワードは「**全国範囲の実験**」です。国務院常務会議では、2013年は継続して実験地区を拡大し、かつ一部業種を選択して全国範囲で実験することが明記されました。この一部業種を選択して全国範囲で実施するのは、交通運輸業等が予定されています。

　上海市の実験改革はあくまでも地区別の実験改革であり、中国全土を対象とした業種別の実験改革はまだ行われていません。しかしながら、上海市の実験改革により、交通運輸業については地区別に実施していたならば政策上の効果が発揮できないことが明らかになりました。

　中国全土を営業範囲にしている運輸型物流企業は、実験地区と非実験地区に跨って異なる税制により税務処理を行うことには困難が伴うため、中国全土に共通して適用できる運輸業増値税専用発票の発行システムを開発してこれにしたがった実務を行う必要があります。

　また、交通運輸業は仕入税額控除を行うための増値税専用発票の取得が困難であり、仕入税額控除により実効性を持たせるため実験改革の方法を検討する必要もあります。

　業種別の全国範囲の適用業種については、交通運輸業のほかに郵便電話通信業、快速便等の業種も検討されています。

3）2012年7月31日の財政部通知

国務院常務会議の決定を受けて、2012年7月31日付で、財政部と国家税務総局は、「北京等8省市において交通運輸業と一部現代サービス業の営業税の増値税課税改正実験を展開することに関する通知」（財税［2012］71号）を発表しました。この通知では、各省市の実験開始の時期と実験地区に適用される関係法規が明らかにされました。

北京市	2012年9月1日開始
江蘇省、安徽省	2012年10月1日開始
福建省、広東省	2012年11月1日開始
天津市、浙江省、湖北省	2012年12月1日開始

実験地区に適用される法規は下記のとおりです。

1.「交通運輸業と一部の現代サービス業の営業税の増値税課税改正実験実施弁法」（実施弁法　財税［2011］111号）
2.「交通運輸業と一部の現代サービス業の営業税の増値税課税改正実験に係る事項の規定」（関係規定　財税［2011］111号）
3.「交通運輸業と一部の現代サービス業の営業税の増値税課税改正実験の経過政策の規定」（政策規定　財税［2011］111号）
4.「財政部、国家税務総局の課税サービスに増値税のゼロ税率と免税政策を適用することに関する通知」（輸出規定　財税［2011］131号）
5.「本部機構実験納税者増値税計算納付暫定弁法」（本部機構通知　財税［2011］132号）
6.「財政部、国家税務総局の交通運輸業と一部現代サービス業の営業税の増値税課税改正実験の若干の租税政策に関する通知」（実験若干政策通知　財税［2011］133号）
7.「財政部、国家税務総局の交通運輸業と一部現代サービス業の営業税課税改正増値税実験の若干の租税政策に関する補充通知」（補充通知　財税［2012］53号）

上記の関係法規のうち、実施弁法では、納税者と源泉徴収者、課税サービスの範囲、税率と徴収率、税額計算、納税申告と源泉徴収、減免税、徴収管理等の基本的事項が規定されています。

関係規定（税務文献では実験関係事項の規定という、本文では関係規定と略称）では、実験納税者、一般納税者、源泉徴収者、現行増値税の一般納税者に関係

する税務事項が規定されています。

政策規定（税務文献では実験経過政策の規定という、本文では政策規定と略称）は、改革実験前に営業税優遇政策を享受していた実験納税者に対してどのように増値税の優遇政策として適用するかについて規定しています。

輸出規定は、課税サービスを国外に輸出した場合に増値税のゼロ税率または免税政策をどのように適用するかについて規定するものです。ゼロ税率の適用とは輸出免税と仕入税額控除または輸出還付を行う免税控除還付方法を適用するものであり、免税方法とは輸出免税のみを認める方法です。

本部機構実験納税者増値税計算納付暫定弁法は、実施弁法第7条で規定されている特別な規定、すなわち2者以上の納税者は、財政部と国家税務総局の批准を受けて1つの納税者とみなして合算納税することができるという規定によるものです。

具体的には、上海市の改革実験では、中国東方航空株式有限公司に適用されました。上海市には中国東方航空株式有限会社と上海航空有限公司があり、これら2社が1社とみなして納税申告し、さらに中国全土にある10社の分公司の業務収入を本社でどのように総合申告するかの規定です。

実験若干政策通知は、実験の前後にわたる中古固定資産や営業税の税務処理、船舶代理サービス、航空運輸企業等についての政策通知です。補充通知は、交通運輸業、アニメ企業、船舶代理サービス、オペレーティングサービスについての補充規定です。

このように上海市の改革実験で適用された実施弁法、関係規定、政策規定、輸出規定等を、上記の8省市（寧波市、厦門市、深圳市の3計画単列市を含む）にそのまま適用することは、上海市と同一の課税サービス範囲、同一の課税方法と税額計算、同一の関係事項と政策規定で改革実験が行われることを意味しています。これらの法規では、上海市の実験開始日2012年1月1日は、各実験地区の上記開始日に読み替えるものとされています。

5．北京市の増値税改革実験
1）改革実験の概要

北京市では2012年9月1日から営業税の増値税への改革実験が行われました。北京市の改革実験も上海市の改革実験の関係規定をそのまま適用しましたので、実験納税者には一般納税者と小規模納税者があり、一般納税者は課税サービス年間販売額が500万元超の企業等と個人工商業者とされ、小規模納税者

は課税サービス年間販売額が500万元以下の企業等とその他の個人とされています。

2012年9月までに北京市国家税務局から発表された税務文献のうち、特に重要な参考文献として、営業税の発票から増値税の発票に変更する税務規定と、営業税の優遇政策を増値税の優遇政策に引き継ぐための税務規定を紹介します。

2）営業税から増値税への発票の変更

北京市では、営業税の発票は北京市地方税務局が監督制定していた13種類の営業税発票がありましたが、これらのうち9種類の発票については北京市国税局が監督制定する増値税の発票に変更されました。改正実験の対象者となる実験納税者は、2012年9月1日から国税局の監督制定する増値税の発票を発行することになりました。

9種類の増値税発票とは、次の発票をいいます。

1　国際貨物運輸代理業専用発票―税額控除器具を使用して発行
2　国際海運業運輸専用発票―税額控除器具を使用して発行
3　国際海運業船舶代理専用発票―税額控除器具を使用して発行
4　国際航空旅客運輸専用発票
5　通関代理業専用発票―税額控除器具を使用して発行
6　中国船級社検験業務専用発票
7　北京市タクシー専用発票（北京市出租汽車専用発票）
8　北京市タクシー燃料油附加費専用発票（北京市出租汽車燃油附加費専用発票）
9　北京市駐車料金定額専用発票（北京市停車収費定額専用発票）

残りの4種類の営業税発票については、実験納税者は発行ができません。

1　北京市サービス業、娯楽業、文化体育業専用発票
2　北京市交通運輸業、建設業、不動産販売と無形資産譲渡専用発票
3　北京市定額専用発票
4　北京市地方税務局汎用印字発票（北京市地方税務局通用機打発票）と北京市税務局汎用定額発票（北京市税務局通用定額発票）

表Ⅲ-17　発票の変更内容

地方税務局が使用していた旧発票の種類	営業税の増値税改正後に使用する発票種類	
	一般納税者	小規模納税者
国際航空旅客運輸専用発票	国際高級旅客運輸専用発票	
北京市タクシー専用発票	北京市タクシー専用発票	
北京市タクシー燃料油附加費専用発票	北京市タクシー燃料油附加費専用発票	
北京市駐車料金定額専用発票	北京市駐車料金定額専用発票	
中国船級社検験業務専用発票	中国船級社検験業務専用発票	
国際貨物運輸代理業専用発票	増値税専用発票（6枚綴り） 増値税専用発票（5枚綴り）	国際貨物運輸代理業専用発票
国際海運業運輸専用発票	増値税専用発票 増値税普通発票	国際海運業運輸専用発票
国際海運業船舶代理専用発票	増値税専用発票 増値税普通発票	国際海運業船舶代理専用発票
通関代理業専用発票	増値税専用発票 増値税普通発票	通関代理業専用発票
北京市サービス業、娯楽業、文化体育業専用発票 北京市交通運輸業、建設業、不動産販売と無形資産譲渡専用発票 道路、内国河川貨物運輸業統一発票	増値税専用発票 増値税普通発票 1.　貨物運輸 　貨物運輸業増値税専用発票 　北京市汎用印字発票 2.　貨物運輸以外 　増値税専用発票 　増値税普通発票	北京市汎用印字発票

3）旧営業税優遇政策から増値税優遇政策への引継措置

　上海市の改革実験と同じ下記の優遇政策措置が採用されていますので、下記の優遇政策については、「北京市の営業税の増値税課税改正優遇政策届出登記表」と関係資料を北京市国税局に提出し、届出または審査批准の手続を経て、引継措置を受けることができます。

1　個人が著作権を譲渡すること
2　身体障害者個人が課税サービスを提供すること
3　航空会社が飛行機による農薬散布サービスを提供すること
4　実験納税者が技術譲渡、技術開発とこれに関係する技術コンサルタント、技術サービスを提供すること
5　条件に適合する省エネサービス会社が実施する契約エネルギー管理プロジェクトにおいて課税サービスを提供すること

6　オフショアサービスアウトソーシング業務で課税サービスを提供すること
7　台湾航空会社が海峡両岸海上直行便業務に従事して大陸において運輸収入を取得すること
8　台湾航空会社が海峡両岸空中直行便業務に従事して大陸において運輸収入を取得すること
9　米国ABS船級社が非営利の趣旨を変えないで、中国船級社が米国にて同等の免税待遇を享受することを前提として、中国国内において船舶検査サービスを提供すること
10　軍付属家族の就業
11　都市郷鎮退役兵の個人事業経営
12　パイプライン運輸サービス
13　有形動産ファイナンスリースサービス
14　営業税の差額課税の増値税への差額課税の引継

6．広告サービスの文化事業建設費

　財政部は2012年8月29日に「営業税の増値税課税改正実験における文化事業建設費の徴収に係る問題に関する通知」を公布して、従来どおりに広告サービスを提供する単位と個人から文化事業建設費を徴収するだけではなく、実験地区の実験後に成立した広告サービスを提供する単位と個人についても、増値税課税改正実験の範囲に入った後は、この通知により、文化事業建設費を納付しなければならないことを明確にしました。

　文化事業建設費を納付する単位と個人は、増値税の課税サービス（広告サービス）を提供して取得した販売額と3％の費用率により納付額を計算して、国家税務局で増値税を徴収する時に一括して徴収するものとされています。納付額の計算式は次のとおりです。

　　　　納付額＝販売額×3％

② 適用範囲

1．実験方案と実施弁法の比較

　実験方案で示されている課税範囲は、**交通運輸業、建設業、金融保険業、郵便電話通信業、文化体育業、現代サービス業、生活性サービス業、無形資産の**

譲渡、不動産の販売となっています。

　これらは現行の営業税の課税範囲と同じであり、営業税の課税役務としてのサービス業と娯楽業が現代サービス業と生活性サービス業に置き換えられているだけです。実験方案では、現代サービス業と生活性サービス業の注釈規定がなく、実験方案を実施する各地区で現代サービス業の課税範囲を自ら決定し、現代サービス業に属さないものを生活性サービス業に区分するものと考えられます。

　例えば、上海市の実施弁法では、営業税から増値税に移行する課税範囲は交通運輸業と一部現代サービス業とされています。上海市では、実験方案で予定している建設業、金融保険業、郵便電話通信業、文化体育業、現代サービス業の他の部分、生活性サービス業、無形資産の譲渡、不動産の販売は、増値税の課税範囲から除外しています。現代サービス業も一部と表現しており、現代サービス業の他の部分は増値税の課税範囲とはしていません。

表Ⅲ-18　課税項目の比較

税金	課税項目
増値税	貨物の販売、加工修理整備業務、貨物の輸入
営業税	課税役務（交通運輸業、建設業、金融保険業、郵便電話通信業、文化体育業、娯楽業、サービス業）、無形資産の譲渡、不動産の販売
中央実験方案	交通運輸業、建設業、金融保険業、郵便電話通信業、文化体育業、現代サービス業、生活性サービス業、無形資産の譲渡、不動産の販売
上海実施弁法	交通運輸業、一部現代サービス業

2．上海市の実施弁法

　上海市の実施弁法の適用範囲は、交通運輸業と一部現代サービス業とされており、上海市の一部現代サービス業には、研究開発と技術サービス、情報技術サービス、文化創意活動（設計、商標著作権の譲渡、知的財産権、広告、会議展示のサービス）、物流補助サービス（航空、港湾埠頭、貨物運送・顧客運送、引揚救助、貨物運輸代理、代理通関、倉庫および荷卸荷揚運送のサービス）、有形動産リースサービス（ファイナンスリースとオペレーティングリース）、鑑定証明コンサルタントサービス（認定、鑑定証明、コンサルタントのサービス）があります。

　上海市では、サービス業については、一部現代サービス業以外のその他の現代サービス業と生活性サービス業、例えば、営業税の課税役務でいう代理業（貨

物の代理購入と代理販売、仲介サービス、その他代理サービス)、旅館業、飲食業、旅行業、その他のサービス業(設計等を除く)、娯楽業については、現行の営業税が従来どおり課税されます。

このように、実験地区がどのような現代サービス業を増値税の課税範囲に選択するかによって、実験地区内の増値税と営業税との間で、また、実験地区と非実験地区との間で、さらには実験地区と他の実験地区との間で、かなり複雑な増値税と営業税の課税関係が構築されることになります。

上海市の実施弁法の適用範囲と適用除外

適用範囲：研究開発と技術サービス
　　　　　情報技術サービス
　　　　　文化創意活動（設計、商標著作権の譲渡、知的財産権、広告、会議展示のサービス）
　　　　　物流補助サービス（航空、港湾埠頭、貨物運送・顧客運送、引揚救助、貨物運輸代理、代理通関、倉庫および荷卸荷揚運送のサービス）
　　　　　有形動産リースサービス（ファイナンスリースとオペレーティングリース）
　　　　　鑑定証明コンサルタントサービス（認定、鑑定証明、コンサルタントのサービス）
適用除外：建設業、有形動産リース以外の金融保険業、郵便電話通信業、文化体育業、現代サービス業の他の部分（代理業の貨物の代理購入と代理販売・仲介サービス・その他代理サービス、旅館業、飲食業、旅行業、その他の設計以外のサービス業、娯楽業）、生活性サービス業、無形資産の譲渡の一部、不動産の販売

3．上海実施弁法の実験範囲
1）固定資産の仕入税額控除

現行の増値税の仕入税額控除は2008年の改正により、2009年1月から固定資産の仕入税額控除が可能となりました。しかし、不動産の販売と無形資産の譲渡については営業税の課税範囲であったため、固定資産のうち機器、機械、運輸工具、工具器具備品等のみが仕入税額控除の対象となり、工場建物等の建設物とその付属設備、構築物、土地使用権等については仕入税額控除の対象とはなっていません。

中央実験方案により不動産と無形資産（土地使用権）が増値税の課税範囲に

含まれれば仕入税額控除は適用可能となり、増値税の仕入税額控除制度は改善されることになりますが、上海市は不動産の販売と無形資産の譲渡は営業税の増値税改革実験の課税範囲からは除外しました。

2）金融保険業と生活性サービス業

中央の実験方案は、金融保険業と生活性サービス業には、簡易税額計算方法を適用するものとしました。簡易税額計算方法は、増値税の小規模納税者の税額計算方法と同じ方法であり、納税者は営業額（収入金額）に徴収率（3％）を乗じた金額を納税します。

しかし、上海市は、金融保険業を増値税の課税範囲に含めないこととしました。仮に増値税の課税範囲に含めて実験方案の簡易税額計算方法を原則どおり適用した場合には、現行の営業税の金融保険業の税率5％が簡易課税の徴収率3％となり、大幅な減税となるところでしたが、ファイナンスリースとオペレーティングリースを除く金融保険業は改革実験の課税範囲から除外しました。

上海市がどのような理由で金融保険業を課税範囲から除外したかは関係規定からは明らかではありませんが、金融保険業のシステムは1ヶ月半という短期間では変更できるものではなく、金融保険業には融資業務の他に仲介業務、手数料業務等があり、税収の行方を見守る必要があったのかもしれません。なお、中国国内の議論では、貸付利子については営業税のような税金が課税されている国は他にはありませんので、国際競争力の観点からは非課税にすべきであるとの意見もありました。

3）有形動産のリースサービス

現行営業税では、ファイナンスリースはファイナンスリース業務の批准を受けているリース会社は差額課税方式が適用されており、営業税の納税額は（営業額－物件等原価）×営業税3％で計算されています。

上海の実施弁法により、ファイナンスリースの実験一般納税者は、実験改革の納税額（営業額×17％－物件等原価×17％）が現行営業税の優遇政策である差額課税方式で3％の税率によって税額計算した納税額を超過する部分は即課税即還付方法が適用されます。

有形動産のオペレーティングリースについては、現行営業税では、リース料収入×営業税5％が課税されていますが、**上海市の実施弁法によれば、営業額×17％－物件等原価×17％で増値税が課税**されます。

オペレーティングリース業者は、現行営業税では営業税を自己負担していたが増値税の移行することにより**改正後の増値税は最終消費者負担となるので**税

負担は軽減されます。

　なお、実験納税者における一般納税者が、実験実施の前に購入または自社制作した有形動産を対象物件としてオペレーティングサービスを提供した場合は、実験期間は簡易税額計算方法を選択適用して増値税を計算し納付することができるものとされています。

③ 課税サービス範囲の注釈

　ここでは、財政部と国家税務総局が2011年11月16日付で公布した上海市の実施弁法の附属文書である「課税サービス範囲注釈」に記載されている内容を紹介します。

　この注釈はかなり詳細な説明文書であり必要な時に参照すれば足りますので、改革実験の全体を理解するには、次項の（2）税額計算方法（233ページ）を参照してください。

---

1. 交通運輸業
　交通運輸業とは、運輸工具を使用して貨物または旅客を目的地に送り、その空間的位置を移転し得る業務活動をいう。陸路運輸サービス、水路運輸サービス、航空運輸サービスおよびパイプライン運輸サービスを含む。
　1　陸路運輸サービス
　陸路運輸サービスとは、陸路（地上または地下）を通して貨物または旅客を運送する運輸業務活動をいい、道路運輸、ケーブルカー運輸、ロープウェー運輸およびその他の陸路運輸を含み、暫定的に鉄道運輸も含む。
　2　水路運輸サービス
　水路運輸サービスとは、江、河、湖、川等の天然、人口の街道または海洋航路を通して貨物または旅客を運送する運輸業務活動をいう。
　遠洋運輸の裸用船（距離のリース）、定期傭船（期間のリース）の業務は水路運輸サービスに属す。
　裸用船業務とは、遠洋運輸企業が船舶賃借人のためにある特定の航路の運輸任務を完了することによりリース料を受領する業務をいう。
　定期傭船業務とは、遠洋運輸企業がオペレーターを配備した船舶を他人にリースして一定期間使用させ、リース期間内に賃借人の派遣者の指示を受けて、経営するかどうかに関わらず、1日当たりによるリース料を賃借人から受領し、発生した固定費用は船主が負担する業務をいう。
　3　航空運輸サービス
　航空運輸サービスとは、空中の航空路線を通して貨物または旅客を運送する運

輸業務活動をいう。
　航空運輸のウェットリース業務は、航空運輸サービスに属す。
　ウェットリース業務とは、航空運輸企業が乗組員を配備した航空機をリースして他人が一定期間使用し、リース期間内に賃借人の指示を受けて、経営するかどうかに関わらず、一定の基準により賃借人からリース料を受領し、発生する固定費用はすべて賃借人が引き受ける業務をいう。
　4　パイプライン運輸サービス
　パイプライン運輸サービスとは、パイプライン施設を通してガス、液体、固形の物資を輸送する運輸業務活動をいう。

2. 研究開発と技術サービス
　一部現代サービス業とは、製造業、文化産業、現代物流産業等に囲繞して、技術的、知的サービスを提供する業務活動をいう。研究開発と技術サービス、情報技術サービス、文化創意サービス、物流補助サービス、有形動産リースサービス、鑑定証明コンサルタントサービスを含む。
　研究開発と技術サービスは、研究開発サービス、技術譲渡サービス、技術コンサルタントサービス、契約エネルギー管理サービス、工事監察探査サービスを含む。
　1　研究開発サービスとは、新技術、新製品、新工芸または新材料とそのシステムについて研究と試験開発を行う業務活動をいう。
　2　技術譲渡サービスとは、特許または非特許技術の所有権または使用権を譲渡する業務活動をいう。
　3　技術コンサルタントサービスとは、特定技術項目について実行可能性の論証、技術予測、特定の技術調査、分析評価報告と専門知識コンサルタント等の業務活動をいう。
　4　契約エネルギー管理サービスとは、省エネサービス会社とエネルギー使用会社とが契約の形式で省エネ目標を約定し、省エネサービス会社が必要なサービスを提供し、エネルギー使用会社が省エネ効果で省エネサービス会社に投入とその合理的報酬を支払う業務活動をいう。
　5　工事監察探査サービスとは、採鉱、工事の施行以前に、地形、地質の構造、地下資源の埋蔵状況について実地に調査する業務活動をいう。

3. 情報技術サービス
　情報技術サービスとは、コンピュータ、通信ネットワーク等の技術を利用して、生産、収集、処理、加工、記録、運輸、検索と利用を行い、かつ情報サービスを提供する業務活動をいいます。ソフトウェアサービス、回路設計と測定試験サービス、情報システムサービスと業務フローチャート管理サービスを含む。
　1　ソフトウェアサービスとは、ソフトウェア開発サービス、ソフトウェア・コンサルタントサービス、ソフトウェア・メインテナンスサービス、ソフト

ウェア測定試験サービスを提供する業務行為をいう。
  2　回路設計と測定試験サービスとは、集積回路と電子回路の製品設計、測定試験と関係する技術サポートサービスの業務行為をいう。
  3　情報システムサービスとは、情報システムの集成、ネットワーク管理、デスクトップの管理とメインテナンス、情報システムの応用、基礎情報技術管理のプラットホーム調整、情報技術基礎施設管理、データセンター、管理代行センター、セキュリティサービスを提供する業務行為をいう。
  4　業務フローチャート管理サービスとは、コンピュータ・インフォーメーション・テクノロジーにより提供するヒューマンリソーシスマネジメント、フィナンシャル・エコノミック・マネジメント、フィナンシャル・ペイメント・サービス、内部データ分析、コールセンターと電子商取引プラットホーム等のサービスの業務活動をいう。

4. 文化創意活動
　文化創意活動は、設計サービス、商標権著作権の譲渡サービス、知的財産権サービス、広告サービスおよび会議展示サービスを含む。
  1　設計サービスとは、計画、規画、設計思想を、視覚、文字等の形式を通して伝達する業務活動をいう。工業設計、造型設計、服装設計、環境設計、平面設計、包装設計、アニメーション設計、展示設計、ネットワーク設計、機械設計、工事設計、創意策定等を含む。
  2　商標権著作権の譲渡サービスとは、商標、のれんおよび著作権を譲渡する業務活動をいう。
  3　知的財産権サービスとは、知的財産権の事務を処理する業務活動をいう。特許、商標、著作権、ソフトウェア、集積回路図設計についての代理、登記、鑑定、評価、認証コンサルタント、検索サービスを含む。
  4　広告サービスとは、図書、新聞紙、雑誌、ラジオ、テレビ、映画、スライド、路上看板、ポスター、ショウウインドウ、ネオン灯、照明灯、インターネット等の各種形式を利用して、顧客の商品、経営サービスの項目、文体によるプログラムまたは通告、声明等の委託事項のために、宣伝を行い、関係サービスを提供する業務活動をいう。広告の計画策定、設計、制作、発表、放送、宣伝、展示等を含む。
  5　会議展示サービスとは、商品流通、販売促進、展示、経済貿易商談、民間交流、企業の意思疎通、国際交流等のために各種の展示と会議を行う業務活動をいう。

5. 物流補助サービス
　物流補助サービスは、航空サービス、港湾埠頭サービス、貨物運送・顧客運送ステーションサービス、引揚救助サービス、貨物運輸代理サービス、代理通関サービス、倉庫サービスおよび荷卸荷揚運送サービスを含む。

1 航空サービスとは、航空地上サービスと航空運航サービスを含む。
　航空地上サービスとは、航空会社、飛行場、民間航空管理局、航空ステーション等が、我国国内で航行するまたは我国国内の飛行場で停留する国内外の飛行機またはその他の飛行器具に航空誘導等の役務性地上サービスを提供する業務活動をいう。旅客の安全検査サービス、航空機停止場所管理サービス、飛行場の待合室管理サービス、飛行機洗浄消毒サービス、空中飛行管理サービス、飛行機離着陸サービス、飛行通信サービス、地上信号サービス、飛行機安全サービス、飛行機滑走路管理サービス、空中交通管理サービス等を含む。
　航空運航サービスとは、専門業務のために飛行サービスを提供する業務活動をいい、航空撮影、航空測量、航空探査、航空山林保護、航空掛幕散布、航空降雨等を含む。
2 港湾埠頭サービスとは、港湾業務船舶調達サービス、船舶通信サービス、航路管理サービス、航路浚渫サービス、灯台管理サービス、航路標識管理サービス、船舶引航サービス、貨物整理サービス、艫綱結解サービス、停泊と移泊サービス、海上船舶油漏除染サービス、水上交通管理サービス、船舶のみの専門洗浄消毒検査測定サービスと船舶のみの油漏れ防止サービス等の船のためにのみサービスを提供する業務活動をいう。

　なお、財政部が2011年12月29日付で公布した「交通運輸業と一部現代サービス業の営業税の増値税課税改正実験の若干の租税政策に関する通知」によれば、港湾埠頭サービスには船舶代理サービスが含まれ、次のように規定が追加されました。

　船舶代理サービスは統一して港湾埠頭サービスとして増値税を納付する。船舶代理サービスとは、船舶の所有者または船舶の賃借人が船舶の経営者の委託を受けて、船舶の港湾輸出入手続の処理・航路誘導の連携手配・接岸と荷造積卸、貨物リスト・運輸契約の代理署名・舵取業務引受の代理処理、船舶・コンテナおよび貨物の通関手続の処理、貨物の請負・貨物積載の構成、貨物とコンテナの運輸委託と中継の処理、運送料の代理受領・代理精算、顧客源泉の組織化・関係する海上旅客運輸業務の処理、その他の船舶のために提供する関係サービスを経営することをいう。
3 貨物運送・顧客運送ステーションサービスとは、貨物運送顧客運送ステーション（鉄道運輸を含まない）が、貨物の配送サービス、運送組織サービス、中間乗換サービス、車両調達サービス、切符業務サービスと車両停車サービス等の業務活動を提供することをいう。
4 引揚救助サービスとは、船舶人員の救助、船舶財産の救助、水上救助と水没船水没物の引揚サービスを提供する業務活動をいう。

5　貨物運輸代理サービスとは、貨物の受取人、発送人の委託を受けて委託者の名義または自己の名義で、貨物運輸役務を直接提供するのではなく、委託者のために貨物運輸と関係する業務手続を処理する業務活動をいう。
　6　代理通関サービスとは、輸出入貨物の受取人、発送人の委託を受けて、通関手続を代理で処理する業務活動をいう。
　7　倉庫サービスとは、倉庫、貨物場またはその他の場所を利用して顧客に代わって貨物を貯蔵、保管する業務活動をいう。
　8　荷卸荷揚運送サービスとは、荷卸荷揚工具または人力、畜力を使用して貨物を運輸工具の間、荷卸荷揚現場の間または運輸工具と荷卸荷揚現場の間で荷卸荷揚と運搬を行う業務活動をいう。

6. 有形動産リースサービス
　有形動産リースサービスは有形動産のファイナンスリースと有形動産のオペレーティングリースを含む。
　1　有形動産のファイナンスリース
　有形動産のファイナンスリースとは、融資の性格と所有権の移転の特徴を有する有形動産のリース業務活動をいう。すなわち、賃貸人が賃借人の要求する規格、型番号、性能等の条件に基づいて購入した有形動産を賃借人にリースし、契約期間内では設備の所有権は賃貸人に帰属し、賃借人は使用権を有するのみであり、契約期間が満了してリース料を清算支払した後に、賃借人が残存価値により有形動産を購入する権利を有して、その所有権を所有する。賃貸人が有形動産の残存価値を賃借人に売却するかどうかに関係なく、すべてファイナンスリースに属する。
　2　有形動産のオペレーティングリース
　有形動産のオペレーティングリースとは、約定した期間内に物品、設備等の有形動産を他人に譲渡して使用させることによってリース物件の所有権が変更しない業務活動をいう。
　遠洋運輸の裸用船リース業務、航空運輸のドライリース業務は、有形動産のオペレーティングリースに属する。
　裸用船リース業務とは、遠洋運輸企業が船舶を約定期間内に他人にリースして使用させ、オペレーターを配備することなく、運輸過程において発生した各種費用を引受けることなく、固定リース料を受領するだけの業務活動をいう。ドライリース業務は、航空運輸企業が航空機を約定期間内において他人にリースして使用させ、乗組員配備することなく、運輸過程において発生した各種費用を引受けることなく、固定リース料を受領するだけの業務活動をいう。

7. 鑑定証明コンサルタントサービス
　鑑定証明コンサルタントサービスは、認証サービス、鑑定証明サービスおよびコンサルタントサービスを含む。

>   1 認証サービスとは、専門的資質を有する単位が、測定検査、検疫検査、測定等の技術を利用して、製品、サービス、管理体系が関係する技術規範、関係する技術規範の強制的な要求または基準に適合することを証明する業務活動をいう。
>   2 鑑定証明サービスとは、専門的資質を有する単位が、委託者の経済活動と関係する資料について鑑定証明を行い、証明力を有する意見を発表する業務活動をいう。会計、税務、資産評価、弁護士、不動産評価、工事評価の鑑定証明を含む。
>   3 コンサルタントサービスとは、財務、租税、法律、内部管理、業務運用とフローチャート管理等の情報または立案を提供し計画策定する業務活動をいう。

❷ 税額計算方法

　実施弁法の税額計算方法を理解するためには、その前提にある増値税と営業税の税額計算方法を知る必要があります。

① 増値税の税額計算

　実施弁法の税額計算を詳細に解説する前に、増値税と営業税と実施弁法の税額計算を簡単に紹介します。増値税と営業税と実施弁法の税額計算を比較することによって、実施弁法の税額計算の特徴を理解することができます。

1．一般納税者
　増値税の納税者は、一般納税者と小規模納税者に区分されます。

> **Point!**
> 　一 般 納 税 者：小規模納税者以外の納税者
> 　小規模納税者：生産企業－年間課税販売額が 50 万元以下
> 　　　　　　　　生産企業以外の納税者－年間課税販売額が 80 万元以下
> 　　　　　　　　個人、課税行為が経常的に発生しない企業（選択可）

　増値税一般納税者の税額計算は次のとおりです。

納付税額＝当期売上税額（販売額×税率）－当期仕入税額（購入額×税率）

販売額とは、納税者が貨物等を販売した購入者から受取るすべての価額と価額外費用の合計であり、**価額外費用とは、価額外に購入者から受け取る手続料、補助手当、基金、資金調達費、返還利益、奨励費、違約金、滞納金、期限延長支払利息、賠償金、代理回収金、立替金、包装費、包装物リース料、倉庫費、優良品質費、運輸荷卸費およびその他各種性質の価額外料金**をいいます。

仕入税額とは、貨物の購入、課税役務の引受、貨物の輸入に支払または負担した**増値税**をいいます。

2．税額控除証憑

仕入税額控除を行うためには次の税額控除証憑を取得する必要があります。
1 販売者から取得した増値税専用発票上に明記された増値税額
2 税関から取得した税関輸入増値税専用納付書上に明記された増値税額
3 農産品買付発票／販売発票上に明記された農産品買値と13％控除率で計算した仕入税

仕入税額＝農産品買値×13％

4 運輸費用精算証票上に明記された運輸費用金額と7％控除率で計算した仕入税

仕入税額＝運輸費用金額×7％

3．控除不能仕入税額

下記の項目は仕入税額控除ができません。
1 増値税非課税項目、増値税免税項目、集団福利または個人消費に使用した購入貨物または課税役務
2 非正常損失の購入貨物と関係する課税役務
3 非正常損失の仕掛品、製品で消耗した購入貨物または課税役務
4 国務院の財政部門、主管部門が定める納税者の自己使用消費品
5 上記の1から4の貨物の運輸費用と免税貨物を販売した運輸費用

4．小規模納税者

小規模納税者の税額計算には次の簡易課税方法が適用されます。

簡易課税方法　納付税額＝販売額×徴収率（3%）

販売額と税額を合計する税込価格法（税込販売額）を採用している場合の販売額の計算は次のように行います。

販売額＝税込販売額÷（1＋徴収率3%）

小規模納税者は、販売時に増値税専用発票を発行することができず、仕入時に増値税専用発票を取得しても仕入税額控除ができません。

5．輸入貨物の税額計算

貨物の輸入時には、下記の計算式で計算した増値税を税関に納付します。増値税の課税標準は、貨物の輸入金額に関税と消費税を合計した金額です。

**課税構成価格＝関税の課税標準価格（通常はインボイス価格）＋
　　　　　　　関税＋消費税
納付税額＝課税構成価格×増値税の税率**

② 営業税の税額計算

1．営業額

営業税の納税者は下記の計算式で税額を計算します。

納付税額＝営業額×税率

営業額とは、納税者が課税役務を提供し、無形資産を譲渡しまたは不動産を販売して受け取るすべての価額と価額外費用の合計です。価額外費用とは、受取手続料、補助手当、基金、資金調達費、返還利益、奨励費、違約金、滞納金、期限延長支払利息、賠償金、代理回収金、立替金、罰金およびその他各種性質の価額外料金をいいます。

なお、**売上値引については注意が必要**であり、**代金の価額と値引額が同一の発票上で明記されている場合は、値引後の価額を営業額**とします。代金の値引額を別の発票で発行した場合には、その会計処理に係らず営業額から売上値引

を控除することができません。

2．財政部と国家税務総局の営業税の差額課税方式

営業税には重複課税を回避するため、**特定業種については差額課税方式**が認められています。差額課税方式は、営業税の実施細則、財政部と国家税務総局の関係税務規定によって定められています。

1）実施細則の差額課税方式

1　運送業

営業税の納税者が運送業務を下請した場合は、受け取ったすべての価額と価額外費用からその下請に支払った運送費用を控除した残額を営業額とします。

2　観光業

営業税の納税者が観光業務に従事する場合は、受け取ったすべての価額と価額外費用から観光客が支払った宿泊費、食費、交通費、入場料等の観光費用を控除した残額を営業額とします。

3　建設業

営業税の納税者が建設工事を下請した場合は、受け取ったすべての価額と価額外費用からその下請に支払った下請代金を控除した残額を営業額とします。

4　金融業

外貨、有価証券、先物等の金融商品の売買業務は、売出価格から買入価格を差し引いた残額を営業額とします。

5　その他

財政部と国家税務総局が定めたその他の場合。

2）財政部と国家税務総局が定めたその他の差額課税方式

1　ファイナンスリース

中国人民銀行、商務部、証券監督管理委員会の批准を受けたファイナンスリース業者は、借手から受け取るすべての価額と価額外費用から貸手のリース貨物の実際原価を控除した差額を営業額とします。

リース貨物の実際原価とは、貨物の購入価額、関税、増値税、消費税、運送雑費、据付日、保険料、貸付金の利息を含みます。

2　不動産と土地使用権

不動産または土地使用権を売却または譲渡した場合は、すべての収入額から不動産の購入価額または土地使用権の譲受価額を控除した残額を営業額とします。抵当権付債権を売却した場合はすべての収入額から債権抵当時の不動産ま

Point! 一般納税者と小規模納税者

納税者には、一般納税者と小規模納税者があり、上海市の実施弁法では、課税サービスの年間販売額が500万元を超える納税者を一般納税者とし、500万元を超えない納税者を小規模納税者としています。ただし、個人は一般納税者には該当しません。また、非企業単位、課税サービスを経常的に提供しない企業と個人工商業者は小規模納税者として納税することを選択することができます。小規模納税者の会計計算が健全で、正確な税務資料を提供できる場合は、主管税務機関に一般納税者資格の認定を申請して、一般納税者となることができます。会計計算が健全とは、国家の統一的な会計制度の規定により帳簿を設置し、合法的、有効な証憑に基づいて計算することをいいます。

上海市以外の実験地区においても、このような一般納税者と小規模納税者の区分は同じものとなっています。

たは土地使用権の評価額を控除した残額を営業額とします。

3　代理業務

営業税の納税者が代理業務に従事した場合は、委託者から受領したすべての価額と価額外費用から現行の租税政策規定の控除可能部分を控除した残額を営業額とします。営業額の控除項目が中国国内において発生した場合は、その控除項目の支払金額の証憑は発票またはその他の合法的な有効証憑が必要です。国外に支払った場合は、その控除項目の支払金額の証憑は外貨送金証憑、外国側会社の署名付領収書または発行した公正証書が必要です。

4　その他

金融業務、保険業務、労働派遣業務、通信業務、広告代理業務、物業管理業務等についても差額課税方式が認められています。上海市地方税務局には「営業税差額課税管理弁法」があり、国家税務総局の規定に準拠しています。

③ 実施弁法の税額計算

1．一般税額計算方法と簡易税額計算方法

実験方案では、増値税の税額計算方法には一般税額計算方法と簡易税額計算方法があります。**交通運輸業、建設業、郵便電話通信業、現代サービス業、文**

化体育業、不動産の販売と無形資産の譲渡については、売上税から仕入税を控除する**一般税額計算方法**が適用され、**金融保険業と生活性サービス業については**原則として簡易税額計算方法が適用されます。**一般税額計算方法を適用する場合は、仕入税額控除が適用できます。**

上海の実施弁法では、増値税の税額計算方法には、一般税額計算方法と簡易税額計算方法があります。一般納税者が課税サービスを提供した場合は、一般税額計算方法を適用して税額計算します。

一般納税者が財政部と国家税務総局の定める特定課税サービスを提供した場合は、簡易税額計算方法を選択適用して税額計算することができますが、**一旦選択したら、36ヶ月以内は変更することができません。**

小規模納税者が課税サービスを提供した場合は、簡易税額計算方法を適用して税額計算します。

表Ⅲ-19　実験方案と実施弁法の税額計算方法と税率

		実験方案
一般税額計算方法	納税額	売上税額（販売額×税率）－仕入税額（購入額×税率）
	税率	17%、11%、6%
	適用範囲	交通運輸業、建設業、郵便電話通信業、現代サービス業、文化体育業、不動産の販売と無形資産の譲渡
簡易税額計算方法	納税額	販売額×徴収率
	徴収率	3%
	適用範囲	金融保険業と生活性サービス業
		上海実施弁法
一般税額計算方法	納税額	売上税額（販売額×税率）－仕入税額（購入額×税率）
	税率	有形動産リース　　17%
		交通運輸業　　　　11%
		一部現代サービス業　6%
簡易税額計算方法	納税額	販売額×徴収率
	徴収率	3%
	適用範囲	小規模納税者
源泉徴収税額の計算方法	納税額	引受者の支払代金÷（1＋税率）×税率
	税率	課税サービスに適用される税率
	適用範囲	課税サービスの提供者または引受者

表Ⅲ-20 税率と徴収率

増値税		営業税		実験方案と実施弁法	
税率					
下記を除く貨物の販売と加工役務	17%	交通運輸業	3%	有形動産リース	17%
穀物、食用植物	13%	建設業	3%	交通運輸業	11%
水道水、ガス等		金融保険業	5%	現代サービス	6%
図書、新聞、化学肥料等		郵便電話通信業	3%		
農産品		文化体育業	3%		
音像製品		娯楽業	5%〜20%		
電子出版物		サービス業	5%		
ジメチルエーテル		無形資産の譲渡	5%		
貨物の輸出取引	0%	不動産の販売	5%	輸出取引	0%
徴収率					
小規模納税者	3%			金融保険業	3%
				生活性サービス業	

（上海実施弁法解説）
1) 一般税額計算方法と簡易税額計算方法

　増値税の税額計算方法には、一般税額計算方法と簡易税額計算方法がある。一般的な状況では、一般納税者は一般税額計算方法を基本的に適用する。売上税額から仕入税額を控除した差額を納付税額とする。小規模納税者は簡易税額計算方法を適用する。すなわち販売額と徴収率との乗数を納付税額とする。

　注意を要するのは、一般納税者の一部の特定項目は簡易税額計算方法を選択して増値税を計算して課税徴収することができることである。特定項目とは、一般納税者が提供する公共交通運輸サービス（船乗客渡し、公共交通乗客運輸、軌道交通、タクシーを含む）をいう。

2) 一般税額計算方法

　一般納税者が課税サービスを提供した場合は、一般税額計算方法を適用する。一般税額計算方法においては、納税者の課税サービスの提供と貨物の販売、加工修理整備役務の提供は同一の税額計算方法を採用する。

　なお、実験地区の増値税一般納税者が貨物の販売、加工修理整備役務の提供ま

たは課税サービスの提供を兼務する場合で、簡易税額計算方法を選択して増値税を計算し納付することができることが規定されていない場合は、その全部の販売額を一括して一般税額計算方法により増値税を計算し納付する。

3) 特定課税サービス

特定課税サービスとは、上述の特定項目をいう。一般納税者が特定課税サービスを提供した場合は、簡易税額計算方法を適用して増値税を計算して課税徴収する。ただし、増値税一般納税者から言えば、同一の特定課税サービスについて、一般税額計算方法または簡易税額計算方法を自ら選択して課税徴収することができるが、一旦選択したら36ヶ月以内は税額計算方法を再調整することはできない。

2．一般税額計算方法

一般税額計算方法の納付税額とは、当期売上税額から当期仕入税額を控除した残額をいいます。納付税額の計算公式は次のとおりです。

　　納付税額＝当期売上税額－当期仕入税額

当期売上税額が当期仕入税額より小さくて控除に不足する時は、その不足部分は翌期に繰り越して継続して控除することができます。

売上税額とは、納税者が課税サービスを提供した場合に販売額と増値税の税率により計算した増値税額をいいます。売上税額の計算公式は次のとおりです。

　　売上税額＝販売額×税率

一般税額計算方法の販売額には売上税額は含みません。納税者が販売額と売上税額を合算した税込価格法を採用した場合は、下記の公式により販売額を計算します。

　　販売額＝税込販売額÷（1＋税率）

仕入税額とは、納税者が貨物を購入または加工修理整備役務と課税サービスを受けて、支払うかまたは負担する増値税税額をいいます。

（上海実施弁法解説）
1) 納付税額の計算方法
この規定は、増値税の納付税額の計算方法を規定している。現在、我国が採用

しているのは仕入税額控除法であり、納税者が貨物を購入した時に販売額により税金を支払い（仕入税額を構成）、貨物の販売時にも販売額により税金を受け取るが（売上税額を構成）、売上税額から仕入税額を控除することを認めている。このように貨物、加工修理整備役務および課税サービスの付加価値に相当する部分についてのみ課税している。売上税額が仕入税額より小さい時は、当面の方法としては翌期に繰り越して継続して控除するものである。

例えば、ある実験地区の一般納税者が 2012 年 3 月に交通運輸収入 111 万元（税込）を取得し、当月にガスとオイルを 10 万元で外部購入し、運輸車両を 20 万元（税抜金額で増値税専用発票を取得した）で購入し、運輸関連支出が 50 万元（税抜金額で、実験地区納税者が提供し専用発票を取得した）発生したとする。

当該納税者の 2012 年 3 月の納付税額＝ 111 ÷（1 ＋ 11%）× 11% － 10 × 17% － 20 × 17% －50 × 11% ＝ 11 － 1.7 － 3.4 － 5.5 ＝ 0.4 万元となる。

2) 売上税額

売上税額は増値税における一つの重要な概念であり、上記の売上税額の計算式から見いだし得るのは、それは課税サービスの販売額と税率の乗数であり、全体的な税金の概念でもあるということである。増値税の課税計算の過程においては増値税一般納税者になってはじめて売上税額の概念が出現し使用することになる。

3) 税込価格法（中文では定価法）

一般納税者の課税サービスの販売額を決定する時は、一般納税者が販売対象の相違、発行する発票の相違により販売額と売上税額を合算して価格決定する状況に出会うことがある。これについては次のように規定しており、一般納税者が貨物または課税サービスを販売し、販売額と売上税額を合算して価格決定する方法を採用した場合は、販売額＝税込販売額÷（1 ＋税率）によって販売額を決定する。

税抜販売額の計算公式の規定は、課税サービスの納税者が営業収入を認識するのに一定の影響を有するものである。課税サービスが元々営業税で徴収課税される時は、納税者は実際に取得した価額に基づいて営業収入を認識し、営業収入と営業税率の乗数によって納付する営業税を認識する。課税サービスが増値税で徴収課税された後は、一般納税者は税込販売額を取得して、価額と税金の分離を初めに行った後に税抜販売額に変換して販売収入を認識し、税抜販売額と税率との乗数に基づいて売上税額を認識する。

4) 仕入税額

一部の課税サービスが増値税に課税改正された後に、営業税納税者にとっての最大の変化とは、取得する発票または合法証憑が既存のものが増値税の税額控除証票ではないものから増値税の税額控除証憑（すなわち仕入税額）に変わったことである。同時に、現行の税法の増値税税額控除証憑について控除認証期限が定められていることである。納税者は証票証憑に変化が発生したことに注意するだ

けではなく、会計計算についても変化が発生したことに注意しなければならない。本条に基づいて、増値税税額控除証憑の変化については、納税者は適時に増値税税額控除証憑を合法的に取得し、かつ規定の期間内に控除を認証しなければならない。

　納税者が貨物と加工修理整備役務を購入または課税サービスを引受けた場合は、支払ったまたは負担した増値税額は仕入税額とする。仕入税額には次の３つの意義がある。
1　増値税一般納税者でなければ仕入税額の控除ができないという問題
2　仕入税額を生ずる行為は必ず貨物、加工修理整備役務の購入と課税サービスの引受でなければならない
3　支払ったまたは負担した仕入税額は貨物の販売者に支払ったかまたは購入者が自分で負担した増値税額をいう。

　納税者の会計計算について言えば、一部の課税サービスが増値税に課税改正された後は、その仕入税額を計算する状況にも一定の変化が発生した。旧会計計算においては、実験納税者が取得した証票証憑は、主要営業原価（または営業原価）に直接計上したが、新会計計算においては、実験納税者が取得した増値税専用発票は、発票に明記した価額に基づいて主要営業原価（または営業原価）に計上し、発票に明記した増値税額は未納税金－未納増値税（仕入税額）に計上する。

３．簡易税額計算方法

　小規模納税者が課税サービスを提供した場合は、簡易税額計算方法を適用して税額計算します。簡易課税計算方法の納付税額とは、**販売額と増値税の徴収率により計算した増値税額**をいい、**仕入税額を控除することはできません**。納付税額の計算公式は次のとおりです。

　　　　納付税額＝販売額×徴収率

　簡易課税計算方法の販売額には、その納付税額を含まず、納税者が販売額と納付税額の合算税込価格法を採用する場合は、下記の公式により販売額を計算します。

　　　　販売額＝税込販売額÷（１＋徴収率）

　納税者が簡易課税計算方法を適用する課税サービスを提供し、サービスの中止または割引によって引受者に販売額を返済した場合は、当期の販売額から控除しなければいけません。当期の販売額から控除した後に、依然として残額があり税額の過大納付が起きている場合は、その後の納付税額から控除すること

ができます。

（上海実施弁法解説）
1）簡易税額計算方法を適用する場合
　本条でいう販売額とは税抜販売額であり、徴収率は3％である。一般税額計算方法と簡易税額計算方法の税負担を均衡させるために、簡易税額計算方法は比較的低い徴収率を規定したので、簡易税額計算方法は納付税額を計算する時に仕入税額を控除できない。小規模納税者は簡易税額計算方法を採用し、一般納税者は特定課税サービスを提供する場合に簡易税額計算方法を選択適用できるものとした。

2）簡易税額計算方法
　この規定は、簡易税額計算方法において税込販売額をどのように税抜販売額に転換するかを規定している。一般税額計算方法と同じく、簡易税額計算方法における販売額も購入者から受領する税額を含まない。
　例えば、某実験企業の某交通運輸サービスの税込販売額を103元とし、計算する時にはまず税額を控除する、すなわち103 ÷（1＋3％）＝100元、納付税額を計算する販売額に使用するのは100元である。納付税額は100 × 3％＝3元である。
　現行営業税の税額計算方法との区別
　　　　現行営業税の納付税額＝103 × 3％＝3.09元

3）返金による税額の減額
　適用対象は一般納税者が特定課税サービスを提供する場合、小規模納税者が課税サービスを提供する場合である。
　納税者が提供するのは簡易税額計算方法を使用して税額計算する課税サービスで価額を受領した後に、サービスの品質が要求に不適合だった等の合理的な原因によりサービスの中止または割引が発生したことにより販売額を引受者に返金した場合は、返金金額は返金した期において販売額を減額することができる。返金した期の販売額が減額に不足して税金の過大納付による剰余部分は以後の納付税額から減額することができる。
　実際の申告時に、税金を過大納付した剰余部分が納付税額から控除される状況が発生した場合は、納税者は当期販売額から控除して実現させることができる。
　例えば、某実験小規模納税者はある課税サービスのみを経営し、2012年1月に販売額が1000元の取引を発生させてこれについて税額を納付し、2月に当該取引は合理的な原因により返金が発生した（販売額はすべて税抜販売額である）。
　1番目は、2月の当該課税サービスの販売額が5000元であった場合。
　2月の販売額から返金の1000元を控除し、2月の最終の税額計算販売額は

5000 − 1000 ＝ 4000 元となり、2 月に納付する増値税は 4000 × 3% ＝ 120 元となる。

　2 番目は、2 月の当該課税サービスの販売額は 600 元、3 月の当該課税サービスの販売額は 5000 元であった場合。

　2 月の販売額から返金の 600 元を控除し、2 月の最終の税額計算販売額は 600 − 600 ＝ 0 元となり、2 月に納付する増値税は 0 × 3% ＝ 0 元となる。2 月の販売額が控除に不足して過大納付の税額が 400 × 3% ＝ 12 元であった場合は、以後の納税期から納付税額を減額することができる。3 月に企業が実際に納付した税額は 5000 × 3% − 12 ＝ 138 元となる。

4．増値税の源泉徴収

　国外の単位または個人が国内において課税サービスを提供し、国内において経営機構を設立しない場合は、源泉徴収義務者は下記の公式により源泉徴収税額を計算します。

　　　　源泉徴収税額＝引受者の支払代金÷（1 ＋税率）×税率

　中国国内の代理人または引受者が国外の単位と個人のために増値税を納付した場合は、適用税率により増値税を源泉徴収します。

（上海実施弁法解説）
　この規定は国外の単位と個人が国内において実験納税者に課税サービスを提供する場合の中国国内における源泉徴収税額の問題を規定している。
1) これは国外の単位と個人が国内において実験納税者に課税サービスを提供する場合でかつ国内において営業機構を設立していない場合に適用する。
2) 範囲は課税サービスの提供に限定し、非実験範囲役務を提供する場合はこの規定の定める範囲内ではない。
3) 課税サービスを引き受ける者が支払った価額が税込価格である場合は、源泉徴収すべき税額を計算する時は税抜価格に変換しなければならない。
4) 源泉徴収すべき税額を計算する時に使用する税率は発生した課税サービスの適用税率としなければならず、実験納税者が増値税一般納税者かまたは小規模納税者であるかは区分しない。

　例えば、国外の会社が実験地区納税者 A のためにシステムサポート、コンサルタントサービスを提供して、契約価額 106 万元で、当該国外会社が実験地区に営業機構を有しない場合は、当該営業機構の源泉徴収税額は次の通り計算する。

　　　　源泉徴収増値税＝ 106 万 ÷（1 ＋ 6%）× 6% ＝ 6 万元

❸ 仕入税額控除

① 仕入税額控除

　下記の仕入税額は売上税額から控除することを認めます。
1　販売者または提供者から取得した増値税専用発票上に明記された増値税額
2　税関から取得した税関輸入増値税専用納付書上に明記された増値税額
3　農産品を購入した場合は、増値税専用発票または税関輸入増値税専用納付書を取得する他に、農産品の買付発票または販売発票上に明記された農産品の買付価格と13％の控除率により計算した仕入税額。計算公式は次のとおりです。

　　　　仕入税額＝買付価格×控除率

　買付価格とは、納税者が農産品を購入して農産品の買付発票または販売発票上に明記された代金と規定により納付する煙草葉税をいいます。
4　交通運輸業サービスを受けて、増値税専用発票を取得する他に、運輸費用の精算証票上に明記された運送費用金額と7％の控除率により計算した仕入税額。計算公式は次のとおりです。

　　　　仕入税額＝運送費用金額×控除率

　運送費用金額とは、運送費用精算証票上に明記された運送費用（鉄道臨管線と鉄道専用線の運送費用を含む）、建設基金をいい、荷卸費、保険料等のその他の雑費を含みません。
5　国外の単位または個人が提供した課税サービスを受けた場合は、税務機関または国内の代理人から取得した税額を納付した中華人民共和国税収通用納付書（通用納付書）上に明記された増値税額

（上海実施弁法解説）
　この規定は、納税者が控除できる増値税の仕入税額の状況について例示を行っている。

1）増値税専用発票

　仕入税額は、貨物の販売者、加工修理整備役務または課税サービスの提供者から取得した増値税専用発票（貨物運輸専用の増値税専用発票を含む）上に明記された増値税額である。

　増値税専用発票は増値税の控除管理を強化するため、増値税の特徴に基づいて設計されたもので、一般納税者が使用する発票として専門的に供給されている。増値税専用発票は一般納税者が売上税額から控除する仕入税額の税額控除証憑であり、現在では最も主要な税額控除証憑である。増値税専用発票の現在の控除の期限は発票発行日から180日以内に控除認証を行う。

2）税関輸入増値税専用納付書

　仕入税額は、税関から取得した税関輸入増値税専用納付書上に明記された増値税額である。

　現在の税法規定に基づいて、輸入段階の増値税は税関が代理徴収する場合は、実験納税者が貨物の通関輸入手続を行う時に、税関に輸入増値税を納付しかつ税関から納付証明書を取得する必要があり、その取得した税関輸入専用納付書で控除を申告することができる。税関輸入専用納付書の現在の控除の期限は輸入通関した日から180以内に控除を行う。

3）農産品の買付発票と販売発票

　仕入税額は、農産品を購入した場合は、増値税専用発票または税関輸入増値税専用納付書を取得する他に、農産品の買付発票または販売発票上に明記された農産品の買付価格と13％の控除率により計算した仕入税額である。

　現在、農業生産者が販売した自社生産農産品は増値税が免税されている場合は、その増値税専用発票を発行することはできず、農産品販売発票を発行することができるだけである。小規模納税者が農産品を販売する場合も増値税専用発票を発行することはできず、増値税の普通発票を発行できるだけである。零細経営の農家については、購入単位が農民に買付発票を発行しなければならない。上記の3種の証憑も仕入税額として課税サービスの売上税額から控除することができる。

4）運輸費用の精算証票

　仕入税額は、交通運輸業サービスを受けて、増値税専用発票を取得する他に、運輸費用の精算証票上に明記された運送費用金額と7％の控除率により計算した仕入税額である。これには、主に次のような状況がある。

　　1　非実験地区の交通運輸業者の提供する役務を受けた場合

　非実験地区の単位と個人から交通運輸役務を受けて、非実験地区の単位と個人が運輸費用精算証票（税務機関が代理発行する貨物運輸専用発票を含む）を発行し、発票受領者が運輸費用精算証票上に明記された運輸費用金額と7％の控除率により仕入税額を計算して控除する。

2　実験地区の小規模納税者の提供する役務を受けた場合
　実験地区の小規模納税者から交通運輸役務を受けて、小規模納税者が主管税務機関に増値税専用発票の代理発行を申請し、発票受領者が増値税専用発票上に明記された運輸費用金額と7％の控除率により仕入税額を計算して控除する。
　　3　実験地区一般納税者の提供する役務を受けた場合
　実験地区の一般納税者から交通運輸役務を受けた場合は、その発行した増値税専用発票上の明記された仕入税額により控除を行う（11％の税率を適用する）
　注意を要するのは、交通運輸と国際貨物運輸の代理に従事する実験納税者にも控除額の規定があることである。

5）税収通用納付書
　仕入税額は、国外の単位または個人が提供した課税サービスを受けた場合で、増値税を代理控除代理納付することにより取得した中華人民共和国税収通用納付書上に明記された増値税額である。
　実施弁法の源泉徴収義務者の規定に基づいて、国外の単位または個人が国内に課税サービスを提供した場合は、代理人または国内の役務を受けた実験納税者を源泉徴収義務者としなければならない。源泉徴収義務者は本実施弁法により課税サービスの税額を源泉徴収した後に、主管税務機関に相当税額を申告納付し、かつ主管税務機関は中華人民共和国税収通用納付書を発行する。源泉徴収義務者は中華人民共和国税収通用納付書上の明記された増値税税額を根拠として課税サービスの売上税額から控除する。

② 税額控除証憑

　納税者が取得した増値税税額控除証憑が法律、行政法規または国家税務総局の関係規定に適合しない場合は、その仕入税額は売上税額から控除できません。**増値税税額控除証憑とは、増値税専用発票、税関輸入増値税専用納付書、農産品買付発票、農産品販売発票、運送費用精算証票および税収通用納付書**をいいます。納税者が税収通用納付書を根拠として仕入税額を控除する場合は、書面による契約書、支払証明書と国外の単位の照合票または発票を準備しなければいけません。**資料が不完全な場合は、その仕入税額は売上税額から控除できません。**

（上海実施弁法解説）
　増値税の徴収管理においては、納税者が貨物を購入または課税サービスを受け

て、支払うかまたは負担する増値税額は控除可能な仕入税額に属するかどうかは、増値税税額控除証憑を根拠とするものである。したがって、この規定は納税者が取得する増値税税額控除証憑について作成したものである。すなわち法律、行政法規または国家税務総局の関係規定に適合しない場合は、その仕入税額は売上税額から控除することはできない。これは主に納税者が規定により税額控除証憑を取得し、税法順守の度合いを高めるためのものである。

1）税額控除証憑の種類

2012年1月1日から、増値税税額控除証憑は原増値税暫定条例の定める増値税専用発票、税関輸入増値税専用納付書、農産品買付発票、農産品販売発票、および運送費用精算証票を、増値税専用発票、貨物運輸業専用発票、税関輸入増値税専用納付書、農産品買付発票、農産品販売発票および中華人民共和国税収通用納付書に修正する。新たに増加した中華人民共和国税収通用納付書は、主に国外の単位または個人が提供する課税サービスを受けて、増値税を代理控除代理納付することにより控除が発生する場合に使用する。

2）実験前の運輸費用精算証票

実験後に、現行増値税一般納税者が実験地区の単位と個人から取得した場合で、かつ2012年1月1日以前に発行した運輸費用精算証票は、発行した日から180日以内に「増値税暫定条例」と関係規定により仕入税額を計算しかつ控除を申告しなければならない。実験納税者が2012年1月1日以後に発行した運輸費用精算証票（鉄道運輸費用精算証票を除く）は増値税税額控除証憑とすることはできない。

3）実験後の運輸費用精算証票

実験後に、増値税一般納税者が実験地区の単位と個人から取得した場合で、かつ2012年1月1日以後に発行した運輸費用精算証票は、増値税税額控除証憑とすることはできない。ただしこのうちには2つの例外がある。

1つは鉄道運輸費用精算証票（鉄路運輸費用結算単据）であり、鉄道運輸役務は現時点ではまだ増値税を課税徴収する課税サービスに含まれていないので、鉄道運輸役務は既存の営業税管理により営業税の課税徴収が行われており、同時に鉄道運輸証票（鉄路運輸単据）を使用している。鉄道運輸証票は運輸費用金額と控除率の乗数で控除を計算する。

2つは、税務機関が代理発行する貨物運輸業増値税専用発票であり、現在では実験地区の小規模納税者の交通運輸役務を受けて、小規模納税者が主管税務機関に貨物運輸業増値税専用発票の代理発行を申請して、発票受領者が取得した増値税専用発票上に明記された価格税金合計金額と7％の控除率により仕入税額を計算して控除することができる。

4）税収通用納付書

　実験納税者が中華人民共和国税収通用納付書（以下、通用納付書と称する）を根拠として仕入税額を控除する場合は、主管税務機関に書面による契約書、支払証明書と国外単位の照合証またはインボイスを届け出て、実験納税者が資料を提出できない場合または資料の提出が揃わなかった場合は、その仕入税額は売上税額から控除することはできない。

5）実験前の増値税専用発票

　ある実験地区の納税者は2012年1月1日にガス石油を外部購入して増値税専用発票を取得し、発票の額面金額は10万元であり、当該納税者は2012年5月28日に認証して、かつ認証当月に控除した。当該増値税専用発票の控除の期限は発票発行日から180日以内、すなわち最終期限は2012年6月28日であった。

③ 税額控除不能項目

　下記項目の仕入税額は売上税額から控除できません。
1　簡易税額計算方法を適用して税額計算した項目、増値税非課税項目、増値税免税項目、集団福利または個人消費の購入貨物、加工修理整備役務または課税サービスを受けた場合。このうち固定資産、特許技術、非特許技術、のれん、商標、著作権、有形動産リースに関係する場合は、上記項目に専用使用した固定資産、特許技術、非特許技術、のれん、商標、著作権、有形動産リースに限ります。
2　非正常損失の購入貨物と関係する加工修理整備役務と交通運輸業サービス。
3　非正常損失の仕掛品、製品で消耗した購入貨物（固定資産を含まない）、加工修理整備役務または交通運輸業サービス。
4　引き受けた旅客運輸サービス。
5　自己使用の消費税課税のバイク、自動車、モーターボート、ただし交通運輸業サービスを提供するための運輸工具とリースサービス物件を除きます。
　非正常損失とは、管理不全により盗難、紛失、腐食変質を起こした損失、および法律執行部門が法により没収または自己毀損を命じた貨物をいいます。

（上海実施弁法解説）
　この規定は、控除不能な仕入税額の種類を定めている。

1) 控除不能仕入税額

　簡易税額計算方法の課税項目、増値税非課税項目、増値税免税項目、集団福利または個人消費の購入貨物、加工修理役務または課税サービスに使用したものは仕入税額控除ができない。

　増値税非課税項目とは、非課税サービスの提供、不動産と固定資産の建設工事物件の販売等をいう。納税者が建設物を新築、改築、拡大建設、装飾した場合は、会計制度がどのような計算を規定しているかに関わらず、すべて固定資産の建設工事物件に属する。

2) 非正常損失

　合法的税額控除証憑を取得したにも関わらず、非正常損失の購入貨物、加工修理整備役務と課税サービスおよび非正常損失の仕掛品、製品を消耗使用した購入貨物、加工修理整備役務または課税サービスの仕入税額は控除することができない。

　非正常損失には貨物の紛失、窃盗、腐食変質の発生等の管理不全損失を含む。これらの非正常損失は納税者自身の原因により課税対象の実体の消滅をもたらすものであり、租税負担の公平性を保証するため、その損失は国家が引き受けるものではないので、納税者は仕入税額の控除を要求する権利はない。

　このうち仕掛品とは、従来どおり生産過程にある製品をいい、完成品に対応するものであり、各生産工程にあって加工している製品とすでに加工を完了して未検収の製品または既に検収済みであるが入庫手続が未処理の製品を含む。

　製品とは、すでにすべての生産過程を完了しかつ検収して入庫し、契約の定める条件により貨物購入単位に引き渡すことができるかまたは商品として対外販売できる製品をいう。

3) 旅客運輸役務

　一般納税者の受ける旅客運輸役務は売上税額から控除できない。一般的な意味では、旅客運輸役務は主に引受対象は個人である。一般納税者が購入する旅客運輸役務は、役務を引受ける対象が企業か個人かを正確に区分することは困難であり、したがって一般納税者が引き受けた旅客運輸役務は売上税額から控除することはできない。

4) 課税消費品

　自己使用の消費税を課税徴収するバイク、自動車、モーターボートは控除が認められないのは、主にこれらの用途が多様なことを考慮したからである。小型自動車を例にとると、その用途は引き受け単位の人員の通勤であるかもしれず、工場への臨時貨物の運搬かもしれない。これらの用途は、ある場合には貨物の生産段階の一部分に属して控除が可能であり、ある場合には集団福利または個人消費に属して控除できない。要するに、その具体的な用途は明確に区分できないもの

である。

　原則的に異なる用途に対して異なる控除を規定すべきとする政策は、それが将来の税制を複雑なものに変えてしまうばかりでなく、脱税と遺漏をもたらして租税管理の難度を増加させることになる。

　このような状況においては、税制の基本原則は政策から見て区分の困難性を減少させるべきであり、制度から見て遺漏を防ぐべきであり、管理的に詳細な区分措置を制定することはない。

　したがって、これらの物品の消費属性が明らかなことを考慮して、本条は自己使用の消費税課税のバイク、自動車、モーターボートは控除できないことを明確にした。

5）交通運輸工具

　交通運輸サービスはすでに増値税課税改正の課税サービスとなっており、交通運輸サービスは11%の税率により増値税を課税徴収しており、その交通運輸サービスを提供するものとして購入した工具は仕入税額として控除を行うことができる。

（上海実施弁法解説）
1）非正常損失

　非正常損失には貨物の紛失、窃盗、腐食変質の発生等の管理不全により構成される損失を含み、法により法律執行部門によって没収されるまたは自己撤去を強制的に命令される貨物を含んでいる。

　これらの非正常損失は納税者自身の原因により課税対象の実体の消滅をもたらすものであり、租税負担の公平性を保証し、その損失は国家が引き受けるものではなく、納税者が仕入税額控除を要求できるものではない。

2）旅客運輸サービス

　旅客運輸サービスは一般的な意味からして、旅客運輸サービスの主要な対象は個人である。一般納税者が購入する旅客運輸サービスは、引受対象は主に個人であり、したがって売上税額から控除できない。

④ 非課税項目

　増値税非課税項目とは、非増値税課税役務、無形資産の譲渡（特許技術、非特許技術、のれん、商標、著作権を除く）、不動産と建設工事中の不動産の販売をいいます。増値税非課税役務とは、「課税サービス範囲注釈」で列記した項目以外の営業税課税役務をいいます。

不動産とは、移動できないかまたは移動した後に性質、形状に改変を引き起こす財産をいい、建設物、構築物とその他の土地付着物を含みます。納税者が不動産を新築し、改築し、拡張建設し、修繕し、装飾することはすべて建設中の不動産に属します。

個人消費には、納税者の交際接待消費を含みます。

固定資産とは、使用期限が12ヶ月を超える機器、機械、運輸工具とその他の生産経営と関係する設備、工具、器具等をいいます。

（上海実施弁法解説）
　これは、非課税項目と固定資産、非正常損失等の状況についての解釈である。

1）増値税非課税項目
　増値税非課税項目は、増値税条例の中の一つの概念であり、それは増値税課税項目についての一つの概念である。原「増値税暫定条例」の規定において、増値税非課税項目とは、営業税を納付すべき交通運輸業、建設業、金融保険業、郵便電話通信業、文化体育業、娯楽業、サービス業等の課税範囲の役務をいう。一部課税サービスが増値税に課税改正された後は、増値税非課税項目はさらに縮小された。一部の営業税を納付すべきサービス業項目は増値税非課税サービスとなった。

2）固定資産仕入税額の控除
　通常、我々は用途の区分が困難な貨物については製品の販売額に課税する方法を採用して控除可能な仕入税額を区分しており、固定資産を増値税控除範囲に組み入れた後は、貨物の控除範囲と相対的に比較して、一定の特殊性があり、主に固定資産の使用用途が変化可能である場合、例えば、ある車台は免税の軍用品を生産するのに使用されることもあれば、課税の民用物品を生産するのに使用されることもある。

　ただし、2者には絶対的な区分は存在しないので、固定資産の控除については専門的な解釈を行う必要がある。本条の規定によれば、増値税の不課税項目または仕入税額振替項目に専ら使用されるいくつかの場合には、増値税非課税項目、免税項目、集団福利と個人消費が含まれ、その固定資産の仕入税額は控除することができない。当該固定資産が増値税課税項目（増値税免税項目を含まない）に使用されるのであれば、それが同時に増値税非課税項目、免税項目、集団福利と個人消費に使用されたとしても、上述の項目の仕入税額が本来は控除できない場合でも、当該固定資産の全部の仕入税額はすべて控除可能となる。

3）固定資産の定義

固定資産は会計処理の観点からある種の貨物の概括性についての呼称でありその本質は従前のとおり貨物であるが、具体的な判断においては固定資産の分類については容易に争いを起こすことができる。このため、現在では固定資産については使用期間が12ヶ月を超える機器、機械、運輸工具とその他の生産経営と関係する設備、工具、器具等と規定している。この規定は主に固定資産の範囲の区分問題を解決するためのものである。

（上海実施弁法解説）
　交際接待消費は生産経営において生産性の投入と支出に属さない、一種の生活性の消費活動であり、かつ交際接待消費と個人消費は明確に区分することが困難であり、徴税管理においては掌握する区分が容易ではなく、容易に納税者の脱税行為をもたらすので、徴税管理を強化し、消費行為に誘導するため、交際接待消費については仕入税額を控除できないとして、租税負担を公平にしたものとしている。業務接待において消耗した煙草、酒、服装を含む各種の贈物は、仕入税額控除できない。

⑤ 控除不能税額の簡便計算

一般課税計算方法を適用する一般納税者が、簡易課税計算方法の課税項目、増値税非課税役務、増値税免税項目を兼営することにより控除不能な仕入税額を区分できない場合は、下記の公式により控除不能な仕入税額を計算します。

　　控除不能な仕入税額
　　　＝当期区分不可全部仕入税額×（当期簡易課税計算方法の課税項目販売額＋増値税非課税役務営業額＋増値税免税項目販売額）÷（当期全部販売額＋当期全部営業額）

主管税務機関は、上述した公式により年度データを根拠として控除不能な仕入税額について精算を行うことができます。

（上海実施弁法解説）
　この規定は、免税項目または増値税非課税サービスを兼営することにより区分できない仕入税額の区分公式を規定している。主に次のような状況がある。

1）控除不能仕入税額の簡便計算公式

納税者の現実の生産経営活動において兼営行為は一般的であり、仕入税額が正確に区分できない状況は日常的に出現するものである。比較的典型的なのは消耗使用する水力と電力である。

　ただし同時に多くの仕入税額がある時で用途を明確に区分できる場合、例えば、受領使用した原材料の用途が確定的である場合は、これに対応する仕入税額も正確に区分することができる。

　一般的には一人の増値税一般納税者の財務計算制度が比較的に健全であれば、区分計算できないものは少数の製品である。しかし兼営行為が存在する場合にはすべての仕入税額をこの公式によって換算しなければならず、その他の用途を区分できる仕入税額は考慮することなく、少数の行為を多数の行為に影響させることは公正ではない。

　したがって、本条の公式は正確に区分できない仕入税額についてのみ公式によって換算を行うことにより、一方通行の不合理な現象を回避し、租税管理と納税者自身の処理の両面からの要求を合わせて考慮するものである。

2）販売額

　販売額の割合で換算を行うのは租税管理においてよく見られる方法であり、これと同時に具体的な区分方法も多く存在する。一般的な状況においては、販売額の割合による区分は比較的簡単な方法であり、操作性は強固で、納税者と税務機関の操作にも便利である。

3）年度精算

　年度精算の概念を導入した。納税者について言えば、仕入税額の振替を月別に行った場合は、年度内に取得した仕入税額の不均衡によって、月別に計算した仕入振替と年度別に計算した仕入振替とで生ずる差異を構成する可能性がある。主管税務機関は年度終了時に納税者に対して仕入振替の計算公式で精算を行い、関係する差異について修正を行うことができる。

⑥ 控除税額の戻し処理

　控除済仕入税額の購入貨物、加工修理整備役務または課税サービスに、税額控除不能項目（簡易課税計算項目、増値税非課税項目、増値税免税項目を除く）が発生した場合は、その仕入税額を当期仕入税額から減額します。その仕入税額を決定できない場合は、当期実際原価により減額すべき仕入税額を計算します。

　納税者が一般課税計算方法を適用する課税サービスを提供し、サービスの中止または割引によって購入者に増値税額を返済した場合は、当期の仕入税額か

ら減額します。サービスの中止、購入貨物の返却、割引が発生することにより増値税額を回収した場合は、当期の仕入税額から減額します。

（上海実施弁法解説）
　この規定は、納税者の仕入税額減額の問題を規定し、かつ減額する仕入税額は当期の実際原価の原則によるべきことを決定した。

1) 控除済仕入税額の減額
　特に規定したのはすでに控除した仕入税額の状況であり、控除していない仕入税額の簡易税額計算方法に使用した税額計算項目、免税項目と非増値税課税サービスは含まない。この3者の仕入税額は仕入税額を減額する公式に適用しており、実際原価で控除することはできない。

2) 実際原価による減額処理
　経営状況が複雑で、納税者がある時には仕入税額をはじめに控除してその後に控除不可の仕入税額が発生した場合、例えば、購入貨物を控除申告した後に、それを当該単位の従業員に分配して福利とする場合がある。
　税額控除の同一性を保持するために、これに相応する仕入税額はすでに申告した仕入税額から減額することを規定した。仕入税額を決定できない場合については当期の実際原価によって減額することに統一する。

3) 実際原価
　注意すべきことは、減額する仕入税額の計算は当該貨物、課税サービスまたは課税サービスの元々の購入価格を根拠とするのではなく、上記の行為を発生させた期の実際原価により計算することである。
　実際原価は企業が各種の財産を取得する時に支払った購入仕入原価、加工原価および現在の場所と状態に到達するまでに発生したその他の原価であり、歴史原価に相対する一つの概念である。
　例えば、実験地区の某運輸企業は2012年1月に1輌の車両を購入して運輸工具とし、車両の税抜価格は30万元であり、増値税専用発票上に明記された増値税額は5.1万元であり、企業は増値税発票について控除を認証した。2013年12月に経営の必要から、運輸企業は車両を従業員の通勤を送迎する工具として使用した。車両の減価償却期間は5年、定額法による減価償却を採用した。当該運輸企業は当初すでに控除した仕入税額を実際原価により減額し、減額した仕入税額は $5.1 \div 5 \times 3 = 3.06$ 万元とした。

4) サービスの中止、割引、返却
　この規定は納税者が売上税額と仕入税額を減額することについての規定であ

る。この条項は権利と義務の対等な原則を表現しており、販売者の観点から見れば、サービスの中止または割引が発生した時は、課税計算する増値税の販売額は減少し、したがって自己の販売額を減額して納税義務を減少させることができる。

購入者の観点から見れば、サービスの中止、購入貨物の返却または割引が発生した時は相手方が納付する増値税は減少し、これに応じて自己の仕入税額は減額しなければならない。

こうすることによって販売者は減額後の税額により税額計算し、購入者は同様に減額後の仕入税額により控除を申告し、販売者が売上税額を減少させて購入者が仕入税額を減少させない状況が発生するのを回避し、国家の税金が十分に満額課税されることを保証するものである。

❹ 販売額の決定

① 販売額

1．販売額の決定

販売額とは、納税者が課税サービスを提供して取得する全部の代金と価額外費用をいいます。**価額外費用**とは、価額以外に受領した各種性格の価額以外の受取費用をいいますが、代わって受領した政府性基金または行政事業性受取費用は含みません。

（上海実施弁法解説）
　この規定は、課税サービスの販売額の範囲について認識するものである。
　価額外費用は具体的には項目の範囲の問題があり、現行増値税暫定条例と営業税暫定条例の実施細則においては価額外費用に含まれる項目について詳細な列挙が行われている。
　ただし、実際の取引の性格の複雑性を考慮して、列挙しきれない状況も存在している可能性があり、この規定は、包括的に規定する条項となっている。同時に原条例において条件に該当する政府性基金と行政事業性収入費用については価額外費用の範疇に属さないという規定を留保している。
　税制改正法案の設計原則に基づいて、営業税を増値税に課税改正する実験工作は納税者の租税負担をできるだけ増やさないので、もともと営業税の差額課税が

可能な納税者については、規定に該当する場合に販売額を計算する時に控除を行うことができる。実験事項規定の中では、納税者が販売額を控除する問題について規定を行っている。

1) 差額課税方式

　実験納税者が課税サービスを提供する場合で、国家の営業税政策に関係する規定により営業税を差額課税する場合は、その取得した全部の価額と価額外費用から非実験納税者に支払った価額を控除した後の残額を販売額とする。非実験納税者とは、実験地区の実験実施弁によらないで増値税を納付する納税者と非実験地区の納税者である。

　実験納税者の中の一般納税者が国際貨物運輸代理サービスを提供する場合で、国家の営業税政策に関係する規定により営業税を差額課税する場合は、その実験納税者に支払った価額は、その取得した全部価額と価額外費用から控除することを認める。その実験納税者に支払った価額で、増値税専用発票を取得した場合は、その取得した全部価額と価額外費用から控除することはできない。

　実験納税者が取得した2012年1月1日以前に発行した国家の営業税差額課税に関係する規定に適合する場合でかつ2012年1月1日前に控除していない合法有効証憑も販売額から控除することができる。

2) 合法有効証憑

　実験納税者が全部の価額と価額外費用から控除する価額は、法律、行政法規と国家税務総局の関係規定に適合する証憑を取得しなければならない。そうでない場合は、控除できない。

　上述の証憑とは次のものをいう。

　1　国内払い

　国内の単位または個人に支払った価額で、かつ当該単位または個人に発生した行為が営業税または増値税の課税範囲に属する者である場合は、当該単位または個人の発行した発票を合法有効証憑とする。

　2　行政費用等

　支払った行政事業性収入費用または政府性基金は、発行した財政証票を合法有効証憑とする。

　3　国外払い

　国外の単位または個人に支払った金額は、当該単位または個人の外貨支払証憑、署名のある領収書を合法有効証憑とし、税務機関が署名のある領収書に疑義を持った場合は、その国外公証機関に確認証明書を提出することを要求することができる。

　4　その他

　国家税務総局が定めるその他の合法有効証憑

2．人民元の換算

販売額は人民元で計算します。納税者が人民元以外の通貨で販売額を決済した場合は、人民元に換算替えして計算し、**換算レートは販売額が発生した当日または当月1日の人民元為替レートの仲値を選択することができます**。納税者は事前にどのような換算レートを採用するかを決定し、**決定後の12ヶ月以内は変更することはできません**。

> （上海実施弁法解説）
> 　人民元は我国の法定通貨であり、販売額を人民元で計算するのは人民元を法定通貨とする要請であり具体化であり、国家主権の具体化でもある。
> 　「納税者が人民元以外の通貨で販売額を決済した場合は、人民元に換算替えして計算しなければならない」のは、「販売額を人民元で計算する」ことの細則化の規定である。実験納税者が課税サービスを提供することは、現行営業税の政策が規定する営業税項目を差額課税する目的に属することであり、その取得した全部の価額と価額外費用は人民元以外の通貨で決済した場合は、上述の規定により人民元換算率で販売額を決定する必要がある。
> 　現行増値税と営業税条例細則においては「納税者は事前にいかなる換算率を採用するか決定しなければならない」ことについて、「1年以内は変更できない」ことが決定されており、この規定において「決定後の12ヶ月以内は変更することはできない」と規定した。
> 　納税者が会計年度または企業財務年度の概念に慣れている場合は、この「1年」の概念について混淆があるかもしれないので、「12ヶ月」を明確に出すことにより更に直視的に納税者に訴えることになり納税者がその運用を理解するのに役立っている。

② 課税サービスの区分計算

1．混合業務経営

1）増値税と営業税の混合販売

増値税と営業税には混合販売と兼営の規定があり、**混合販売とは増値税または営業税の納税者の1つの販売行為または役務提供行為が増値税と営業税の課税項目に関係すること**をいい、原則的な処理は、**増値税の販売金額と営業税の営業額を区分計算する方法**です。納税者が区分計算しない場合には、税務局が両者を区分して増値税の販売額と営業税の営業額を査定します。

> **Point! 課税サービスの区分計算**
>
> |混合販売|——増値税の販売金額と営業税の営業額を区分計算
> |兼　　営|——異なる税率別に販売額または営業額を区分計算
> |混合経営|——区分計算
> 　　　　　——区分計算しない場合
> 　　　　　　・税率または徴収率が異なれば、高い方を適用

　建設業の混合販売行為については区分計算しなければいけませんが、建設業以外の場合には区分計算を行わず、その販売行為の主たる内容が貨物の販売、加工役務、小売り、卸売りの場合には増値税の納税者として処理します。主たる内容が営業税の課税役務である場合には営業税の納税者として処理します。

2）増値税と営業税の兼営

　増値税の異なる税率の課税項目と営業税の異なる税目の課税項目を兼営する場合には、**異なる税率別に販売額または営業額を区分計算しなければいけません**。兼営においても納税者が区分計算しない場合には、税務局が兼営業務を区分して増値税の販売額と営業税の営業額を査定します。

3）課税サービスの混合業務経営

　このように混合販売と兼営は、増値税と営業税の納税者の区分計算ですが、混合業務経営は、実施弁法を適用する実験納税者の課税サービスの区分計算です。**課税サービスの異なる税率の混合業務については高い税率を適用し、異なる徴収率の混合業務については高い徴収率を適用し、異なる税率と徴収率の混合業務については高い税率が適用されます**。

4）改革実験の混合業務経営

　実験納税者が異なる税率または徴収税率の貨物販売、加工修理整備役務または課税サービスの提供を兼務している場合は、**異なる税率または徴収率を適用する販売額をそれぞれ計算します**。

　販売額を区分して計算しない場合は、下記の方法により税率または徴収率を適用します。

1　異なる税率の貨物販売、加工修理整備役務または課税サービスの提供を兼務している場合は、高い方の税率を適用します。

2 異なる徴収率の貨物販売、加工修理整備役務または課税サービスの提供を兼務している場合は、高い方の税率を適用します。
3 異なる税率または徴収税率の貨物販売、加工修理整備役務または課税サービスの提供を兼務している場合は、高い方の税率を適用します。

　増値税と営業税の政策の中の混合販売の規定について一致する場合、すなわち、ある販売行為が貨物と営業税の課税役務に関係する場合は、混合販売行為とします。実験過程において、すべての営業税の課税役務が実験増値税の課税範囲に含まれるわけではないので、ある販売行為においては、その他の実験範囲に含まれない営業税の課税役務と関係する場合または貨物に関係する場合は、増値税暫定条例と実施細則の混合販売の規定のみを適用します。

2．区分計算

　納税者が異なる税率または徴収率を適用する課税サービスを提供した場合は、異なる税率または徴収率を適用する販売額を区分計算しなければいけません。**区分して計算しない場合は、高い方の税率を適用します。**

（上海実施弁法解説）
　この規定は、営業税の増値税課税改正の範囲内において兼営行為に従事する租税処理方法を規定している。現行増値税と営業税の租税政策の趣旨と同じく、同一税種において異なる税率または徴収率の項目を兼営する場合には、異なる項目別に計算する。区分しないで計算する場合には、具体的な状況に基づいてより高い税率または徴収率を適用する。

3．営業税項目との兼営

　納税者が営業税の課税項目を兼営する場合は、課税サービスの販売額と営業税の課税項目の営業額を区分計算しなければいけません。**区分計算しない場合は、主管税務機関が課税サービスの販売額を査定します。**

（上海実施弁法解説）
　この規定は、課税サービスと営業税の課税項目を兼営する場合の租税処理方法を規定している。現行の増値税と営業税の租税政策の趣旨と同じく、異なる税種の項目を兼営する場合には、区分して計算し、課税サービスについては増値税を課税徴収し、営業税の課税項目については営業税を課税徴収しなければならない。区分しないで計算する場合には、主管税務機関が査定を行う。

特に説明が必要なのは、実験事項規定においては混合業務経営の概念を提起していることであり、上述した兼営の場合とは異なるものがあり、具体的には次のとおりである。

　実験納税者に異なる税率または徴収率の貨物の販売、加工修理整備役務または課税サービスがある場合は、異なる税率または徴収率を適用する販売額を区分して計算しなければならず、販売額を区分しないで計算した場合は、次の方法で税率または徴収率を適用する。

1) 異なる税率の貨物の販売、加工修理整備役務または課税サービスが兼有する場合は、より高い税率を適用する。
2) 異なる徴収率の貨物の販売、加工修理整備役務または課税サービスが兼有する場合は、より高い徴収率を適用する。
3) 異なる税率または徴収率の貨物の販売、加工修理整備役務または課税サービスが兼有する場合は、より高い税率または徴収率を適用する。

　現行増値税と営業税の政策において混合販売の規定について一致する場合、すなわちある販売行為が貨物に関係する場合もあり営業税の課税役務にも関係する場合を混合販売行為とする。今後、営業税が全面的に増値税に課税改正された後は、貨物と現行営業税の課税役務はすべて増値税が課税されることになり、混合販売の概念も消滅することになる。混合販売の概念が消滅したとしても、実際の業務においては、同一の取引行為に2つ以上の税率または徴収率が含まれる場合があり、実験実施弁法と実験事項規定において兼有の概念を採用して描写を行ったものである。

　実験の過程においては、全てではない現行営業税の課税役務を実験増値税の課税範囲に含めたために、ある販売行為において、実験範囲にまだ含めていない残りの営業税の課税役務に関係するとともに、貨物にも関係する場合があり、これについては従来どおり、「中華人民共和国増値税暫定条例」および「中華人民共和国営業税暫定条例」とその実施細則における混合販売の規定を適用する。

4．減免税項目

　納税者が免税、減税項目を兼営する場合は、免税、減税項目の販売額を区分計算します。**区分計算しない場合は、免税、減税できません。**

（上海実施弁法解説）
　この規定は、納税者に免税と減税項目の販売額を正確に計算させるために、区分計算を納税者の減免税の前提条件としたものである。販売額を個別に計算しない場合は、実験実施弁法の規定により、免税と減税を実行することはできない。

5．赤字増値税専用発票の発行

　納税者が課税サービスを提供し、増値税専用発票を発行した後に、提供した課税サービスが中止、割引、発票発行に誤りがある等の場合は、国家税務総局の規定により赤字増値税専用発票を発行します。**規定にしたがって赤字増値税専用発票を発行しない場合は、売上税額または販売額を控除することはできません。**

> （上海実施弁法解説）
> 　課税サービスについて言えば、課税サービスを受ける者が一般納税者の提供する課税サービスについて満足しなかった場合には次の状況が存在する可能性がある。1つは、引受者が課税サービスに満足しないで、提供者に受領代金の割引を提供するように要求する場合、2つは、引受者が課税サービスに満足しないで、提供者に一部の返金を要求する場合、3つは、引受者が課税サービスに満足しないで、役務の中止を要求する場合である。
> 　この規定は、一般納税者が課税サービスを提供して返金等の状況が発生することにより売上税額と仕入税額を減額することと赤字専用発票を発行することについての規定である。この条項は権利と義務が対等である原則を具体化したものであり、販売者の観点から見れば返金が発生した時は、増値税を課税計算する販売額が減少する。したがって自己の販売額を減額させることができ、納税義務が減少する。
> 　購入者の観点から見れば、返金が発生した時に相手方が納付する増値税が減少するのに相応して自己の仕入税額を減額する必要がある。このようにして、貨物の販売者が減額した後の税額で課税計算することを保証することができ、購入者も同様に減額した後の仕入税額で控除を申告し、販売者が売上税額を減少したが購入者が仕入税額を減少しない状況が発生するのを回避するものであり、国家の税金が満額課税徴収できることを保証するものである。
> 　赤字発票の発行によってはじめて売上税額を減額できるという規定にはいくつかの含意が含まれている。
> 1）赤字専用発票の発行
> 　納税者に販売行為が発生して増値税専用発票を発行した後に、売上税額を減額する必要がある場合にはその条件は赤字専用発票を正確に発行することであり、そうでなければ売上税額から増値税額を減額することはできない。
> 2）返金と誤謬の発生
> 　納税者の赤字発票の発行に限定条件がある場合は、規定された条件においてのみ発行することができ、納税者の任意で発行できない。これらには返金が発生した場合と発票発行に誤謬がある場合があり、これら以外の場合には発行は認められない。
> 3）関係規定の順守

> 赤字専用発票の発行は、国家税務総局の規定にしたがって、関係する審査批准の手続を遵守した場合に発行できる。納税者は税務機関の関係政策規定による場合にのみ赤字専用発票を発行し、最大限度自己の利益を保護することができる。

6．値引

納税者が課税サービスを提供し、価額と値引額を同一の発票上で明記した場合は、値引後の価額を販売額とします。**同一の発票上で区分明記されていない場合は、価額を販売額とし、値引額を控除できません。**

> （上海実施弁法解説）
> 　この規定は、原値引額を課税販売額から減額する規定を引用したものであり、値引を販売額と相殺減額できるかどうかの鍵は同一の発票上で表示されているかどうかである。
> 　「中華人民共和国営業税暫定条例実施細則」では次のように規定している。納税者に課税行為が発生し、価額と値引額が同一の発票上に明記されている場合は、値引後の価額を営業額とする。値引は別途発票を発行した場合は、その財務上の処理の如何に関わらず、営業額から控除することはできない。
> 　注意を要するのは、実験納税者が値引方式で貨物を販売した場合は、同一の発票上で販売額と値引額を明記した場合であっても、かえって値引額を発票上の備考欄に記載した場合には、販売額を減額することは認められないという問題である。すなわち、納税者が値引方式を採用して貨物を販売し、販売額と値引額が同一の発票上に区分して明記されている場合は、値引後の販売額で増値税を課税徴収することができる。
> 　納税者が値引方式を採用して貨物を販売し、販売額と値引額が同一の発票上に区分して明記されている場合とは、販売額と値引額が同一の発票上の「金額」欄に区分して明記されていることをいい、値引後の販売額で増値税を課税徴収することができる。
> 　同一の発票の「金額」欄で値引額が明記されていない場合は、発票の「備考」欄に値引額が明記されているだけでは、値引額は販売額から控除できない。

7．販売額の推定課税

納税者の提供した課税サービス価格が明らかに高すぎるかまたは低すぎる場合でかつ合理的商業目的を有しない場合、または課税サービスを提供したものとみなすことにより販売額がないとする状況が発生した場合には、主管税務機

関は下記の順序で販売額を決定する権限を有します。
1　納税者が最近時に提供した同種類の課税サービスの平均価格により決定します。
2　その他の納税者が最近時に提供した同種類の課税サービスの平均価格により決定します。
3　課税構成価格により決定します。課税構成価格の公式は次のとおりです。

課税構成価格＝原価×（1＋原価利益率）

原価利益率は国家税務総局が決定します。

> （上海実施弁法解説）
> 　この規定の変更点は、「提供した課税サービス価格が明らかに高すぎる」場合と「合理的商業目的を有しない」場合を追加した規定にあり、原条例が価格が低すぎる場合についてのみ規範化していた状況について補充を行ったものであり、税制改正後に控除法が存在して販売額を計算することにより徴税管理の遺漏が出現することを防止するものである。
> 　「合理的商業目的を有しない」とは国際上の租税回避条項の関係概念を借りたものであり、租税上の利益を獲得することを唯一または主要な目標とする正常ではない商業目的の行為が存在する可能性に対して制限を行うためであり、税金負担を公平にする原則を具体化したものである。このうちの「合理的商業目的を有しない」とは主要な目的を租税利益の獲得におくことと理解することができ、これらの利益は納付税額を減少させ、免除させ、遅延させることの獲得を含み、租税収入の返還と還付を含むかもしれず、税法の定めるその他の収入金額等の租税収益を含むかもしれない。
> 　原価利益率は上海市では暫定的に10％とした。

❺ 輸出取引

① 輸出取引

１．ゼロ税率と免税方法

実験方案では、国外取引（サービス貿易）について、輸入は中国国内の段階

> **Point!**
>
> ## 中国のゼロ税率と免税方法は、
> ## 日本の免税と非課税の関係に類似
>
> | 日本の消費税 | | 中国の営業税 |
> |---|---|---|
> | 免税（仕入税額控除を適用） | ↔ | ゼロ税率（免税控除還付方法を適用） |
> | 非課税（仕入税額控除は適用せず） | ↔ | 免税方法（免税控除還付方法は適用せず） |

で増値税を課税し、輸出はゼロ税率または免税制度を実行すると規定しました。**サービスを輸入した場合には輸入時に増値税が課税され、サービスを輸出した場合には営業額にゼロ税率が適用されるかまたは免税制度が適用されます。**

現行の営業税では、中国国内にサービスの提供者かまたは引受者のいずれかがいる場合に営業税が課税されますので、中国国内の提供者が国外の引受者にサービスを提供する輸出取引については、5％または3％の営業税が課税されます。

このような営業税の課税は、中国国内のサービス業の国際競争力を著しく削ぐものであり、国際的な課税では役務の輸出取引は国外取引として免税とされていることから、輸出取引にゼロ税率を適用するかまたは免税制度を適用することとしたものです。

なお、ここでいうゼロ税率と免税方法は、日本の免税と非課税の関係に類似しています。日本の消費税では、免税という場合には仕入税額控除が適用され、非課税という場合には課税されないだけで仕入税額控除は適用されません。**中国でゼロ税率という場合には仕入税額控除が含まれている免税控除還付方法が適用され、中国で免税方法という場合には、輸出売上が免税となるだけであり免税控除還付方法は適用されないことになります。**

サービス貿易については、財政部と国家税務総局が次の規定を発表しています。

1 「課税サービスに増値税のゼロ税率と免税政策を適用することに関する通知」（財政部　2011年12月29日　財税［2011］131号）
2 「営業税の増値税課税改正実験地区で増値税のゼロ税率を適用する課税サービスの免税控除還付税金管理弁法（暫定）」（国家税務総局　2012年4月5日公告2012年第13号）

2．ゼロ税率と免税控除還付方法

　実験地区において、ゼロ税率の課税サービスを提供しかつ増値税一般納税者として認定された企業等と個人には、増値税ゼロ税率と免税控除還付方法を適用します。

　ゼロ税率課税サービスとは、国際運輸サービス、国外単位に提供する研究開発サービスと設計サービスをいいます。

　国際運輸サービスとは、次のものをいいます。
1　国内において旅客または貨物を積載運送して出国すること
2　国外において旅客または貨物を積載運送して入国すること
3　国外において旅客または貨物を積載運送すること

　中国の国内から税関特殊監督管理区域に、税関特殊監督管理区域から国内のその他地区に、税金特殊監督管理区域内で旅客または貨物を積載運送する場合は、国際運輸サービスには該当しません。

　研究開発サービスとは、新技術、新製品、新製造工程または新素材およびそのシステムについて研究と試験開発を行う業務活動をいいます。

　設計サービスとは、計画、企画を視覚、文字等の形式を通して構想して伝達する業務活動をいいます。工業設計、造型設計、服装設計、環境設計、平面設計、包装設計、動画設計、展示設計、ネット設計、機械設計、工事設計、アイデア創出等を含みます。

　税関特殊監督管理区域に研究開発サービス、設計サービスを提供する場合は免税控除還付方法を適用しません。また、国外単位に提供する設計サービスには、国内の不動産について提供する設計サービスは含みません。

② 免税控除還付方法

1．計算式

　免税控除還付方法とは、**ゼロ税率課税サービスを提供した場合に、輸出売上の増値税を免税し、これに対応する仕入税額を納付税額から控除し、控除しきれない部分は還付を認めること**をいいます。なお、上記納付税額には、増値税の即課税即還付政策、先納付後還付政策を適用する納付増値税額は含みません。

　具体的な計算公式は下記のとおりです。
1) ゼロ税率課税サービスの当期免税控除還付税額の計算

当期ゼロ税率課税サービス免税控除還付税額
　＝当期ゼロ税率課税サービス免税控除還付課税価格×外貨人民元レート×ゼロ税率課税サービス還付税率

　ゼロ税率課税サービス免税控除還付課税価格は、ゼロ税率課税サービスを提供して取得する全部の価額から非実験納税者に支払った価額を控除した後の残額とします。ゼロ税率課税サービスの還付税率は、その国内において提供するサービスに対応する増値税税率とします。
　2）　当期還付税額と当期免税控除還付税額の計算

1　当期期末控除留保税額≦当期免税控除還付税額の場合、
　　当期還付税額＝当期期末控除留保税額
　　当期免税控除税額＝当期免税控除還付税額－当期還付税額

2　当期期末控除留保税額＞当期免税控除還付税額の場合、
　　当期還付税額＝当期免税控除還付税額
　　当期免税控除税額＝0

　当期期末控除留保税額は、当期の「増値税納税申告表」の期末控除留保税額です。

2．貨物輸出の免税控除還付方法

　ゼロ税率課税サービス提供者は同時に貨物輸出がある場合は、現行の輸出貨物の免税控除還付の公式と結合して免税控除還付税金を一括計算することができます。

③ 免税方法

　実験地区の企業等と個人が下記の課税サービスを提供する場合は増値税を免税します。ただし、ゼロ税率を適用する場合は除きます。
1　工事、鉱物資産の資源が国外にある工事監察探査サービス
2　会議展示の場所が国外にある会議展示サービス
3　在庫の場所が国外にある倉庫サービス
4　対象物を国外において使用する有形動産リースサービス

5　ゼロ税率を適用するための許可証と経営範囲を持たない国際運輸サービス
6　国外単位に提供する下記の課税サービス：技術譲渡サービス、技術コンサルタントサービス、契約エネルギー管理サービス、ソフトウェアサービス、回路設計と測定試験サービス、情報システムサービス、取引フロー管理サービス、商標著作権譲渡サービス、知的財産権サービス、物流補助サービス（倉庫サービスを除く）、認証サービス、鑑定証明サービス、コンサルタントサービス。ただし、次のものを含みません。契約の対象物が国内にある契約エネルギー管理サービス、国内の貨物または不動産についての認証サービス、鑑定証明サービスとコンサルタントサービス

❻ 申告納付と源泉徴収

① 納税義務の発生

１．納税義務の発生時期
増値税の納税義務の発生時期は次のとおりとします。
１）原則的規定
納税者が課税サービスを提供しかつ販売金額を受領した当日または**販売金額を請求する根拠を取得した当日、発票を事前に発行した場合は、発票を発行した当日**とします。

販売金額を受領するとは、納税者が課税サービスを提供する過程または完成後において金額を受領することをいいます。販売金額を請求する根拠を取得した当日とは、書面による契約で決定した支払期日をいいます。書面による契約書を締結していない場合または書面による契約書が支払期日を決定していない場合は、課税サービスが完了した当日とします。

２）有形動産リース
納税者が有形動産リースサービスを提供し前受方式を採用する場合は、その納税義務の発生時期は前受金を受領した当日とします。

３）課税サービスの無償提供
納税者が課税サービスの無償提供を販売とみなす状況が発生した場合には、その納税義務の発生時期は課税サービスを完了した当日とします。

4）源泉徴収

増値税の源泉徴収義務の発生時期は納税者が増値税の納税義務を発生した当日とします。

（上海実施弁法解説）
1）原則的規定

この規定は、納税義務の発生時期の認識原則に係る規定であり、課税サービスの特徴については、主として現行の営業税の納税義務発生時期の関係規定を取り入れてかつ現行の増値税の納税義務発生時期に関する関係規定と結合して、課税サービスの納税義務の発生時期について明確にしている。

主な変更は現行営業税の納税義務発生時期に関係するものを基礎として発票を事前発行した場合に、納税義務の発生時期を発票の発行した当日とする規定を追加したことである。

この規定は主に次のいくつかの内容を含んでいる。

1　発票の事前発行

発票を事前発行した場合は、納税義務の発生時期は発票を発行した当日とする。課税サービスの営業税を増値税課税に改正した後は、増値税では発票を根拠とする税額控除制度を実施している。

すなわち納税者は仕入税額を増値税の税額控除証憑上に明記された増値税額を基準として控除し、購入者は増値税額控除証憑を取得した後に、仮に販売者に支払金額を支払っていなかったとしても、増値税専用発票を根拠として税額を控除することができ、この時に販売者の納税義務の発生時期は販売金額を受領した当日または販売金額を請求する根拠を取得した当日とすれば、税額徴収上の脱税節税を形成し得るものである。

すなわち一方（販売者）がまだ納税を開始していなくとも、一方（購入者）は税務機関が徴収していない税額の控除をすでに開始していることになる。このほか、普通発票と増値税専用発票のいずれも商事上の証憑に属するものであり、課税原則は同一性を保持しなければならない。

したがって、この種の税金徴収の脱税節税現象の発生を回避して国家の租税利益を維持するとともに徴収原則の同一性を保証するため、この発票事前発行の規定は、納税者が課税サービスを提供して事前に発票を発行する場合は、納税義務の発生時期は発票を発行する当日とすることを規定した。

2　販売金額の受領

この規定は、課税サービスを提供しかつ販売金額を受領することの含意についての規定である。

この規定のいわゆる販売金額の受領とは、納税者の課税サービスの発生過程においてまたは完成後に受領する金額をいう。この規定を理解するには次の3つに注意する必要がある。

1 ―課税サービスの提供

金額を受領することは課税サービスの増値税納税義務の発生時期として簡単に認識できることではなく、課税サービスの提供を前提としなければならない。

2 ―販売金額の受領

販売金額を受領するとは、課税サービスの提供が開始された後に金額を受領することをいい、課税サービスの発生過程においてまたは完成後に金額を受領することを含む。

3 ―前受金

有形動産リースの規定を除いて、課税サービスの提供前に金額を受領した場合は金額を受領した当日を納税義務の発生時期として認識することはできない。課税サービスの提供前に金額を受領した場合は、その増値税の納税義務の発生時期は財務会計制度の規定にしたがって、当該前受的性格の価額は収入した時期を基準として認識される。

3　請求証憑の取得

この規定は、課税サービスを提供しかつ販売金額を請求する証憑を取得した当日を納税義務の発生とするものである。

販売金額を請求する証憑を取得した当日とは、書面による契約が約定した支払期日の当日をいう。支払期日を約定していない場合は、課税サービスを完成した当日とする。

書面による契約を締結しかつ明確な支払期日がある場合は、書面による契約が決定した支払期日の当日とする。「書面による契約書を締結していない場合または書面による契約書が支払期日を決定していない場合は、課税サービスが完了した当日とする」は、「発生主義の原則」を具体化したものであり、同時に納税者が租税条項を意図的に回避して税額の納付を遅延する問題を防止することも考慮している。

2) 有形動産リース

納税者が有形動産リースサービスを提供し前受方式を採用する場合は、その納税義務の発生時期は前受金を受領した当日とする。

納税者がリース業役務を提供し、前受金方式を採用している場合は、前受金を受領した当日を納税義務の発生時期とする。これはすなわち、納税者が若干の年度のリース収入を一括して受領した場合は、リース料を受領した当日を納税義務の発生時期とし、月別に償却して月別に営業税を納付する方法を実行しないことについては、この規定は現行の営業税のリースに関する納税義務の発生時期と一致しているものである。

有形動産リースサービスとは、「範囲注釈」でいう有形動産リースをいい、有形動産のファイナンスリースとオペレーティングリースを含む。

3) 課税サービスの無償提供

課税サービスの無償提供を販売とみなす納税義務の発生時期については、公益活動を目的とするかまたは社会公衆を対象とするものを除いて、その他の単位または個人に交通運輸業と一部現代サービス業のサービスを無償提供する場合は、課税サービスの提供とみなして増値税を納付しなければならないことを規定している。

　課税サービスを無償で提供することの特徴を考慮すると、販売金額の受領または販売金額を請求する証憑を取得することが存在しないので、その納税義務の発生時期は課税サービスが完了した当日として決定する。

4）源泉徴収義務の発生時期

　増値税の源泉徴収義務の発生時期は、納税者の増値税の納税義務の発生した当日とすることを規定しており、源泉徴収義務の存在は納税義務の存在を前提として、税額がすみやかに入庫することを保証すると同時に源泉徴収義務者の税額の代理控除代理納付の便宜のために、源泉徴収義務の発生時期と納税義務の発生時期を相互に連携する必要がある。したがってこの規定は、源泉徴収義務の発生時期を納税義務が発生した当日とすることを規定して、現行の増値税と営業税の関係規定と一致させている。

② 納税場所

　増値税の納税場所は次のとおりです。

1．固定事業者

　固定事業者はその機構所在地または居住地の主管税務機関で申告納税します。本部機構と分支機構が同一の県（市）に所在しない場合は、各自の所在地の主管税務機関でそれぞれ申告納税します。

　財政部と国家税務総局またはその授権した財政と税務の機関の批准を受けた場合は、本部機構が一括して本部機構所在地の主管税務機関に申告納税することができます。

2．非固定事業者

　非固定事業者は、課税サービス発生地の主管税務機関に申告納税します。申告納税していない場合は、その機構所在地または居住地の主管税務機関が税金を追徴します。

なお、機構所在地または居住地が実験地区にある非固定事業者が、非実験地区において課税サービスを提供する場合は、その機構所在地または居住地の主管税務機関で増値税を申告納付しなければいけません。

3．源泉徴収者

源泉徴収義務者は、その機構所在地または居住地の主管税務機関にその源泉徴収する税金を申告納付します。

（上海実施弁法解説）

納税場所とは、納税者が税法規定により課税機関に申告納税する場所をいう。これは、納税者がどの税務機関で申告納税し、どの課税機関が租税管轄を行う権利を有するかの問題を説明するものである。現在では、税法上で定めている納税場所は主に機構所在地、居住地等である。

固定事業者と非固定事業者は実務においてずっと援用している概念であり、主に納税者の増値税の納税義務の状況を見るもので主管税務機関において登記登録されているかどうかということである。この規定は固定事業者、非固定事業者および源泉徴収義務者の納税場所について明確化を行っている。

1）固定事業者

固定事業者はその機構所在地または居住地の主管税務機関で申告納税しなければならない。

租税の属地管轄原則に基づいて、固定事業者はその機構所在地の主管税務機関で申告納税しなければならないことは一般的規定である。このうち機構所在地とは往々にして納税者の登録登記地をいう。

固定事業者に分支機構が存在して、本部機構と分支機構がそれぞれ実験地区と非実験地区にある場合は、それぞれ各地の所在地の主管税務機関で申告納税しなければならない。単位と個人が実験地区で課税役務を提供する場合は、実験実施弁法により増値税を納付し、単位と個人が非実験地区にある場合は、営業税暫定条例とその実施細則の関係規定により、営業税を納税しなければならない。営業税を増値税に課税改正して全面的に推進しているのでなければ、実験地区における一部の業種についてのみ行い、多くの本支店機構は一方で増値税を納付し、一方で営業税を納付することになるかもしれない。

2）非固定事業者

非固定事業者は、課税サービス発生地の主管税務機関に申告納税する。非固定事業者が実験地区において課税サービスを提供する場合は、実験地区の主管税務機関で本弁法の定める増値税を申告納付する。申告納税していない場合で、その

機構所在地または居住地が非実験地区である場合は、非実験地区の主管税務機関が「営業税暫定条例」とその実施細則の関係規定により営業税を追徴課税する。

機構所在地または居住地が実験地区にある非固定事業者が非実験地区において課税サービスを提供する場合は、機構所在地または居住地の主管税務機関で増値税を申告納付する。

以上の原則により、その他の個人が税務登記を処理しないことにより非固定事業者として処理しなければならない場合は、課税サービス発生地の主管税務機関で申告納税しなければならない。

例えば、他の省市のその他の個人が本市において交通運輸サービスを提供する場合は、その居住地または運輸車両の車両登録地の所在地の主管税務機関出申告納税することを考慮することなく、本市において増値税を納付する。

③ 源泉徴収義務者

源泉徴収義務者は、**その機構所在地または居住地の主管税務機関にその源泉徴収する税金を申告納付しなければいけません。**

源泉徴収義務者については、源泉徴収義務者の便宜を図って、源泉徴収義務者が源泉徴収義務を履行するのを促進するため、この規定は、源泉徴収義務者はその機構所在地または居住地の主管税務機関にその源泉徴収する税金を申告納付することを規定しています。

（上海実施弁法解説）
上海市では、次のようにその他の個人の納税場所を規定している。
上記の原則により、その他の個人が税務登記を行っていない場合は、非固定事業者として処理し、課税サービス発生地の主管税務機関で申告納税する。仮に上海市以外の省市のその他の個人が上海市において交通運輸サービスを提供した場合は、その居住地または運輸車両の車両籍所在地の主管税務機関で申告納税することを考慮することなく、上海市において増値税を納付する。

表Ⅲ-21　納税場所の比較

	増値税	営業税	実施弁法
固定事業者	機構所在地 本部機構所在地（批准有）	課税役務と無形資産の譲渡は機構所在地または居住地 ただし建設役務等は役務発生地 土地使用権と不動産はその所在地	機構所在地／居住地 本部機構所在地（批准有）
固定事業者の地域外経営活動	機構所在地（証明有） 課税発生地（証明無）		－
非固定事業者	課税発生地		課税サービス発生地
輸入貨物	通関地の税関	－	
国外単位等	－	機構所在地 代理人所在地 役務引受者所在地	機構所在地 代理人所在地 役務引受者所在地

④ 納税期限

増値税の納税期限はそれぞれ1日、3日、5日、10日、15日、1ヶ月または1四半期とします。納税者の具体的な納税期限は、主管税務機関が納税者の納付税額の大小に基づいてそれぞれ査定します。

一つの四半期を納税期限とする規定は小規模納税者と財政部および国家税務総局の定めるその他の納税者に適用します。固定の期間で納税することができない場合は、売上の都度、納税することができます。

納税者が1ヶ月または1四半期を一つの納税期とした場合は、満期日より15日以内に申告納税します。1日、3日、5日、10日または15日を一つの納税期とした場合は、満期日より5日以内に税金を予納し、翌月1日から15日以内に申告納税して前月の納付税額を精算します。

源泉徴収義務者が税金を納付する期限は、前述の規定によります。

（上海実施弁法解説）
　納税計算期間は納税者、源泉徴収義務者が納付税額を計算する期間を根拠として、一般的に2つに分けられる。1つは、回数別計算であり、納税者、源泉徴収義務者が生産経営活動に従事する回数で納税計算期間とするものである。2つは期間別計算であり、納税義務、源泉徴収義務が発生した一定期間を納税計算期間

とするものである。
　具体的な納税計算期間は、通常は税務登記を処理した以後に税務機関がその税務登記の状況に基づいて租税の法律行政法規の定める範囲内でそれぞれ査定する。大多数の納税者について言えば、納税計算期間は一般的には1ヶ月であり、少数経営規模で納付税額が比較的大きい納税者は、1日、3日、5日または15日を一つの納税計算期間とする。固定の期間で納税することができない場合は、回数別に納税することができる。
　上海市の納税指南では、納税期限について次のように規定している。
　課税サービスの増値税の納税期限は、1日、3日、10日、15日、1ヶ月または四半期に区分する。実験納税者の具体的な納税期限は主管税務機関が実験納税者の納付税額の多少に基づいてそれぞれ査定する。
　1四半期を納税期限とする規定は、小規模納税者と財政部と国家税務総局が定めるその他の実験納税者に適用する。
　実験納税者が1ヶ月または1四半期を一つの納税期とする場合は、期限満期日から15日以内に申告納税する。1日、3日、10日または15日を一つの納税期とする場合は、期限満期日から5日以内に税金を予納し、翌月1日から15日以内に申告納税して前月の納付税額を精算する。源泉徴収義務者が税額を納付する期限は、これらを参照して執行する。
　固定の期限により納税できない場合は、その都度、納税することができる。

7 実験地区と非実験地区

① 実験納税者と非実験納税者

1．実験納税者

　実施弁法の実験納税者とは、**中国国内において課税サービス（交通運輸業－部現代サービス業）を提供する単位と個人**であり、単位とは、企業、行政単位、事業単位、軍事単位、社会団体とその他の単位をいい、個人とは個人工商業者とその他の個人をいいます。
　実験納税者には、実験地区内に機構所在地のある単位と個人工商業者、実験地区内に居住地のあるその他の個人、実験地区の単位と個人に課税サービスを提供する中国国外の単位と個人の3種類の納税者が存在します。

> **Point!**
> 1) 実験地区内に機構のある単位と個人工商業者　　　　　　　→申告納税
>   一般納税者－課税サービス年間販売額500万元超の企業等と個人工商業者
>   小規模納税者－課税サービス年間販売額500万元以内の企業等とその他個人
> 2) 実験地区内の単位と個人に中国国内において課税サービスを提供する国外の単位と個人
>   中国国内に営業機構を有する場合　　　　　　　　　　　　→申告納税
>   国内代理人またはサービス引受者の機構・居住地が実験地区内　→源泉徴収

2．一般納税者と小規模納税者

　納税者には、一般納税者と小規模納税者があり、**上海市の実施弁法では、課税サービスの年間販売額が500万元を超える納税者を一般納税者とし、500万元を超えない納税者を小規模納税者とします**。ただし、個人は一般納税者には該当しません。また、非企業単位、課税サービスを経常的に提供しない企業と個人工商業者は小規模納税者として納税することを選択することができます。

　小規模納税者の会計計算が健全で、正確な税務資料を提供できる場合は、主管税務機関に一般納税者資格の認定を申請して、一般納税者となることができます。会計計算が健全とは、国家の統一的な会計制度の規定により帳簿を設置し、合法的、有効な証憑に基づいて計算することをいいます。

3．源泉徴収義務者

　上海市国家税務局は、その納税指南で上海市の納税者と源泉徴収義務者について、次のように具体的に規定しています。

> 　中国国内において交通運輸業と一部現代サービス業の課税サービスを提供する上海市の行政区域内（本市）の単位と個人、すなわち上海市において税務登記を行った単位と個人工商業者と、居住地が上海市に所在するその他の個人、上海市の単位と個人に課税サービスを提供する国外の単位と個人は、増値税納税者（実験納税者）として、2012年1月1日から課税サービスの増値税を納付し、課税サービスの営業税は納付しないものとする。

　上海市の単位と個人に課税サービスを提供する国外の単位と個人が、国内において営業機構を設立していない場合は、その代理人または国内のサービス引

受者がこれに対して課税サービスの増値税を代理控除代理納付しなければいけません。

　国内の代理人が源泉徴収者である場合は、国内代理人とサービス引受者の機構所在地または居住地は上海市の行政区域内に所在しなければならず、そうではない場合には従来どおり現行の関係規定により営業税を代理控除代理納付します。

　国内のサービス引受者が源泉徴収義務者である場合は、サービス引受者の機構所在地または居住地は上海市に所在しなければならず、そうではない場合には従来どおり現行の関係規定により営業税を代理控除代理納付します。

4．機構所在地

　実験地区である上海市内に本部機構または分支機構の所在地がある単位と個人工商業者、上海市内に居住地があるその他の個人は実施弁法の納税者となります。上海市内に分支機構の所在地のある単位と個人工商業者には、中国国内に本部機構の所在地のある単位と個人工商業者と中国国外に本部機構のある単位があります。

　実施弁法では、実験地区において機構所在地のある単位を納税者と規定していることから、実験地区において分支機構の所在地がある単位もその分支機構のみについては実施弁法が適用されることになります。

　ただし、納税場所については、財政部と国家税務総局またはその授権した財政と税務の機関の批准を受けた場合には、本部機構が一括して本部機構所在地の主管税務機関に申告納税することができます。

　すなわち、**上海市内の本部機構が上海市以外において発生した課税サービスについて、財政部と国家税務総局等の批准を受けた場合には、上海市の本部機構が一括して申告納税することができます。逆に、上海市以外の本部機構が上海市内の分支機構において発生した課税サービスについて、上海市以外の本部機構が一括して納税申告することもできることになります。**

5．非固定事業者

　納税場所については、非固定事業者の納税場所も規定されています。非固定事業者は、課税サービス発生地の主管税務機関に申告納税しなければいけません。ただし、機構所在地または居住地が実験地区にある非固定事業者が、非実験地区において課税サービスを提供する場合は、その機構所在地または居住地

の主管税務機関で増値税を申告納付するものとされます。

6．源泉徴収

　実施弁法の納税者には、中国国内において課税サービスを提供する中国国外の単位または個人が含まれています。中国国外の単位または個人が中国国内において営業機構を設立している場合には、上述したように実験地区に機構の所在地がある場合には、その国外の単位または個人は実験納税者となります。

　中国国外の単位または個人が営業機構を設立していない場合は、その代理人が源泉徴収義務者となり、国内に代理人がいない場合は、課税サービスの引受者が源泉徴収義務者となります。源泉徴収義務者はその機構所在地または居住地の主管税務機関に源泉徴収金額を申告納付します。

　この場合に、実施弁法によって増値税の源泉徴収（代理控除代理納付）が行われるのは、次の状況に該当する場合です。

1　国内代理人が源泉徴収義務者である場合は、国内代理人と引受者の機構所在地または居住地がいずれも実験地区にある場合
2　引受者が源泉徴収義務者である場合は、引受者の機構所在地または居住地が実験地区にある場合

　上記の状況に該当しない場合は、従来どおり現行営業税の関係規定により営業税を代理控除代理納付します。したがって、中国国内の代理人の機構所在地が実験地区以外の場合には増値税の源泉徴収は行われないため、増値税の源泉徴収を行うためには引受者が源泉徴収義務者となることになります。

7．源泉徴収の国内課税サービス

　中国国内において課税サービスを提供するとは、**課税サービスの提供者または引受者が中国国内に所在すること**をいいます。ただし、次のものは、国内課税サービスには該当しません。

（国外課税サービス）

1　国外の単位または個人が国内の単位または個人に完全に国外において消費する課税サービスを提供すること
2　国外の単位または個人が国内の単位または個人に完全に国外において使用する有形動産をリースすること
3　財政部と国家税務総局が定めるその他の状況

8．非実験納税者

非実験納税者とは、**実験地区において実施弁法により増値税を納付しない納税者と非実験地区の納税者**をいいます。すなわち、実験地区において課税サービス以外の貨物販売と課税役務を提供する増値税と営業税の納税者と、非実験地区に機構所在地のある単位と個人工商業者および居住地のあるその他個人をいいます。現行の増値税暫定条例の納税者を原納税者といいます。

> **Point!**
>
> ### 非実験納税者
>
> 上海市内の非実験納税者：増値税原納税者、現行営業税の納税者
> 上海市外の非実験納税者：増値税原納税者、現行営業税の納税者
> 国外の非実験納税者　　：増値税原納税者、現行営業税の納税者

② 実験地区と非実験地区

1．実験地区の実験納税者

実験方案では、実験地区と非実験地区の課税関係について、次のように規定しています。

> 実験納税者が機構所在地を増値税の納税場所とし、その異なる地区において納付した営業税は、増値税を計算納付する時に控除することを認める。非実験納税者が実験地区において経営活動に従事する場合は、現行の営業税の関係規定にしたがって継続して営業税を申告納付する。
> すなわち、上海市の実験納税者が上海市以外で課税サービスを提供した場合は、そのサービス提供地で営業税を申告納付して、上海市で増値税を申告納付する時に営業税を控除する。

例えば、実験納税者が実験地区に本部機構、非実験地区に分支機構を有する場合に、分支機構で営業税の納税者として納税した場合には、機構所在地だけで納税関係は終了します。その営業税を増値税から税額控除するのは本部機構が一括して増値税を計算納付する時に営業税を増値税とみなして控除すること

になります。したがって、次のような算式になりますが、財政部と国家税務総局から発布される規定で確認する必要があります。

> 実験納税者の増値税納付額
> ＝中国国内における課税サービスの販売額×増値税の税率－実験地区の増値税仕入税額－非実験地区の営業税納付額

２．非実験納税者の実験地区における活動

　非実験納税者すなわち、上海地区の営業税の納税者と上海地区以外の非実験地区の営業税の納税者が上海市において経営活動する場合は、現行の営業税の規定により従来どおり営業税を申告納付します。

> 上海市で営業する営業税納付税者の納付税額＝営業額×税率

③ 実験納税者と仕入税額控除

１．実験納税者の仕入税額控除

　実験納税者が**仕入税額控除を行うためには増値税税額控除証憑が必要**です。増値税税額控除証憑とは、増値税専用発票、税関輸入増値税専用納付書、農産品買付発票、農産品販売発票、運送費用精算証票および税収通用納付書をいいます。

表Ⅲ－22　税額控除証憑

1	増値税専用発票	仕入増値税額が明記
2	税関輸入増値税専用納付書	輸入増値税額が明記
3	農産品の買付発票または販売発票	買付価格が明記 仕入税額＝買付価格×13％
4	運送費用精算証票	運輸費用金額が明記 仕入税額＝運輸費用×7％
4	税収通用納付書	源泉徴収された増値税が明記

　実験納税者が実験納税者としての小規模納税者が提供する交通運輸業サービスを受けた場合は、取得した増値税専用発票上に明記した価額と税金の合計金額と7％の控除率により仕入税額を計算します。

なお、実験納税者が実験納税者としての一般納税者が提供する交通運輸業サービスを受けた場合は、増値税専用発票上に明記した税金で仕入税額を計上します。

２．現行増値税納税者の仕入税額控除

　増値税暫定条例にしたがって増値税を納付する納税者を現行増値税納税者（中文では原増値税納税者）といいます。現行増値税納税者には実験地区の納税者と非実験地区の納税者があります。

　現行増値税一般納税者が実験納税者の提供する課税サービスを受けた場合は、取得した増値税専用発票上に明記された増値税額を仕入税額とし、売上税額から控除することが認められます。

　現行増値税一般納税者が実験納税者としての小規模納税者が提供する交通運輸業サービスを受けた場合は、提供者から取得した増値税専用発票上に明記された価額税金合計額と7％の控除率により仕入税額を計算し、売上税額から控除します。

仕入税額控除金額＝税込金額÷（1＋7％）×7％

　実験地区の現行増値税一般納税者が国外の単位または個人の提供する課税サービスを受け、規定により増値税を控除すべき場合は、売上税額から控除する仕入税額は、税務機関または代理人から取得した税額を納付した中華人民共和国税収通用納付書（税収通用納付書）に明記された増値税額とします。

　上記の納税者が通用納付書を根拠として仕入税額を控除する場合は、書面による契約書、支払証明書および国外単位の照合証またはインボイスを具備します。そうでない場合は、仕入税額は売上税額から控除することはできません。

　実験地区の現行増値税一般納税者が、貨物を購入しまたは加工修理整備役務を受け、「課税サービス範囲注釈」に記載された項目に使用した場合は、増値税暫定条例でいう増値税非課税項目の使用に該当しない場合は、その仕入税額は売上税額から控除することが認められます。

　すなわち、実験地区の現行増値税一般納税者が増値税の一般納税者から貨物を購入しまたは加工修理整備役務を受けて増値税専用発票を取得して、課税サービス範囲の項目に使用した場合で、その貨物と役務を増値税非課税項目すなわち営業税課税項目（課税役務と不動産の販売と無形資産の譲渡）に使用しなかった場合には、その仕入税額は売上税額から控除することができます。

3．課税サービスの税額控除不能税額

現行増値税一般納税者が実験納税者の提供する課税サービスを受けた場合は、下記項目の仕入税額は売上税額から控除することはできません。

1　簡易課税計算方法の課税項目、増値税非課税項目、増値税免税項目、集団福利または個人消費に用いること、このうち特許技術、非特許技術、のれん、商標権、著作権、有形動産リースに関係する場合は、上記項目に専用使用する特許技術、非特許技術、のれん、商標権、著作権、有形動産リースに限られます
2　旅客運輸サービスを受ける場合
3　非正常損失の購入貨物と関係する交通運輸業サービス
4　非正常損失の仕掛品、製品で消耗使用した購入貨物と関係する交通運輸業サービス

上記の増値税非課税項目は、実験地区の現行増値税一般納税者に対する場合は、増値税条例でいう増値税非課税項目をいいますが、「課税サービス範囲注釈」で記載する項目を含みません。非実験地区の現行増値税一般納税者に対する場合は、増値税条例でいう増値税非課税項目をいいます。

⑧ 経過措置

① 上海市の財政支持政策

上海市政府は、2012年2月2日付で「営業税の増値税課税改正実験の経過的財政支持政策の実施の関する通知」を発布し、次のとおり、実験改革によって税負担が増加する企業に対して経過的な財政支持政策を行うことを発表しました。

1．趣旨

営業税の増値税課税改正実験の推進を秩序ある平穏なものとするため、2012年1月1日から、上海市の営業税の増値税課税改正実験の過程において新旧税制の転換により生じた税負担の増加があった実験企業は、「企業は事実に基づいて申請し、財政分類による支持と資金はすみやかに拠出する」という方法に

したがって、経過的財政支持政策を実施する。

営業税の増値税課税改正実験は中国の第12次5ヶ年計画の時期に、増値税制度の改革を深化させる重要な内容であり、国家が採用する構造的減税政策措置であり、産業構造調整を促進する一つの重大な施策である。

営業税の増値税課税改正実験の過程において、一部の実験企業は原価構造が異なり、発展の時期が同じではない等の原因により、新旧税制の転換期間において税負担が増加する場合がある。

この一部の実験企業の税負担を有効に均衡させ、営業税の増値税課税改正実験を順調に推進させるため、実験企業が新旧税制転換の過程において平穏に経過するのに有利に役立つように、実験業種と企業の税負担が増加しないことを確保する。

2．主な内容

財政支持の対象は、営業税の増値税課税改正実験以後に、新税制（実験政策）の規定により納付した増値税が旧税制（旧営業税政策）の規定により計算した営業税と比較して確実に増加があった実験企業です。

具体的には、税負担に変化のあった実験企業は、「営業税増値税改正課税実験企業税負担変化申告表」を所轄の国家税務局に提出し、国家税務局はこれを審査して財政支援を決定します。この申告表には、実験企業の基本状況、税負担変化状況、課税サービスに使用した固定資産の更新状況、企業の仕入税額控除状況を記載する項目欄があり、税負担変化状況の記載項目欄には次の項目があり、この項目にしたがって実験後の企業の税負担変化金額を計算します。

1　実験政策規定により計算納付した増値税の記載項目
①　課税サービス販売額（税抜金額）
②　実験政策規定の適用税率または徴収率
③　課税サービス増値税の納付税額
　増値税の一般納税者の納付税額は基本的に次のように計算されます。
　納付税額＝売上税額－仕入税額＋前期控除留保税額－仕入税額の原価振替額
　　　　　　－輸出の免税控除還付方法による還付税額
④　課税サービス増値税の実際納付税額
　実際納付税額は未納の納付税額がなければ納付税額と同額になります。

2　旧営業税規定により計算納付した営業税
⑤　課税収入＝①×（1＋②）
⑥　課税控除項目金額
　課税サービス収入に対応する控除項目であり、販売額から控除可能な価額とその他費用の他に、営業税の差額課税方式による控除項目もあります。
⑦　旧営業税の税率
⑧　納付税額＝（⑤－⑥）×⑦
⑨　実験後の企業の税負担変化金額＝④－⑧

　この申告表には、税負担変化金額のほかに、課税サービスに使用した固定資産の更新状況、企業の仕入税額控除状況を記載する項目欄があり、これらの状況を勘案した上で、税務局が財政支援金額を査定するものとされています。

3．報道資料

　2012年5月14日付の新華網では次のように報道しています。
　上海市の財税部門は2012年第1四半期の上海全市の実験企業と旧増値税一般納税者の総合的な税金負担は約20億元が軽減されたと伝えた。2012年3月までに上海では12.9万社の企業が改革実験の範囲に含められた。小規模納税者の税負担は明らかに下降した。大部分の一般納税者の税負担はほぼ下降した。増値税一般納税者の税負担は仕入税額控除の範囲が拡大したことにより普遍的に下降した。減税の効果は明らかであり、2012年はさらに8,400社の企業が改革実験の範囲に入るように申請する見込みである。
　上海市政府の副秘書長兼財政局長は、実験企業の7割にあたる8.8万社の小規模納税者は、もともと5％の税率で営業税を納税していたが3％で増値税を納付することになり、税負担は40％前後下降したと述べた。
　実験では、一部の一般納税者の税負担は増加したことも判明しており、交通運輸企業は一部のガソリンスタンド、修理店からは増値税専用発票を取得することが難しく、充分な控除ができなかったことともに、有料道路橋梁通過費用は実験範囲に含まれなかったことにより専用発票を取得できないこともあった。このほかにサービス企業の内、人的労務、交通、不動産賃貸、物業管理、郵便電話通信等は控除できない項目が占める割合が比較的高く、税負担は増加した。
　これについては、上海市財政局は特定資金を用意しており、新旧税制転換に

より税負担が増加した実験企業については、「企業の申請に基づいて、財政分類によりサポートし、資金はすみやかに支給する」方法により、経過的な財政サポート政策を実施しており、増加に応じてサポートしている。

5月中旬までに、上海市は2012年第1四半期に累計して税負担が増加した3万社以上の実験企業に対して、財政サポート資金の支給業務を展開し、実験企業2,000社近くに、財政サポート資金4億元を支給し、実験企業の税負担を有効に均衡化した。

② 営業税の経過政策

財政部と国家税務総局が2011年11月16日に公布した「上海市において展開する交通運輸業と一部現代サービス業の営業税の増値税課税改正実験に関する通知」（財税［2011］111号）の付属文書3の「交通運輸業と一部現代サービス業の営業税の増値税課税改正実験の経過政策の規定」では、下記のとおり実験改革に伴う営業税の減免税政策について経過措置が採用されています。

> 交通運輸業と一部現代サービス業の営業税の増値税課税改正した後は、実験納税者が元々享受していた営業税優遇政策の平穏な経過を実現するために、ここに実験期間の実験納税者に関係する増値税優遇政策を下記のとおり規定する。
> 2011年12月31日以前に、実験納税者が関係政策規定により営業税の租税優遇をすでに享受していた場合で、剰余の租税優遇政策期間内においては、実施弁法の規定により関係する増値税優遇を享受する。

上海市の納税指南では、この租税優遇政策について次のように解説しています。

> 増値税の改革実験後に、課税サービスの増値税優遇政策には、直接の減税、免税と即課税即還付等の方法がある。直接の減税、免税とは、課税サービスを提供するある段階またはすべての段階について増値税を直接免税または減税することをいう。納税者が増値税免税項目の購入貨物または課税役務を使用した場合は、仕入税額は控除できない。免税課税サービスを提供した場合は専用発票を発行できない。
> 即課税即還付は税務機関がまず増値税を満額課税し、課税した全部または一部の増値税税額を税務機関が定期的に納税者に還付する。納税者は増値税専用発票

を発行することができ、かつ売上税額、仕入税額および納付税額を通常どおり計算する。

1. 増値税の免税政策

下記の項目については増値税が免税される。
1　個人が著作権を譲渡すること
2　身体障害者個人が課税サービスを提供すること
3　航空会社が飛行機による農薬散布サービスを提供すること
4　実験納税者が技術譲渡、技術開発とこれに関係する技術コンサルタント、技術サービスを提供すること
5　条件に適合する省エネサービス会社が実施する契約エネルギー管理プロジェクトにおいて課税サービスを提供すること
6　2012年1月1日から2013年12月31日まで、上海に登録した企業がオフショアサービスアウトソーシング業務に従事して課税サービスを提供すること
7　台湾航空会社が海峡両岸海上直行便業務に従事して大陸において運輸収入を取得すること。
8　台湾航空会社が海峡両岸空中直行便業務に従事して大陸において運輸収入を取得すること。
9　米国ABS船級社が非営利の趣旨を変えないで、中国船級社が米国にて同等の免税待遇を享受することを前提として、中国国内において船舶検査サービスを提供すること。

上記のうち技術譲渡とは、譲渡者がその所有する特許と非特許技術の所有権または使用権を他人に有償譲渡する行為をいう。技術開発とは、開発者が他人の委託を受けて、新技術、新産業、新工芸または新材料とそのシステムについて研究開発を行う行為をいう。技術コンサルタントとは、特定の技術項目について実施可能性の論証、技術予測、特定項目の技術調査、分析評価報告等を提供することをいう。

技術譲渡、技術開発と関係する技術コンサルタント、技術サービスとは、譲渡者または受託者が、技術譲渡契約または技術開発契約の規定に基づいて、譲受者または委託者が譲渡または委託開発された技術を把握するのに役立つために技術コンサルタント、技術サービス業務を提供することをいい、かつこの部分の技術コンサルタント、技術サービスの対価の価額と技術譲渡または開発の対価の価額は同一の発票上で発行されなければならない。

実験納税者が増値税の免税を申請する時は、技術譲渡、開発の書面による契約書を持参し、実験納税者の所在地の省級科学技術主管部門で認定を行い、かつ関係する書面による契約書と科学技術主管部門の審査意見証明文書を持参して主管の国家税務局に届け出する。

2. 増値税の即課税即還付政策

下記の項目は増値税の即課税即還付を実行する。
1 洋山保税港区
洋山保税港区内に登録した実験納税者が貨物運輸サービス、倉庫サービスおよび荷卸荷揚運送サービスを提供した場合
2 身体障害者
身体障害者を配置する単位には、税務機関が単位別に実際に配置した身体障害者の人数により、限度額による増値税の即課税即還付の方法を実行する。
3 パイプライン運輸サービス
実験納税者としての一般納税者がパイプライン運輸サービスを提供する場合は、その増値税の実際税負担が3％を超える部分については増値税の即課税即還付政策を実行する。
4 有形動産ファイナンスリースサービス
人民銀行、銀行監督管理委員会、商務部が批准したファイナンスリース業務を経営する実験納税者としての一般納税者が有形動産ファイナンスリースサービスを提供する場合は、その増値税の実際税負担が3％を超える部分については増値税の即課税即還付政策を実行する。

なお、上海市の実験改革では金融保険業は課税サービスの範囲から除外されているが、有形動産のファイナンスリースとオペレーティングリースは一部現代サービスに含まれて、17％の税率で一般税額計算方法が適用されている。

改革実験前は、ファイナンスリースは差額課税方式を適用した上で5％の営業税の税率が適用され、オペレーティングリースに対してはそのリース料そのものに対して5％の営業税の税率が適用されていた。

しかし、この租税優遇政策により、租税負担が人民銀行、銀行監督管理委員会、商務部が批准したファイナンスリース業務を経営する実験納税者については、その租税負担が3％を超える部分については即課税即還付政策が適用されることになり、期間限定ではあるが実質的に5％から3％に減税されている。

なお、実験納税者における一般納税者が、実験実施の前に購入または自社制作した有形動産を対象物件としてオペレーティングサービスを提供した場合は、実験期間は簡易税額計算方法を選択適用して増値税を計算し納付することができるものとされている。

3. 就業に関する減免税政策
就業についての減免税政策については、軍付属家族の就業政策、軍隊転業幹部の就業政策、都市郷鎮退役兵の就業政策、失業人員の就業政策がある。

［著者略歴］

近藤義雄（こんどう よしお）

1972 年　早稲田大学大学院商学研究科修士課程修了
1974 年　監査法人勤務
1978 年　公認会計士登録
1986 年　北京駐在（2 年 3 ヵ月）
2000 年　監査法人退職
2001 年　近藤公認会計士事務所開業

［主な著書］

『中国事業の会計税務』［2012 年改訂版］蒼蒼社、2012 年
『中国企業所得税の実務詳解』千倉書房、2012 年
『中国個人所得税の実務詳解』千倉書房、2012 年
『ポイント解説！中国会計・税務』千倉書房、2011 年
『中国増値税の実務詳解』千倉書房、2010 年
『中国現地法人の経営・会計・税務』［第 4 版］中央経済社、2006 年
『中国増値税の仕組みと実務』［第 2 版］中央経済社、2005 年
『中国の企業所得税と会計実務』中央経済社、2005 年
『中国現地法人の資本戦略』中央経済社、2004 年
『中国進出企業Ｑ＆Ａ』蒼蒼社、2003 年
『中国現地法人の企業会計制度—日中対訳』日本国際貿易促進協会、2002 年
『中国投資の税務戦略』東洋経済新報社、1997 年
『中国投資の実務』［第 4 版］東洋経済新報社、1996 年

近藤公認会計士事務所
ホームページ　http://homepage2.nifty.com/kondo-cpa/

ポイント解説！ 中国税務の注目点

2012 年 11 月 10 日　初版第 1 刷発行

著　者　近藤義雄
発行者　千倉成示
発行所　株式会社 千倉書房
　　　　〒 104-0031 東京都中央区京橋 2-4-12
　　　　TEL 03-3273-3931 ／ FAX 03-3273-7668
　　　　http://www.chikura.co.jp/

印刷・製本　藤原印刷株式会社
装丁　江口浩一

©Yoshio Kondo, 2012 Printed in Japan
ISBN 978-4-8051-1006-5　C2034

JCOPY 〈（社）出版者著作権管理機構 委託出版物〉
本書の無断複写は著作権法上での例外を除き禁じられています。
複写される場合は、そのつど事前に、（社）出版者著作権管理機構
（電話 03-3513-6969、FAX 03-3513-6979、e-mail: info@jcopy.or.jp）
の許諾を得てください。

近藤義雄の中国会計・税務実務書

ポイント解説！中国会計・税務

定価 2,940 円（本体 2,800 円＋税）
A5 判／上製／ 344 ページ
ISBN978-4-8051-0975-5

中国会計・税務の最新動向について重要論点ごとに解説。まずこちらで概要をつかんでから実務詳解シリーズへ！

中国企業所得税の実務詳解

定価 7,140 円（本体 6,800 円＋税）／ A5 判／上製／ 480 ページ
ISBN978-4-8051-0985-4

中国個人所得税の実務詳解

定価 7,560 円（本体 7,200 円＋税）／ A5 判／上製／ 458 ページ
ISBN978-4-8051-0984-7

中国増値税の実務詳解

定価 5,880 円（本体 5,600 円＋税）／ A5 判／上製／ 468 ページ
ISBN978-4-8051-0953-3

現地の法改正をリアルタイムでフォローし続ける第一人者が長年の実務経験をもとに中国税制の最新情勢を徹底解説。プロフェッショナルなら必携！

――千倉書房――